语文太重要

初中现代文赏析

修订版

黄玉峰——主编
张　豪——编著

上海科学技术文献出版社
Shanghai Scientific and Technological Literature Press

图书在版编目（CIP）数据

语文太重要．初中现代文赏析／黄玉峰主编；张豪编著．—修订版．—上海：上海科学技术文献出版社，2023
ISBN 978-7-5439-8673-2

Ⅰ．①语… Ⅱ．①黄…②张… Ⅲ．①阅读课—初中—教学参考资料 Ⅳ．① G634.303

中国版本图书馆 CIP 数据核字（2022）第 171898 号

策划编辑：张　树
责任编辑：王　珺
封面设计：海未来

语文太重要．初中现代文赏析
YUWEN TAIZHONGYAO. CHUZHONG XIANDAIWEN SHANGXI
黄玉峰　主编　张　豪　编著
出版发行：上海科学技术文献出版社
地　　址：上海市长乐路 746 号
邮政编码：200040
经　　销：全国新华书店
印　　刷：商务印书馆上海印刷有限公司
开　　本：720mm×1000mm　1/16
印　　张：19.75
字　　数：244 000
版　　次：2023 年 6 月第 2 版　2023 年 6 月第 1 次印刷
书　　号：ISBN 978-7-5439-8673-2
定　　价：58.00 元
http://www.sstlp.com

再版序言

屈指算来，《语文太重要》已经问世七年了，七年来得到广大家长、学生的首肯，一版再版。感谢大家对这套书的厚爱。

七年前，我还在复旦附中任教，就是在这一年出任复旦五浦汇实验学校首任校长。我任语文教师凡四十八年，从乡下到郊区再到市区；给小学上过课，给初中、高中上过课，也曾到大学里去兼课。命过高考题，做过阅卷官，如今又做校长七年。对于基础教育，自命还是有较为真切的感受。我不敢狂妄地说自己懂教育，但是，如鱼饮水，冷暖自知，有真切感受，还是敢说的。

几十年来，每当教育界的政策有变化时，我总会发表有关文章，谈谈我个人的看法。20世纪90年代初我发表了"还我朗朗书声""背诵记忆问题再认识"，以后又陆续发表了"起跑线上不要论输赢""语文应该考什么""应赛教育比应试教育更可怕"，2008年在复旦大学做了"人是怎么不见的"报告。近几年来发表得更多："停下你疯狂补课的脚步""指挥棒必须改弦更张""教育走上正道，任重道远""疫情下的人生教育"等。

但是，无论政策怎么变化，我强调学生要学会自己读书，强调语文太重要的观念，不但始终没有丝毫变化，而且感受越来越强烈。尤其是在我做了校长，关注各学科的教学之后，这种感受更加强烈、更加具体了。

做校长，要接触各个学科，要接触更多的学生和家长。我发现那些数学差、外语差的同学往往语文没学好，往往不爱读书。我常常想起两位前辈对我的叮咛，一位是复旦大学老校长、数学家苏步青教授，一位是复旦大学著名教授、《英汉大字典》主编陆谷孙。他们都一再当面叮咛我呼吁语文的重要性！

苏老对我说，语文不学好，数学也难学好，说他自己是很晚才学数学的，他到老了还能背出《左传》的很多篇章，语文让他一辈子受益无穷。他曾经提出进复旦大学不论哪个专业，都要先考语文。

陆教授告诉我，他的老师徐燕谋在他们进大学时，不是先教他们讲英语，而是给他们开书目读古书、写古诗。

我曾在这套书的初版序言中，写了这套书的书名诞生的趣事，就是从他们的一再叮咛中得到的灵感。到今天我还是觉得这个书名起得好：语文太重要！

七年过去了，重新翻阅这套书，还是感到沉甸甸的分量。这是一批中小学语文教育界最优秀的骨干教师一起编写的，现在他们中有的成了特级教师，有的得了正高级学位。本来就是基础教育领域的翘楚，而今更是挑起了教育重担！

经常有家长为孩子的语文成绩不理想而烦恼，问我怎么提高孩子的语文水平，我的回答是：没有捷径，只有多读书！不要过分依赖教师的讲解，不要过分依赖做练习，更不要为了提高几分，去套题抄作文！教师的分析，课后大量的作业，套题押题，也许对提高分数，暂时有点作用，但将来还是不会读书，语文水平还是提不高。小学里大量做练习，也许小学时提高了几分，到了初中便不行了；初中拼命做练习、套作文，也许在初中时提高了几分，到高中便不行了；高中一味做习题、套作文，也许高中时提高了几分，到大学又不行了！至于将来到了社会上更是捉襟见肘！不善于读，不善于写！

苏东坡说，"腹有诗书气自华"，这是提高语文水平的不二途径！不但对考试成绩，对成人成才、对人的一生，其意义怎么说都不为过！

　　《语文太重要》从小学到高中，阅读量适中，所选内容精当而丰满，加上精心的编排和提示，很适合学生自读。它曾经得到广大同学和家长的喜欢，愿它继续得到家长、同学的喜爱，并发挥它的作用！

2023 年 6 月

序

孩子呱呱坠地，父母便要为孩子的起名冥思苦想。苏轼和他的弟弟苏辙的名字，就是苏洵根据儿子的个性精心打造的。一个凭"轼"而瞻，一个由"辙"而行。还特意写了一篇《名二子说》来教育孩子。

一本书的问世，对于作者来说，也是如此。在命名中寄托着厚望与祝福。本书定稿之后，起名就颇费斟酌，四易其名。最初名为《怎样学好语文》，虽四平八稳，但未免寡淡无味，且有说教之嫌，商量后改为《语文好玩》。陈省身当年提出"数学好玩"，影响很大。"好玩"意味着有趣，兴趣第一，学习和研究在"玩"中完成，而且，"玩"字本身有研究的意思在，比如"古玩"，就是研究古董的意思。这很好。不过仍然觉得不满意。兴趣是学好语文的前提，钻研是深入理解的途径，并没有把我们编写此书的真正意图表达出来。后来又想到改成《语文真酷》，但又觉得太现代，而且不明确，到底酷在哪里？总之是辗转反侧，苦苦寻觅，不得其名。

有一天，与一位家长闲聊，他不经意中说："黄老师，我知道语文重要，但是拉不开分数距离。"此刻，我感到灵光乍现，沉潜在心里多年的一句话，从我的脑海深处跳了出来："语文太重要！"太好了！而今天，人们太不把它当回事了。就把它作为书名！

表面上看，语文是雷打不动的"主课"。语文课上的阅读分析和配套作业、习题、考试，占据了学生一大块时间。然而，这外表的风光，却掩盖不了语文在很多家长学生的心目中已沦为"鸡肋"的事实。

语文的分数差距不大。再差的学生也能保底，再好的学生考分也高不到哪里去，有时还会倒挂。高考也好，中考也罢，能够拉开十分、二十分已经非常了不起。所以，与其在语文上花工夫，还不如把时间精力用在抓分的刀口上，用在数理化、外语上。在特别重视"性价比"的今天，人们不重视语文，就是很自然的事了。

在激烈的竞争压力下，不能转化为分数的"无用"的东西是不被重视的。没竞争力，也就没有意义。这一点，学生和家长们"心照不宣"。随着时间的推移，这种"心照不宣"的轻视，已经渐渐堂而皇之起来。在一些名牌大学的自主招生考试中，干脆只考数学、英语。理由是："搞学术离不开查国外资料，英语不好没有前途。"而语文呢？反正"考不出差距"，大家都是中国人，哪有不会说话写字的？普通人只要能写会说大白话就行。

然而，他们忘了，语文的差距，本来就不是分数的差距。语文的差距，是人生的差距，是一生的差距；是生命的差距，是生命质量的差距。这个差距似乎看不见摸不着，但它很大很大。它将跟你一辈子。你的生命是不是有厚度、有宽度、有高度，你是不是能够成为一个有智慧的人，一个有精神生活的人，一个真正精神上独立自由的人，你的一生如何、生命的质量如何，这一切都和语文密切相关。

语文太重要了！

当然，所有的知识科目，对于培养思维、塑造人格都是有好处的。培根说：凡有所学，皆成性格。但是没有一种学问比得上语文那样无处不在，没有人能够离开，不论你是搞数学、物理，还是搞经济、政治。所有的书，都是用母语来表达、来思维的。即便是外语书，最终要让国人能够理解、运用，真正对中国产生影响，还是要或多或少转化为我们的母语。

语文太重要了！

实际上，不重视语文的后果，已经时有显现。多年前，有北大的教授出过一本《人类学译注》，被指出许多译名极不规范。最滑稽的是书中出现了这样一段：

门修斯的格言"普天之下只有一个太阳，居于民众之上的也只有一个帝王"，可以适用于所有大型帝国所建立的界域。

这位"门修斯"看着十分唬人，叫人以为是哪位高端的洋大师。殊不知，这 Mencius 即中国先秦思想家孟子，而这所谓"格言"，就是"天无二日，民无二王"。

翻译外国学术著作，到头来却在自己的文化上栽了跟斗。

无独有偶，清华大学历史系副主任的学术著作中，出现了"常凯申"这一号人物。大谈特谈这位"常凯申"如何如何，后被人指出，所谓的"常凯申"，竟是"蒋介石"的误译。粗制滥造，已臻极矣。

这些学者坐镇清华、北大这样的顶尖学府，终日"查外国文献"，其外语水平绝不会差。为何会闹这样的笑话？搞学术真的只要外语就行了吗？

语文太重要了！

众所周知，民国时候出了很多的大家，学贯中西者有之，文理兼通者有之，无不以坚实的语文，尤其是大量的经典为其基础。数学家苏步青，在少年时代就熟读《左传》，并写得一手绝妙的古诗词。

植物学家胡先骕，古体诗写得极棒，著有《忏庵诗稿》，钱钟书赞他的文字"抱弓力大，琢玉功深"。获得诺贝尔奖的物理学家李政道文化涵养也很深，在交通大学演讲时，他化用杜甫的诗，"细推物理即行乐，何用浮名绊此身"。让物理研究成为一种诗意，一种追求真理的境界。

语言，尤其母语是思想的载体，皮之不存，毛将焉附？

语文太重要了！它的重要超乎人们的想象！

可是，既然语文"太重要"，又好玩，为什么会有那么多人抱有误解，觉得语文课"太鸡肋""太无聊"？

那是因为，如今我们学的不是"大语文"，而是"非语文"；不是"真语文"，而是"伪语文"。我们常说"语文的外延和生活外延相等"，语文本身包含了文史哲，包含了我们的生活思想，是何等的丰富。语文水平的提高，本身就是人的素养的提高！可是我们已经把语文窄化为一个个支离破碎的知识点，异化为为了应付知识点考试的零星的碎片，而这一切又成了束缚人的思想的绳索。我们教的和学的甚至是反语文。真语文重读书，伪语文重做题；真语文讲感悟，伪语文讲灌输；真语文成一家之言，伪语文凑标准答案；真语文解放人，伪语文束缚人。这样的语文自然不会引起具有强烈好奇心，不断渴求新知识、新思想的孩子们的兴趣。

法国教育家阿兰说过："怎样学语言？向大作家学，别无他途，向最严密、最丰富、最深刻的语句中去学，而不学那会话课本的平庸语句。"大量的阅读，阅读原著，并且记忆之、运用之，正是学语文最快也是最有效的方法。中国语文教学有优良的传统，"熟读唐诗三百首，不会做诗也会吟""劳于读书，逸于作文"等，这些记忆，在发挥运用思考中得到不断巩固，这是一个良性的循环。在学与思中，用前人思想的财富陶冶充实自己，让自己成为一个完善的人，最终得到一种生命的幸福感。

我们这套书正是基于这样的信念而编写的。我们希望为语文学习，也即为人的成长，开一扇小小的窗口，让年青学生得以窥见"大语文""真语文"的美好世界。

参与本套图书的编著者，是来自一线的老中青三代语文教师，有近八十岁的宿儒，有三十出头的少壮派，他们都有着丰富的经验和知名度。这样一支强大的团队，有着广阔的视野，选文抛开固定的程式做法。比如文言不循《古文观止》那一套，而是选一些似乎冷僻但活生生的、别人很少选的、十分有趣的文章；现代文则大量引入当代西方经典美文，重思想、重前瞻，也重文采。至于作文的指导，则与生活贴得更近、更紧。无论是小学、初中还是高中的读物，都是精心选择的成果。

最后，必须说明的是，我们从来没有把提高语文素养与应试对立起来，我们相信，这套读物对于提高应试能力，也是题中应有之义。这也是我们在编写这套书时，经过认真考虑的。

但愿孩子和家长们喜欢这套书。

复旦附中语文教师黄玉峰
2015 年 7 月

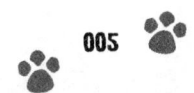

前 言

众所周知，初中阶段是人生发展的黄金时代。在这一时期，学生的生理开始出现显著变化，身高和体重迅速增长，大脑发育日趋完善，个人的行为、习惯、兴趣、爱好、性格特点逐渐形成。

而初中阶段是学习语言、发展思维的最佳时期。

一方面，学生的思维发展处于新的阶段。初中生的思维活动从形象思维向抽象逻辑思维转化，且抽象逻辑思维开始占主导地位，抽象逻辑思维又逐步由经验型水平向理论型水平转化。学生开始具备各种逻辑推理能力，日益掌握更多的抽象概念和更复杂的概念系统，整体思维趋向成熟，思想相对于童年期更具有深度、广度、精确性和灵活性。

另一方面，学生的语言发展也处于新阶段。学习的内容发生了变化，语言的实践活动大大增加。随着思维水平的提高，学生能够不断地去实践体验不同的语言表达方式，能够在自己的语言表达中注意生动形象、注重清楚明确。显然较之童年期更具文学性、哲理性、科学性的追求。

然而，现实又总是给学生们带来困扰，思维发展过程中出现的矛盾，语言发展过程中出现的混乱，往往使得初中生的思维与表达产生冲突——心有余而笔力不逮，停留在浅表阅读而不能深入，作文表达过分追求"个性"而言不由衷、词不达意。不是言语累赘，就是满口学生腔，故作惊人语；不是堆砌辞藻，就是条理混乱、结构不清。

阅读能力是语文能力的基础，也是从事一切工作的基本功。中学阶段的阅读训练，对青少年语言与思维的发展、知识和能力的构成、思想和性格的培养都具有十分重要的意义。

为此，我们编写这样一本读物，目的即在于通过引导学生阅读，进而引导学生关注表达、注重思维，希望学生以点带面地拓展视野，增长见识，启迪智慧，陶冶情操。

这是一本怎样的书？

著名哲学家冯友兰总结自己八十年的读书经验，有四点：精其选，解其言，知其意，明其理。

所谓"精其选"，就是读书要有选择。我们努力开阔编辑视野，放眼中外名家新秀：一是关注经典，希望通过名篇佳作，引起学生对经典的兴趣；二是兼顾时文，引进时代气息，引导学生关注生活。结合语文教科书的编辑体例，我们共编辑十二个主题单元：亲情感动、校园时光、百般味道、四季情感、世相百态、人生况味、海天片羽、生命纪念、读书有味、谈古论今、精彩演讲、思想菁华。引导学生从家庭、校园，到社会、世界；从现实、民情，到人生、感怀；从时代变迁，到思想精神，都有一个较深入的了解。

所谓"解其言"，就是读懂书上的文字。全书除了按照主题编排之外，我们在每一篇文章之前还加上了"阅读指引"，力求概括精要、引导阅读，力图让学生读美文、赏佳作的过程，成为会体察、能感悟的过程。

所谓"知其意"，就是理解书中的含义。我们希望学生在阅读过程中，除字面意思外，还要知"弦外之音，味外之味"。我们在每一篇文后,设计"想想做做",力求引导学生尽量深入沉浸文本,联系自己的生活体验,深刻理解文字的意义和韵味,领会文章的精髓所在,读后有感悟、有收获。

所谓"明其理",就是读出自己的见解。对于全书的单元、文章,我们也注意彼此照应、上下兼顾,尤其是在"阅读指引"和"想想做做"的设计上,有的侧重于阅读方法指导,有的侧重于阅读后的进一步思考,有的侧重于读后的读写训练,以帮助学生真正体会作品的思想情感,领悟文章的内在意义,获得真正的启示。

我们应该怎样读这本书?

首先要读文本。"读书千遍,其义自见",通过不同方式的"读",由易到难、由整体到局部、由现象到本质地把握文本,领悟主旨,并从中获得启示。

其次要抓重点。除了要准确理解文章主旨,局部和细节也是不容忽视的,甚至一些看似平淡的叙述性语句也不能马虎,否则会出现理解的偏差。建议大家在阅读过程中,注意文章题目,比如题目里的表层含义和深层含义;注意文章线索,比如判断时间推移、空间转换、情感变化等等;注意文章首尾,比如开门见山、卒章显志;注意重要语句,比如中心句、抒情句、描写句、议论句、过渡句等,比如抒发作者情感的语句、表达作者观点的语句。

最后要会赏析。为了更好地理解和把握文本思想内容,按照"阅读指引"和"想想做做",学会运用适当的方法,关注文章重点语句,可使阅读获得事半功倍的效果。

建议大家在学有余力基础上,进一步关注相应的作家作品,若能由点及面、由此及彼地关注更多作家作品,那可就收获多矣。

概言之,就是要在读出文本的基础上理解文意,要通过分析来获得主旨和内涵，必须抓住关键，注意上下文之间的关系，推理得出阅读收获。应当在阅读过程中树立这样的观念：阅读是一个理解的过程，理解是一个思维过程。

　　因此，这本书可当作教材的配套读物，亦可作为课余的拓展资料，还可当作拓展课程的教材。若这本小书能成为家长、教师督促指导学生阅读的一本有用好用、学生会读爱读的课外读本，我们会倍感欣慰。

目录

再版序言 —001
序 —001
前言 —001

第一单元　亲情感动

我的母亲　胡　适 —001
我和我的爸爸　吴莫愁 —007
父亲　芥川龙之介 —016
归来的温馨　巴勃鲁·聂鲁达 —022

第二单元　校园时光

十三岁的际遇　田晓菲 —026
晶莹的泪珠　陈忠实 —032
母校　苏　童 —041
海的味道，山的味道　黑柳彻子 —044
贝多芬之吻　安道尔·福尔德斯 —048

第三单元　百般味道

谈饮食　林语堂 —052
馋　梁实秋 —061
《写食主义》二则　沈宏非 —065
《食记百味》(三则)　吉本芭娜娜 —070
巧克力　大仲马 —074

第四单元　四季情感

春之怀古　张晓风　— 078
冬日絮语　冯骥才　— 081
撕日历的日子　迟子建　— 085
桑树与垂柳　穆罕默德·塔吉·巴哈尔　— 090
冬天之美　乔治·桑　— 094

第五单元　世相百态

留在我心底的眼睛　苏叔阳　— 096
永远的蝴蝶　陈启佑　— 100
公交车记　赵　瑜　— 102
上一碗米饭的时间　肖复兴　— 108
半张纸　奥古斯特·斯特林堡　— 112

第六单元　人生况味

总有一种力量让我们泪流满面　《南方周末》编辑部　— 115
生活中美好的鱼　林清玄　— 119
童年的最后一天　黎紫书　— 122
年轻　塞缪尔·乌尔曼　— 125
论青年和老年　培根　— 127

第七单元　海天片羽

大黄桷树　宋石男　— 130
我的01，我的白马　钱佳楠　— 134

　　　　我的梦中城市　德莱塞　— 139

　　　　　　乡村　屠格涅夫　— 143

　　　　孟加拉风光　泰戈尔　— 147

第八单元　生命纪念

　　　　江上的母亲　野　夫　— 150

　　倘若史铁生不残疾　王安忆　— 159

　　盛在剩饭里的爱　寒　胭　— 162

　　荷马墓上的一朵玫瑰　安徒生　— 169

　　　贝多芬百年祭　萧伯纳　— 172

第九单元　读书有味

　　　　　经典重读　戴建业　— 178

　　常读常新的人鱼公主　毕淑敏　— 185

　　　　　善的情怀　梁晓声　— 190

　　　　读书是一种享受　毛姆　— 194

　　为什么要读经典作品　卡尔维诺　— 198

第十单元　谈古论今

　　　竹林的精神面貌　董　桥　— 206

　　　　　说士节　王学泰　— 210

　　　宋朝人的吃喝　汪曾祺　— 224

　　　趣说方言禁忌　易中天　— 227

　　　足球与世界大战　阿　城　— 230

第十一单元　精彩演讲

学问、文化与美——在北京师范大学附属中学的演讲　丘成桐　— 239
悠着点，慢着点——莫言在东亚文学论坛上的演讲　莫　言　— 250
寒门贵子　刘媛媛　— 259
真理面前半步也不后退　布鲁诺　— 262
纪念伏尔泰的讲话　雨果　— 265

第十二单元　思想菁华

人生的意义及人生的境界　冯友兰　— 269
论快乐　钱钟书　— 274
思维的乐趣　王小波　— 278
无知的乐趣　罗伯特·林德　— 288
忠实于自己　池田大作　— 294

第一单元　亲情感动

世间有一种爱，是我们来到人世后最先感受到的爱，它陪伴我们一路长大，平凡得就像每天的日子，却又强大得足以支撑起我们的生命。这，就是亲情。

阅读指引

本文是一篇母爱的颂歌。与众不同的是，作者与母亲生活在一起的时间只有幼时九年的时间，但这些片断式的记忆中，母亲的教诲已让作者终身受益。

我的母亲
胡　适

我小时身体弱，不能跟着野蛮的孩子们一块儿玩。我母亲也不准我和他们乱跑乱跳。小时不曾养成活泼游戏的习惯，无论在什么地方，我总是文绉绉地。所以家乡老辈都说我"像个先生样子"，遂叫我做"麇

先生"。这个绰号叫出去之后,人都知道三先生的小儿子叫作縻先生了。既有"先生"之名,我不能不装出点"先生"样子,更不能跟着顽童们"野"了。有一天,我在我家八字门口和一班孩子"掷铜钱"。一位老辈走过,见了我,笑道:"縻先生也掷铜钱吗?"我听了羞愧的面红耳热,觉得太失了"先生"的身份!

　　大人们鼓励我装先生样子,我也没有嬉戏的能力和习惯,又因为我确是喜欢看书,故我一生可算是不曾享过儿童游戏的生活。每年秋天,我的庶祖母同我到田里去"监割",(顶好的田,水旱无忧,收成最好,佃户每约田主来监割,打下谷子,两家平分。)我总是坐在小树下看小说。十一二岁时,我稍活泼一点,居然和一同学组织了一个戏剧班,做了一些木刀竹枪,借得了几副假胡须,就在村口田里做戏。我做的往往是诸葛亮、刘备一类的文角儿;只有一次我做史文恭,被花荣一箭从椅子上射倒下去,这算是我最活泼的玩意儿了。

　　我在这九年(一八九五——一九零四)之中,只学得了读书写字两件事。在文字和思想的方面,不能不算是打了一点底子。但别的方面都没有发展的机会。有一次我们村里"当朋"(八都凡五村,称为"五朋",每年一村轮着做太子会,名为"当朋")筹备太子会,有人提议要派我加入前村的昆腔队里学习吹笙或吹笛。族里长辈反对,说我年纪太小，不能跟着太子会走遍五朋。于是我便失掉了这学习音乐的唯一机会。三十年来，我不曾拿过乐器，也全不懂音乐；究竟我有没有一点学音乐的天资，我至今还不知道。至于学图画，更是不可能的事。我常常用竹纸蒙在小说书的石印绘像上，摹画书上的英雄美人。有一天，被先生看见了，挨了一顿大骂，抽屉里的图画都被搜出撕毁了。于是我又失掉了学做画家的机会。

但这九年的生活，除了读书看书之外，究竟给了我一点做人的训练。在这一点上，我的恩师便是我的慈母。

每天天刚亮时，我母亲便把我喊醒，叫我披衣坐起。我从不知道她醒来坐了多久了。她看我清醒了，便对我说昨天我做错了什么事，说错了什么话，要我认错，要我用功读书。有时候她对我说父亲的种种好处，她说："你总要踏上你老子的脚步。我一生只晓得这一个完全的人，你要学他，不要跌他的股。"（跌股便是丢脸，出丑。）她说到伤心处，往往掉下泪来。到天大明时，她才把我的衣服穿好，催我去上早学。学堂门上的锁匙放在先生家里；我先到学堂门口一望，便跑到先生家里去敲门。先生家里有人把锁匙从门缝里递出来，我拿了跑回去，开了门，坐下念生书。十天之中，总有八九天我是第一个去开学堂门的。等到先生来了，我背了生书，才回家吃早饭。

我母亲管束我最严。她是慈母兼任严父。但她从来不在别人面前骂我一句，打我一下。我做错了事，她只对我一望，我看见了她的严厉眼光，便吓住了。犯的事小，她等到第二天早晨我睡醒时才教训我。犯的事大，她等到晚上人静时，关了房门，先责备我，然后行罚，或罚跪，或拧我的肉。无论怎样重罚，总不许我哭出声音来。她教训儿子不是藉此出气叫别人听的。

有一个初秋的傍晚，我吃了晚饭，在门口玩，身上只穿着一件单背心。这时候我母亲的妹子玉英姨母在我家住,她怕我冷了,拿了一件小衫出来叫我穿上。我不肯穿,她说:"穿上吧,凉了。"我随口回答:"娘(凉)什么!老子都不老子呀。"我刚说了这一句,一抬头,看见母亲从家里走出,我赶快把小衫穿上。但她已听见这句轻薄的话了。晚上人静后,她罚我跪下,重重地责罚了一顿。她说:"你没了老子,是多么得意的事!好用来说嘴!"她气得坐着发抖,也不许我上去睡。我跪着哭,用手擦眼泪,不知擦进了什么微菌,后来足足害了一年多的眼翳病。医来医去,总医不好。我母亲心里又悔又急,听说眼翳可以用舌头舔去,有一夜她把我叫醒,真用舌头舔我的病眼。这是我的严师,我的慈母。

　　我母亲二十三岁做了寡妇,又是当家的后母。这种生活的痛苦,我的笨笔写不出一万分之一二。家中财政本不宽裕,全靠二哥在上海经营调度。大哥从小便是败子,吸鸦片烟,赌博,钱到手就光,光了便回家打主意,见了香炉便拿出去卖,捞着锡茶壶便拿出押。我母亲几次邀了本家长辈来,给他定下每月用费的数目。但他总不够用,到处都欠下烟债赌债。每年除夕我家中总有一大群讨债的,每人一盏灯笼,坐在大厅上不肯去。大哥早已避出去了。大厅的两排椅子上满满的都是灯笼和债主。我母亲走进走出,料理年夜饭、谢灶神、压岁钱等事,只当做不曾看见这一群人。到了近半夜,快要"封门"了,我母亲才走后门出去,央一位邻居本家到我家来,每一家债户开发一点钱。做好做歹的,这一群讨债的才一个一个提着灯笼走出去。一会儿,大哥敲门回来了。我母亲从不骂他一句。并且因为是新年,她脸上从不露出一点怒色。这样的过年,我过了六七次。

　　大嫂是个最无能而又最不懂事的人,二嫂是个很能干而气量很窄小的人。她们常常闹意见,只因为我母亲的和气榜样,她们还不曾有公然相骂相打的事。她们闹事时,只是不说话,不答话,把脸放下来,叫人难看；二嫂生气时，脸色变青，更是怕人。她们对我母亲闹气时，也是如此。我起初全不懂得这一套，后来也渐渐懂得看人的脸色了。我渐渐明白，世间最可厌恶的事莫如一张生气的脸；世间最下流的事莫如把生气的脸摆给旁人看。这比打骂还难受。

我母亲的气量大，性子好，又因为做了后母后婆，她更事事留心，事事格外容忍。大哥的女儿比我只小一岁，她的饮食衣服总是和我的一样。我和她有小争执，总是我吃亏，母亲总是责备我，要我事事让她。后来大嫂二嫂都生了儿子了，她们生气时便打骂孩子来出气，一面打，一面用尖刻有刺的话骂给别人听。我母亲只装作不听见。有时候，她实在忍不住了，便悄悄走出门去，或到左邻立大嫂家去坐一会，或走后门到后邻度嫂家去闲谈。她从不和两个嫂子吵一句嘴。

每个嫂子一生气，往往十天半个月不歇，天天走进走出，板着脸，咬着嘴，打骂小孩子出气。我母亲只忍耐着，忍到实在不可再忍的一天，她也有她的法子。这一天的天明时，她便不起，轻轻地哭一场。她不骂一个人，只哭她的丈夫，哭她自己苦命，留不住她丈夫来照管她。她先哭时，声音很低，渐渐哭出声来。我醒了起来劝她，她不肯住。这时候，我总听得见前堂（二嫂住前堂东房）或后堂（大嫂住后堂西房）有一扇房门开了，一个嫂子走出房向厨房走去。不多一会，那位嫂子来敲我们的房门了。我开了房门，她走进来，捧着一碗热茶，送到我母亲面前，劝她止哭，请她喝口热茶。我母亲慢慢停住哭声，伸手接了茶碗。那位嫂子站着劝一会，才退出去。没有一句话提到什么人，也没有一个字提到这十天半个月来的气脸，然而各人心里明白，泡茶进来的嫂子总是那十天半个月来闹气的人。奇怪得很，这一哭之后，至少有一两个月的太平清静日子。

我母亲待人最仁慈，最温和，从来没有一句伤人感情的话。但她有时候也很有刚气,不受一点人格上的侮辱。我家五叔是个无正业的浪人,有一天在烟馆里发牢骚,说我母亲家中有事总请某人帮忙,大概总有什么好处给他。这句话传到了我母亲耳朵里,她气得大哭,请了几位本家来,把五叔喊来,她当面质问他,她给了某人什么好处。直到五叔当众认错赔罪,她才罢休。

我在我母亲的教训之下住了九年,受了她的极大极深的影响。我十四岁(其实只有十二岁零两三个月)便离开她了,在这广漠的人海里独自混了二十多年,没有一个人管束过我。如果我学得了一丝一毫的好脾气,如果我学得了一点点待人接物的和气,如果我能宽恕人,体谅人,——我都得感谢我的慈母。

(原载《新月》,第3卷第3号)

想想做做

现代著名学者、历史学家、文学家、哲学家胡适,对中国近代史产生了较为深远的影响。作为"五四"文学革命的先驱之一,胡适主张写出美的白话散文,本文没有花哨的文字,没有华丽的比喻,语言简洁流畅,举重若轻,显示了白话文的美感与魅力。这篇散文在淡淡的讲述之中蕴涵深深的感情,读完了这篇文章,你会发现文章没有直接抒情的语句,全文自然而然地洋溢着对母亲的敬爱之情。建议你静静地读、细细地勾画,把你认为最打动人心的语句标注下来。

> **阅读指引**
>
> 爸爸、大篷车,四处颠簸;唱歌、舞台,一路成长;光头、文身,"我"对爸爸不尽的依恋。这是对爸爸至真至深地怀念,也是自我成长的记录。爸爸的大篷车带给"我"那么多的美好记忆和黑色忧伤,终于,可以问上一句:"你的丫头已经长大了,你看到了吗?"

我和我的爸爸
吴莫愁

那一年,我五岁。

关于童年最多的记忆就是跟一群大人在大篷车上四处颠簸。每到一个地方,或是城市不喧闹的角落,或是淳朴气息的小镇中央。停车,打起氙气灯,一群大人匆匆忙忙地开始化妆,用粗劣的化妆品装扮起各种夸张的表情。将音响调到最大声,告诉每一个经过的人——晚饭后,这里有一场表演!

那个时候我总是喜欢跟在一个大光头的后面,他长得很酷。看他自己略施眉黛,涂抹朱砂,宝贝乖,听话,等表演完了教你唱歌。然后我总是伸出小手跟他拉钩:一言为定啊,《种太阳》我早就学会了。妈妈帮他佩戴假发,一边叮嘱他少唱几首,别高兴过头就忘了注意身体。

华灯初上,氙气灯旁边围绕着热情的飞蛾。或是摇着大蒲扇的老奶奶,或是头发涂满摩斯的小伙儿,看着大篷车里并不明亮的灯光下,光头爸爸和他的朋友们卖力地换取稀稀松松的掌声,还有他们为光头变身美女发出的惊叹,也许还有几句笑骂。爸爸每次唱完一首歌,就会指着

角落里的妈妈说——这首歌,送给现场的各位好朋友们,还有我最爱的妻子。

那一年,我九岁。

我已经开始上学,爸爸的大篷车随时出现在世界的另一个角落。我便开始期望着每一个假期,只有这时候我才可以跟着大篷车一起快乐地奔跑。爸爸还是光头,我已经会唱他教给我的杨钰莹和毛宁的《心雨》。

光头爸爸逐渐地有了皱纹,每次化妆的时候都需要多铺几层粉底,我站在他的后面偷偷地告诉他,这学期的语文老师我不喜欢她。爸爸回头抱起我放在腿上:丫头,爸爸老了,化妆不漂亮了吧?

晚上的时候,还是那样有些昏暗的灯光,只是大篷车始终是停在不同的城市,台下永远坐的是不一样的观众,除了妈妈还是站在一旁的角落。爸爸拉起我到台上,说这个是我的小丫头,我们一起合唱《心雨》,送给各位好朋友还有我的妻子。爸爸唱女声,我唱男声。

演出完毕后,妈妈帮爸爸拿走沉重的头饰,卸妆完的光头在灯光下有些惨白,脸上挂着豆大的汗珠,他捏着我的脸说,丫头你不错呀,快要超过我了呀。妈妈说，你的丫头，自然随你。我悄悄地趴在他的耳朵边：我可不可以和你一样，我也想留光头。

那是我童年最快乐的时候，每到暑假，大光头领着小光头，开着大篷车走遍整个中国，妈妈嗔怒：这两个长不大的孩子。

那一年，我十三岁。

我觉得自己已经成了一个大人，大篷车已经破旧，爸爸还是光头，脸上有了皱纹，消瘦，但是依然非常酷。我依然是他世界上最爱的丫头，他依然是世界上最酷的老爸。

每到暑假，依然是我最快乐的时光。我还是跟着大篷车快乐地奔跑，在台上疯狂地蹦跳，大声地唱《爱的主打歌》，爸爸依然唱那些熟悉的老歌送给观众和妈妈。

爸爸拉着快比他高的丫头坐到腿上，丫头已经超过爸爸了。我抱着爸爸的光头，那以后就我来教你唱歌吧。妈妈让我下来：她都这么大了你还抱着她。爸爸说，再大不还是我的丫头么？

开学之后，我开始上课，爸爸带着大篷车在外面演出。一次，我在写作业，我听到了大篷车的声音，我冲出门外看到的是大篷车里的一个叔叔走出来，我大喊：光头老爸，快给丫头现身。

叔叔拉起我和妈妈塞到大篷车里往医院赶去，妈妈没有说话，只是眼里的泪水珠子一样洒了一地。大篷车的马达就像是在轻轻地呜咽，我没有说话，只是突然感觉心里疼得难受。

那一年，我只有十三岁。

推开病房门口的一刹那，妈妈撕心裂肺地痛哭几声昏倒了过去。我看到爸爸安静地躺在那里，我扑过去抱着他的光头：嗨，老爸，你丫头来了，你快起来。

我很生气，他没有理我，我抬起身看着他，他现在真的好瘦，眼睛闭着，可是还是那样的帅气。我拉着他的手：你是不是累了，都睡不醒，怎么这么懒。

几个叔叔把爸爸抬起来，每个人都不说话，脸上挂着泪水。我陪他躺在大篷车的车棚里，大篷车呜呜地走在回家的路上，我拉着他的手，回家之后，我们一起下车好不好。

叔叔奋力地拉起我，使劲抱着我大哭，孩子，你爸爸走了呀。我挣脱他，不不不，你骗我的。下个暑假还要跟光头老爸一起在大篷车里演出呢。

我倔强地不肯掉下一滴泪水，大概，只要我没哭，老爸就不会像他们说的那样，真的就走了吧？

十三岁，大概是已经长大了吧。

那几天妈妈像是疯了一样，我呆呆地看着家里突然多出来的忙碌的人们，奶奶抱着我，丫头，你哭吧，快哭呀，你是要憋坏了呀。

我拉着光头爸爸的手，轻轻地在旁边给他唱歌，唱教我的第一首歌——《种太阳》，唱我们在台上合作过的《心雨》。

我一直觉得，光头老爸一直在我的身边，只是，他的手好凉呀，我唱得不好吗，你怎么就不夸我了呢？你上次不是还说我已经超过你了，你是骗我的吧。

老爸，我跟你说呀，这个学期我们新来的音乐老师夸我唱得好了呢，他说我以后上大学是可以学音乐的，他说我可以站在大舞台上发光的。我跟他说了，这些老爸都跟我说过啦。你不是骗我的吧？你怎么就不说话了呢？

爸爸去火葬场也是坐大篷车去的，几个叔叔阿姨抱住我，把我跟光头老爸的手硬生生地分开。我大喊，不要，你们不要抢我的爸爸。奶奶抱住我，丫头，你就让爸爸走吧，看到你这样他会难过的。

妈妈过来打了我一巴掌，你闹够了没有！你让你爸死了都不得安稳吗？

死？我还是听到了我最不愿意承认的这个字，我大哭，哭得趴倒在大篷车的脚下，大篷车越走越远，我的眼前越来越黑。

那一年，我十六岁。

大家都说我变了，我不再是那个开心果，天塌下来是什么样子没人知道，大概就是没了光头老爸之后的样子吧。

大篷车荒废在院子的角落里。有时候我会在车棚里坐上一整天，去看光头老爸在台上唱歌，他还是那样首先要自己报幕，他说要唱歌送给现场的好朋友和我的妈妈。

老爸问我，丫头你说老爸是不是老了呀，化妆不漂亮了吧。我说，我学会了一首歌啊，《他和她的故事》我唱给你听呀，你再不进步，我就真的超过你了啊。

往往唱完之后，我摸到的都是自己冰凉的泪水。

一天，有个同学说，那个谁，听说你爸爸死了啊，是真的吗？我跟他扭打在一起，我用尽生平最大的力气跟他打架。老师说，你一个姑娘这么野蛮有什么用吗？我说我不用你管啊。老师让我走，不要出现在学校里。我说走就走啊，谁怕你啊！世界上怎么就没有一个像老爸那样的人呢？

我不敢回家，也不敢跟妈妈说我不在学校里了。我学会了吸烟，我学会了喝酒，只有在麻醉自己的时候我才会看到那个最爱我的老爸。他还是酷酷的光头，没有一点头发。

那一年，我十八岁。

我还记得，从我很小很小的时候，光头老爸就告诉我，等我的丫头十八岁的时候，我会开着大篷车让她唱遍整个中国。可是，我好像早已经不会唱歌了。

大家都说我像一个疯子，嗨，疯不疯又有什么区别呢？我觉得这个世界上已经没有人爱我了不是吗？我会伤心，我伤心的时候会坐在大篷车上发呆。大篷车也已经老了，轮子早就不知道在什么时候已经瘪了下去，就连车身也早已经锈迹斑斑了。

朋友拉我去文身，文身师傅问我要什么图案。我要来纸笔，一遍遍地画着记忆中老爸的样子，酷酷的、光光的头上没有头发，他的眼睛是很有神的，画了一遍又一遍撕掉，因为一点都没有光头老爸的样子，文身师看着图案问我，这个是谁？你文个光头做什么，我说这是我爸爸，我要让他时刻跟我在一起。

文身师不再说话，开始勾线，看着老爸的轮廓一点点地出现在我左侧的胳膊，我说我不要打麻药，他说会非常痛，我说我就是要痛。

晚上回到家，妈妈看着我缠着纱布的手，问我你怎么了。我说没怎么，文身！妈妈拉过我的手大声地斥责我：你干吗这样不爱惜你自己，你就自甘堕落吧！看我拿刀给你刮掉！妈妈扯下纱布，她抱着我大哭，丫头，你要好好珍惜你自己呀，如果你过得不好，妈妈活着也是没意思的。你再这样下去，你爸也不会开心的。他还想看你唱歌呢。你都忘了吗？

对啊。我怎么就只记得光头老爸的样子，就不记得他还教会我唱歌，还希望我好好唱歌呢。我抱着妈妈。光头老爸在手臂上，将我和妈妈拥到一起。

那一年，我十八岁，真正已经长大。

我生日的那一天，我和妈妈一起卖掉了大篷车。那一天，我哭了，妈妈也哭了。我用力地抱着手臂上的爸爸，我悄悄地把方向盘拆下来放到自己的房间里，难过的时候，我握着它，能感受到老爸手掌的温度。

大学入学考试，面试的时候我唱《他和她的故事》。一个老师激动地跑过来拉着我说，孩子，你的声音里怎么会有故事？我没有说话。

那天，妈妈特别开心，我和妈妈第一次在家里一起喝酒，我给爸爸也倒了一杯，妈妈边喝边哭，妈妈醉了，我也醉了。妈妈说，光头，丫头要去上大学了，你看到了吗？我用力地亲吻左边的胳臂，我说，他肯定看到了呀。

妈妈躺在我的怀里说，丫头大了，妈妈老了。看着妈妈染发剂遮不住的发根一片花白，泪如雨下。除了爸爸，我还有最爱的妈妈，我说，妈妈，以后，换我来养你吧。

我开始很努力地学习乐理知识，开始练习发声，开始对着视频一遍遍不停地练习，开始疯狂地往琴房跑，累了就自己抱一下自己，我真的能感觉到老爸。

今年，我二十岁。

妈妈一个人承担着整个家庭的压力，从来都是把最好的都给我却不多说任何话。同学介绍我去酒吧唱歌。我跟妈妈说，我要去唱歌，妈妈担心是不好的地方，我说，放心你的丫头吧，坚强，我说，我身上还带着守护我的老爸。

面试，唱《他和她的故事》，虽然我已经代表学校拿过很多的奖项。我是第一次在酒吧试唱，紧张得浑身发抖，我左手拿麦，右手紧紧握着左臂上的老爸，我只记得，最后整个喧闹的酒吧都安静了下来。

五月份，天气已经开始炎热，一天表演完有人拉住了我的胳膊，姑娘，有个更大的舞台，你可以去试试。

我来到了一个极其华丽的舞台，华丽到刺痛我的眼睛，我抓着左手臂，我强忍下眼睛里的泪花。妈妈说，丫头，老爸一起来了，你可以的。

我唱《price tag》，我带着老爸一起站在舞台上唱歌，我忘却了所有的悲伤，因为我的名字就是莫愁。

五岁，我就跟着音乐大篷车看灯光下的老爸。

九岁，我跟光头老爸在大篷车一起唱《心雨》，我唱男声，那个时候我是光头。

十三岁，我第一次，一个人在大篷车里演唱《爱的主打歌》。

老师问我，你跟谁学唱歌，我说跟我老爸，我老爸可厉害了，他是唱反串的。他有一个音乐大篷车，我曾经跟他一起走遍了整个中国，那个时候我们是一对欢乐的光头。

老师问我，你爸爸还唱吗？我强压住眼边的泪花，洒脱地说，他不唱了，换我来唱了。

老爸，你的丫头站在了这么又大又华丽的舞台，你看到了吗？

老爸，你的丫头现在在和哈林学唱歌，你看到了吗？

老爸，你的丫头和老师说了，要重新找回音乐大篷车，你看到了吗？

老爸，你的丫头已经长大了，你看到了吗？

老爸，丫头想你了。

（选自《意林》，2013年第1期）

> **想想做做**

吴莫愁在选秀节目《中国好声音》脱颖而出，成为中国新生代个性女歌手、新女性主义代言人、"九〇后"标志性人物。她从小跟随父母亲开大篷车畅游全国，这段经历成为人生重要财富。

阅读时注意几个关键词背后隐藏的事件：爸爸、大篷车、唱歌、舞台，代表的是什么？光头、文身，又代表的是什么？作者为什么要选择五岁、九岁、十三岁、十六岁、十八岁、二十岁这几个年龄节点？你能试着概述上述时间节点的关键事件，并理出内在的关联吗？

> 阅读指引

日本新思潮派代表作家——芥川龙之介，在日本文坛举足轻重。他以冷峻的文笔和简洁有力的语言让读者关注到社会现象。这篇小说撷取了少年成长中的微妙瞬间，以简洁的笔法在儿子与父亲的对比中凸显出青春期少年的冷漠与父爱的伟大。但我们愿意相信，能势嘲讽父亲，仅仅是出于一种少年特殊时期的虚荣心。

父 亲
[日本] 芥川龙之介

那是我就读中学四年级时的事。那年秋季，学校举办三夜四天的毕业旅行，预定游览日光到足尾那一带。学校颁发的油印纸注意事项中，明记着：上午六点三十分在上野车站候车室集合，六点五十分发车……

当天，我顾不及吃早饭就冲出家门。从我家到上野车站，搭电车不须二十分钟即能抵达。……明知不会迟到，却仍心焦气躁。伫立在月台红柱子下等电车时，也焦急万分。

不巧，天空满布乌云，让人情不自禁担忧那些响自各处工厂的汽笛声，会惊吓到大气中的铅色水蒸气，使其整体化为蒙蒙细雨飘落下来。在如此郁闷的阴天下，高架铁路上有火车在行驶。运货马车也在赶路驶往被服工厂（译注：制作陆军军服的工厂，位于现东京都墨田区横网町）。街上的商店大门逐户被打开。我等车的月台，也不知何时多了二三人。每个都挂着一张睡眠不足的脸，沉闷地伫立着。今天实在很冷。

……然后，电车总算驶来了。在拥挤不堪的车厢中，我好不容易才抓到一个吊环，接着有人在身后敲打我的肩膀。我慌忙回过头。

"早。"

原来是能势五十雄。他身上的装扮跟我完全一模一样，蓝色的男子制服，外套卷起披在左肩，脚上是麻制的绑腿带，腰上挂着饭包与水壶等其他的。

能势跟我毕业于同一小学，又同时升上同一中学。成绩平平，没有特别拿手的科目，也没有特别棘手的学科。不过，他却很擅长一些小事，例如流行歌曲，只要耳闻一遍，即能当场重复歌曲的旋律。因此每逢毕业旅行或其他野外活动，全体在外宿泊时，当天夜晚他一定会得意洋洋地展现他的特技。吟诗、萨摩琵琶（译注：源自于室町末期鹿儿岛一种悲壮旋律的琵琶歌）、单口相声、说评书、口技、变戏法，可说无所不能。不仅如此，他的动作与表情，有种独特的能令人不由自主发噱的言外之妙。所以他在同学之间极有人缘，在教师们之间，也广受好评。

"你来得真早。"

"我什么时候都早啊。"能势边说边耸动着鼻翼。

"不过你上次不是迟到了？"

"上次？"

"国文课那时啊！"

"喔，被马场修理那次？那是马场那小子的所谓智者千虑必有一失的结果。"能势呼唤教师名字时，通常不加敬称。

"我也被那老师修理过。"

"迟到了？"

"不是，忘了带课本。"

"那个仁丹最啰唆的。"

"仁丹"是能势为马场老师取的绰号。

……就这样闲聊着时，电车到站了。

电车还是像上的时候那么挤，好容易才下了车，走进火车站一看，时间还早，同学才到了两三个。我们相互说了声"早上好"之后，就争先恐后地在候车室的长凳上坐下，照例兴致勃勃地聊起天来。在我们这个年龄，都以"老子"代替"我"，自鸣得意。自称"老子"的伙伴们，大谈对这次旅行的估计，议论旁的同学，并说些老师的坏话。

"阿泉那小子很奸，他有教师用的教科书，所以他说他上课从来没有预习过。"

"平野更奸，那小子在考试时，都把历史的年代抄在指甲上作弊。"

"说得也对，连老师都奸奸的。"

"对，对，本间那老头，明明连 receive 的 i 跟 e 哪个排在前头都搞不清楚，就用教师用的教科书随便蒙混一通，人家还不是照样在教课？"

聊来聊去，不是甲奸就是乙奸，没有一则好话。过一阵子，能势批评起坐在他邻座一个看似工匠、正在阅读报纸的男人，说他脚上的鞋子像开口雷。因为当时正流行一种叫 McKinley 的新型鞋子，而那个男人的鞋子不但整体失去光泽，且鞋尖又开了个破洞。

"有道理，正是开口雷。"众人爆笑不已。

于是，其他人也沾沾自喜地物色起进出候车室内的各式各样人物。再用非东京中学生一定无法说得出口的傲慢词句，一一品头论足着该人的一切。恰好我们之中没有一个对于这种事会感到心虚而相形见绌的乖乖牌学生。其中更以能势的形容最为尖酸刻薄，且最具诙谐感。

"能势，能势，你看那个老板娘！"

"呵，她的脸就像鼓起肚子的河豚。"

"那边那个戴红帽子的运货员，好像什么的，喂，能势，你看！"

"那小子是加罗尔五世。"

闹到最后，竟变成能势一个人专门负责诽谤的任务。

此时，有人发现时刻表前站着一个怪异的男人，正在查阅蝇头小字般的数字。那个男人穿着一件黑紫色的西装，下半身是灰色粗条纹的长裤，包裹着一双瘦巴巴像体操时用的球竿的脚。头上戴着一顶老式的黑色宽檐呢帽，呢帽下露出斑白头发，看来是个年纪已过半百的男人。不过，他脖子上缠着一条黑白方格花纹的围巾，腋下夹着一根鞭条般的紫竹长杖。无论是他身上的服装，或是他的气氛，均像是有人从杂志剪下插图，再将其搁放在此候车室的人潮中似的。

……我们这票人中有个家伙像是庆幸找到新的发泄对象般，忍俊不禁耸动着肩膀，笑着拉住能势的手说：

"喂，那人怎样？"

众人同时望向那个怪异的男人。男人微微挺起胸往后仰，从背心口袋中掏出一个绑着紫色绦带的镍制大怀表，仔细对照着怀表与时刻表上的数字。我望见那男人的侧脸时，随即认出他是能势的父亲。

可是，当时那几个家伙，无人知道此事。因此，众人均兴致勃勃地望着能势，等待能势会想出什么适当的形容词来戏谑这个滑稽的男人，并已准备好听后的笑声。能势此时此刻的心境，不是中学四年级的少年郎能推测出的。我差点就脱口说出：

"那是能势的老爸耶！"

就在这时，能势开口了。

"那小子吗？那小子是个伦敦乞丐（译注：穿着类似绅士的乞丐）。"

理所当然，众人同时发出爆笑。有人甚至故意模仿能势父亲的动作，往后仰再装作掏出怀表的样子。我见状，情不自禁低下头。因为当时的我，实在没有勇气去观看能势的表情。

"形容得好，真是一针见血。"

"你们看！你们看！他那顶帽子！"

"古玩店的？"

"古玩店恐怕也找不到！"

"那，是博物馆的。"

众人又大笑成一团。

阴霾的候车室，昏暗得像是日暮后。透过这昏暗的帘幕，我悄悄地注视着那个伦敦乞丐。

不巧，外面可能已出薄日，一道狭长的亮光，自高耸的天花板上的天窗，茫茫然斜射下来。能势的父亲，正处于那道亮光中。……四周，所有的物体都在动。无论视线所及的，或视线所不及的，都在动。而且此动，竟化成无声静寂的世界，白雾般地笼罩着候车室这个庞大的建筑物。惟独能势的父亲，纹风不动。这个身穿与现代离谱的服装，本身更与现代绝缘的老人，在这个眼花缭乱的动态人群洪水中，将一顶超脱现代的黑色宽檐呢帽靠后戴着，并将一个绑着紫色绦带的怀表搁在右掌中，依然故我地像一尊抽水机般伫立在时刻表前……

日后，我不着痕迹地探听，才得知当时任职于大学药房的能势的父亲，因想在上班途中顺路看一眼儿子跟同学一道启程毕业旅行的模样，故意瞒着儿子特意赶到候车室来的。

能势五十雄，中学毕业后不久，即罹患肺结核，撒手尘寰。在学校的图书馆举行他的追悼式时，站立在戴着学生帽的能势遗像前朗读追悼辞的，正是我。

"你，是个孝子。"……我在悼词中，加上这么一句。

大正五年（1916）三月

（选自《世界微型小说经典　亚洲卷》，郑允钦主编，百花洲文艺出版社，2001年9月）

想想做做

小说有对毕业旅行早晨的环境描写，你认为作用是什么？

读小说要看前后之间的关系，这样才会读出小说的"意思"。比如：前文交代能势功课平平，最擅长通过表演、逗乐赢得同学们的青睐，这一处描写有没有特殊用意？这跟后文的情节有怎样的关系呢？

你认为能势的父亲是个怎样的人？在文中有哪些细节可以体现？

小说结尾也匠心独具，"我"在悼词中为什么要加上"你，是个孝子"这么一句话？

> 阅读指引

远方是相对的。对于远走他乡的人，曾经"熟悉的地方"——家——就成了"远方"。智利当代著名诗人、政治家巴勃鲁·聂鲁达在流亡海外之后，以诗意的方式描述家园旧物，追忆流金岁月，字字句句晕染着的既有重返家园的热烈的欣悦，更有往事难追的深沉的忧伤。

归来的温馨
［智利］巴勃鲁·聂鲁达

我的住所幽深，院内树木繁茂。久别之后，房子的许多去处吸引我躲进去尽情享受归来的温馨。花园里长起神奇的灌木丛，散发出我从未领受过的芬芳。我种在花园深处的杨树，原来是那么细弱，那么不起眼，现在竟长成了大树。它直插云天，表皮上有了智慧的皱纹，梢头不停地颤动着新叶。

最后认出我的是栗树。当我走近时，它们光裸干枯的、高耸纷繁的枝条，显出高深莫测和满怀敌意的神态，而在它们躯干周围正萌动着无孔不入的智利的春天。我每回都去看望它们，因为我心里明白，它们需要我去巡礼，在清晨的寒冷中我凝然伫立在没有叶子的枝条下，直到有一天，一个羞怯的绿芽从树梢高处远远地探出头来看我，随后出来了更多的绿芽。我出现的消息就这样传遍了那棵大栗树所有躲藏的满怀疑虑的树叶。现在，它们骄傲地向我致意，俨然已经习惯了我的归来。

鸟儿在枝头重新开始往日的啼鸣，仿佛树叶下什么变化也未曾发生。

书房里等待我的是残冬的浓烈气息。在我的住所中，书房最深刻地反映我离家的迹象。

封存的书籍有一股亡魂的气味，直冲鼻子和心灵深处，因为这是遗忘——业已湮灭的记忆——所产生的气味。

在那古老的窗子旁边，面对着安第斯山顶上白色和蓝色的天空，在我的背后，我感到了正在与这些书籍进行搏斗的春天的芬芳。书籍不愿摆脱长期被人抛弃的状态，依然散发出一阵阵遗忘的气息。春天身披新装，带着忍冬的香气，正在进入各个房间。

在我离家期间，书籍被弄得散乱不堪。这不是说书籍短缺了，而是它们的位置被挪动了。在一卷十七世纪古版的严肃的培根著作旁边，我看到萨尔加里的《尤卡坦旗舰》。尽管如此，它们倒还能够和睦相处。然而，一册《拜伦诗集》却散开了，我拿起来的时候，书皮像信天翁的黑翅膀那样落下来。我费力地把书脊和书皮缝上，事前我先饱览了那冷漠的浪漫主义。

海螺是我住所里最沉默的居民。从前海螺连年在大海里度过，养成了极深的沉默。如今，近几年的时光又给它增添了岁月和尘埃。可是，它那珍珠般冷冷的闪光，它那哥特式的同心椭圆形，或是它那张开的壳瓣，都使我记起远处的海岸和事件。这种闪着红光的珍贵海螺叫Rostellaria，是古巴的软体动物学家——卡洛斯·德·拉·托雷，有一次把它当作海底勋章赠给我的。这些加利福尼亚海里的"橄榄"，以及同一处来的带红刺的和带黑珍珠的牡蛎，都已经褪一点儿色，而且盖满尘埃了。从前，就在有那么多宝藏的加利福尼亚海上，我们险些遇难。

还有一些新居民，就是从封存了很久的大木箱里取出的书籍和物品。这些松木箱来自法国，箱子板上有地中海的气味，打盖子时发出嘎吱嘎吱的响声，随即箱内出现金光，露出维克多·雨果著作的红色书皮。旧版的《悲惨世界》便把形形色色令人心碎的生命，在我家的几堵墙壁之内安顿下来。

不过，从这口灵柩般的大木箱里出来一张妇女的可爱的脸，木头做的高耸的乳房，一双浸透音乐和盐水的手。我给她取名叫"天堂里的玛利亚"，因为她带来了失踪船只的秘密。我在巴黎一家旧货店里发现她光彩照人，那时她因为被人抛弃而面目全非，混在一堆废弃的金属器具里，埋在郊区阴郁的破布堆下面。现在，她被放置在高处，再次焕发着活泼、鲜艳的神采出航。每天清晨，她的双颊又将挂满神秘的露珠，或是水手的泪水。

玫瑰花在匆匆开放。从前，我对玫瑰很反感，因为她没完没了地附丽于文学，因为她太高傲。可是，眼看她们赤身裸体顶着严冬冒出来，当她在坚韧多刺的枝条间露出雪白的胸脯，或是露出紫红色的火团的时候，我心中渐渐充满柔情，赞叹她们含着挑战意味发出的浪涛般神秘的芳香与光彩；而这是她们适时从黑色土地里尽情吸取之后，像是责任心创造的奇迹，在露天里表露的爱。而现在，玫瑰带着动人的严肃神情挺立在每个角落，这种严肃与我正相符，因为她们和我都摆脱了奢侈与轻浮，各自尽力发出自己的一分光。

可是，四面八方吹来的风使花朵轻微起伏、颤动，飘来阵阵沁人心脾的芳香。青年时代的记忆涌来，令人陶醉：已经忘却的美好名字和美好时光，那轻轻抚摸过的纤手，高傲的琥珀色双眸，以及随着时光流逝已不再梳理的发辫，一起涌上心头。

这是忍冬的芳香，这是春天的第一个吻。

（选自《最美的散文大全集》，朱自清等，中国华侨出版社，2012年7月）

> **想想做做**

　　文题是《归来的温馨》,但作者回到朝思暮想的家,心情在喜悦之外还有悲凉,文中何处可读出喜悦,何处折射出悲凉,请找一找。

　　作者主要描写了家中旧物与我久别之后的生疏,以及与我一同归来的"新居民"。对玫瑰花的描写显得有几分突兀,那么作者在此特意提及玫瑰花的用意何在?

　　中国的古诗中也有类似的与故乡久别重逢的诗作吧,能不能在记忆中翻出一两篇?

第二单元　校园时光

校园，是必经的人生驿站。我们在这里欢笑、苦恼、停留、成长，一草一木、一砖一瓦，不经意留下我们的记忆。那间教室、那片操场，成为我们永不忘怀的地方。

阅读指引

"没有什么使我停留／除了目的／纵然岸旁有玫瑰、有绿荫、有宁静的港湾／我是不系之舟。"著名学者田晓菲十三岁即与北京大学结缘，孕育出今生都难以割舍的母校情。十三岁的时候，我们遇到了谁，又有谁因为这样的际遇让我们永远不舍留恋？静下心来，让我们一起开始田晓菲十三岁的际遇。

十三岁的际遇
田晓菲

第一次知道这世界上存在着一个"北大"，是在我七岁的时候。那天，偶尔从抽屉里翻出一张泛黄的照片，上面是一片沉静而美丽的湖光塔影。我目不转睛地注视着这似曾相识的风景，一些莫名的惊奇、喜悦与感动，从自己那充满渴望的内心悄悄升起。母亲告诉我：这，就是北大。

十岁，乘汽车从北大校门口经过。身边的阿姨唤我快看快看，我却扭过头去，口里说着：才不呢！现在若看了，以后再来上学不就"不新鲜"了吗？

我从未怀疑过我要成为北大的学生。那份稚气十足的自信，似乎预示了一段奇妙的尘缘。只是我没有想到，我会这么快就实现了童年的梦想，而且，在白驹过隙的弹指一瞬，这已是我来到北大的第三个秋天。

蓦然回首，我仿佛认出了两年前的自己：短短的头发，天真的目光，还不满十四岁，完全是个一脑子浪漫念头的小女孩，对什么都充满了兴趣与好奇。纷扬的白雪里，依稀看到她穿着蓝色羽绒衣，在冰冻的湖面掷下一串雪团般四处迸溅的清脆笑声。如今，秋风又起，树枝树叶交织出金色的穹隆。落叶遍地，踩上去很柔软，好像此时此刻不胜凉意的心情。眼看八七级新生穿着军训的绿军衣满校走，我才恍悟到自己已是三年级的"老生"了。悄立在朋友般亲切的三十五号楼下，不由地感到有些茫然若失……

秋天，是成熟的季节了。我似乎应该对你说点儿什么，北大。不是已经和你朝夕相处整整两年了吗？不是已经长成亭亭少女、就要度过自己的十六岁生日了吗？但平时常在嘴边的歌这会儿全都沉默了。我望着熟悉而又陌生的你，北大，两年里积攒下来的那么多话，竟全部悄悄沉淀了下来。

才进校门，高年级同学就带着我们参观北大图书馆。当时，好像还看了一个介绍图书馆的纪录片。入学之初那句颇为雄壮的誓言——"我

不仅为北大感到骄傲,也要让北大为我感到自豪"——在图书馆大楼的映衬下骤然显得苍白无力。我紧闭着嘴,心头涌起一种近乎绝望的感觉:四百万册图书!实在难以想象。而其中我所读过的,大概连这个数目字的最小的零头都不到吧!不知怎么,我回忆起了一九八三年在青岛过夏令营时发生的一件事情:记得那时灯已熄了,我们在黑暗里躺在床上,随意聊着天儿。我和领队的那个女老师正说得津津有味,我上铺的女孩却忽然哭了起来。我们惊讶地问她怎么了,她呜咽着答道:"你们知道得那么多,可我什么也不懂……"如今,我和女老师的谈话早忘得一干二净了,可那女孩子的呜咽反倒长久而清晰地留存在心中。当我随着面孔尚未记熟的新同学一起走出图书馆的时候,我似乎刚刚理解了那因为自己的无知而抽泣的女孩……

自从小心翼翼地佩戴上那枚白色校徽起,北大就不再是照片上的影像,不再是车窗外一掠而过的建筑,不再是小女孩心中珍藏的梦想,而成了需要用全部清醒的意识来对付的、不折不扣的现实。假如一生可以被分成许多阶段,那么与北大的际遇,便是又一个新的开始。

可不，是开始——开始做美得有点迷离的梦，开始对从未涉足过的世界进行探寻。当我在图书馆里一排一排落上了些许灰尘的书架间徜徉，我觉得自己就像是童话里的女孩，怀着激动不安的心情启开了闪闪发光的仙宫大门，有时，并不急着翻检借阅，只在书垛给我留出的窄窄小径上慢慢地走来走去，以目光抚爱每册图书。中文的、英语的，都在以互不相同的沉默的声音，向我发出低低的絮语和呼唤。渐渐地，我的心情也变得和它们一样：沉静、愉悦、安详。

就这样，简单而又美好地，北大为一个渴望以有限的生命拥抱永恒的小女孩打开了一扇神奇的窗子，从这微风吹拂的窗口，透进一片纯洁的真理之光。宇宙与人开始以全新面目向我揭示和呈现，我开始思索，开始疑问，开始摒弃，开始相信。北大为我展示了一个动人的新世界，在这令我惊喜的天地里，我渴望生活，渴望创造，渴望有一副轻灵的翅膀，摆脱这沉重的肉体的束缚，在无际的天空自由地飞翔！

喜欢读北大的书，更喜欢读北大的人。有时，我特别愿意静静地站在图书馆阅览室的门口，看那些伏案读书者专注而入迷的神情；也愿意一边走向第三教学楼，一边听身旁经过的人高声争论着什么问题——吸引我的，往往不是他们争辩的题目，而是北大人特有的敏感，学生特有的纯洁，言谈的犀利与机智，精神状态的生机勃勃；更愿意站在广告栏前，一张一张细细地读那些五颜六色的海报，为的是永不厌倦地重温北大清新自由的气氛。

写到这里，不由吐了吐舌头，因为北大老师们的肖像，也一视同仁地留在了我的写生画册上：有的绅士风度，有的和蔼可亲，这个怪癖，那个潇洒，或于谈笑风生间"樯橹灰飞烟灭"，或于古朴凝重之中形成另一番风格……我喜欢由这些亲切的手牵引着走上令人耳目一新的通幽曲径，我喜欢师生之间那种平易而自然的关系。严谨治学，诚恳做人，我第一次体会到了"老师"二字的真正含义。我常想,北大就是一条生命饱满的河流,它从九十年前的源头出发,向那充满希望的未来流淌。尽管两岸风景变换,河上却始终有着渴望渡向美丽彼岸的船客,也有着代代相传的辛勤的舵手与船工。

哦,北大,北大,你委于我心的实在是太多,太多。因此,当有人问我大学两年收获了什么又失落了什么的时候,你叫我怎能以轻巧的"得失"二字,来衡量这因浸透了汗水、泪水与欢笑而格外充实的时光?

"没有什么使我停留/除了目的/纵然岸旁有玫瑰、有绿荫、有宁静的港湾/我是不系之舟。"

不止一次把这些诗句悄悄念给你,北大。千言万语,有时只能凝聚为这最浓最浓的几行。是的,我是一只不系之舟,曾经那样安恬地依偎在未名湖的臂抱里,但我的心无时无刻不在向往大海的波涛。我没有忘记我的誓言,我渴望发现新的大陆,渴望从海洋深处为你——北大,撷取最灿烂的珍珠。

不过,自七岁起便结识便热爱的地方是永远无法忘记的。"让我俯首感谢所有星球的相助",为了我能在北大校园里度过一生中最美好的时期。正是在北大,我从那个无忧无虑的小女孩,一步一步艰难地走向成熟。北大早已不仅仅是哺育我的母校,它是师长,是朋友,是我的一部分,一部分的我。它珍藏在内心最柔软的角落里,流淌在我的血液里,和愚蠢又美好的少年的回忆一起,永远无法分割开来。

"啊,也许有一天/意志是我,不系之舟是我/纵然没有智慧,没有绳索和帆桅。"

是的,总有一天,北大,我也会离你而去。你却永远年轻着,微笑着,拥抱一代又一代青年人的梦想,激励一届又一届学子的抱负,也抚慰一年又一年桃李开落的惆怅。那么，我还会回到你的身边来，是梦是真，又有什么相干！我只要像当初一样，在老朋友般的三十五号楼下小立片刻，那么我相信，所有逝去的岁月都会重新开花结果，所有往昔的梦幻都会再现，我将不顾头上苍苍的白发，再次像个十六岁的女孩那样，轻依在你湖光塔影的胸前……

1987年10月于燕园

（选自北京大学校刊编辑部《精神的魅力》，

北京大学出版社，1998年4月）

想想做做

作者述说了自己从七岁渴望北大，十岁路过北大，到后来十四岁进入北大与它正式相遇的经历。从开始进入北大时的稚嫩到两年后的逐渐成熟，字里行间，体悟作者语气和情感脉络的细微变化，能感受到一所大学带给学子的精神给养。

试着在文中找出作者在北大的人文滋养下思想逐渐从稚嫩走向成熟的一些句子，朗读出来，感受一下作者当时的心路历程。

> **阅读指引**

　　一般想到泪珠，要么因喜极而泣，要么因悲伤恸哭，而文中的"泪珠"却并不因此而生。女老师眼中流出的晶莹的泪珠仿佛已经变成了作者精神世界里某种情感的一种象征，让我们一起走进《白鹿原》的作者陈忠实当年生活的那个时代，去感受泪珠的由来。

晶莹的泪珠

陈忠实

　　我手里捏着一张休学申请书朝教务处走着。

　　我要求休学一年。我写了一张要求休学的申请书。我在把书面申请交给班主任的同时，又口头申述了休学的因由，发觉口头申述因为穷而休学的理由比书面申述更加难堪。好在班主任对我口头和书面申述的同一因由表示理解，没有经历太多的询问便在申请书下边空白的地方签写了"同意该生休学一年"的意见，自然也签上了他的名字和时间。他随之让我等一等，就拿着我写的申请书出门去了，回来时那申请书上就增加了校长的一行签字，比班主任的字签得少自然也更简洁，只有"同意"二字，连姓名也简洁到只有一个姓，名字略去了。班主任对我说："你现在到教务处去办手续，开一张休学证书。"

　　我敲响了教务处的门板。获准以后便推开了门，一位年轻的女先生正伏在米黄色的办公桌上，手里捉着长杆蘸水笔在一厚本表册上填写着什么，并不抬头。我知道开学报名时教务处最忙，忙就忙在许多要填写的各式表格上。我走到她的办公桌前鞠了一躬："老师，给我开一张休

学证书。"然后就把那张签着班主任和校长姓名和他们意见的申请递放到桌子上。

她抬起头来，诧异地瞅了我一眼，拎起我的申请书来看着，长杆蘸水笔还夹在指缝之间。她很快看完了，又专注地把目光留滞在纸页下端班主任签写的一行意见和校长更为简洁的意见上面，似乎两个人连姓名在内的十来个字的意见批示，看去比我大半页的申请书还要费时更多。她终于抬起头来问：

"就是你写的这些理由吗？"

"就是的。"

"不休学不行吗？"

"不行。"

"亲戚全都帮不上忙吗？"

"亲戚……也都穷。"

"可是……你休学一年，家里的经济状况也不见得能改变，一年后你怎么能保证复学呢?"

　　于是我就信心十足地告诉她我父亲的精确安排计划：待到明年我哥哥初中毕业，父亲谋划着让他投考师范学校，师范生的学杂费和伙食费全由国家供给，据说还发三块钱零花钱。那时候我就可以复学接着念初中了。我拿父亲的话给她解释，企图消除她对我能否复学的疑虑："我伯伯说来，他只能供得住一个中学生；俺兄弟俩同时念中学，他供不住。"

　　我没有做更多的解释。我的爱面子的弱点早在此前已经形成。我不想再向任何人重复叙述我们家庭的困窘。父亲是个纯粹的农民，供着两个同时在中学念书的儿子。哥哥在距家四十多里远的县城中学，我在离家五十多里的西安一所新建的中学就读。在家里，我和哥哥可以合盖一条被子，破点旧点也关系不大。先是哥哥接着是我要离家到县城和省城的寄宿学校去念中学，每人就得有一套被褥行头，学费杂费伙食费和种种花销都空前增加了。实际上轮到我考上初中时已不再是考中秀才般的荣耀和喜庆，反而变成了一团浓厚的愁云忧雾笼罩在家室屋院的上空。我的行装已不能像哥哥那样有一套新被子新褥子和新床单，被简化到只能有一条旧被子卷成小卷儿背进城市里的学校。我的那一绺床板终日裸露着缝隙宽大的木质板面，晚上就把被子铺一半再盖上一半。我也不能像哥哥那样由父亲把一整袋面粉送交给学生灶，而只能是每周六回家来背一袋杂面馍馍到学校去，因为学校灶上的管理制度规定一律交麦子面，而我们家总是短缺麦子而苞谷面还算宽裕。这样的生活我并未意识到有什么不好。因为背馍上学的学生远远超过能搭得起灶的学生人数，每到三顿饭时，背馍的学生便在开水灶的一排供水龙头前排起五六列长队，把掰碎的各色馍块装进各自的大号搪瓷缸子里，用开水浸泡后，便三人一堆五人一伙围在乒乓球台的周围进餐，佐菜大都是花钱买的竹篓咸菜或家制的腌辣椒，说笑和争论的声浪甚至压制了那些从灶房领取炒菜和热饭的"贵族阶层"。

这样的念书生活终于难以为继。父亲供给两个中学生的经济支柱，一是卖粮，一是卖树，而我印象最深的还是卖树。父亲自青年时就喜欢栽树，我们家四五块滩地地头的灌渠渠沿上，是纯一色的生长最快的小叶杨树，稠密到不足一步就是一棵，粗的可作檩条，细的能当椽子。父亲卖树早已打破了先大后小先粗后细的普通法则，一切都是随买家的需要而定，需要檩条就任其选择粗的，需要椽子就让他们砍伐细的。所得的票子全都经由哥哥和我的手交给了学校，或是换来书籍课本和作业本以及哥哥的菜票我的开水费。树卖掉后，父亲便迫不及待地刨挖树根，指头粗细的毛根也不轻易舍弃，把树根劈成小块晒干，然后装到两只大竹条笼里挑起来去赶集，卖给集镇上那些饭馆药铺或供销社单位。一百斤劈柴的最高时价为1.5元，得来的块把钱也都经由上述的相同渠道花掉了。直到滩地上的小叶杨树在短短的三四年间全部砍伐一空，地下的树根也掏挖干净，渠岸上留下一排新插的白杨枝条或手腕粗细的小树……

我上完初一第一学期，寒假回到家中便预感到要发生重要变故了。新年佳节弥漫在整个村巷里的喜庆气氛与我父亲眉宇间的那种根深蒂固的忧虑形成强烈的反差，直到大年初一刚刚过去的当天晚上，父亲便说出来谋划已久的决策："你得休一年学，一年。"他强调了一年这个时限。我没有感到太大的惊讶。在整个一个学期里，我渴盼星期六回家又惧怕星期六回家。我那年刚刚十三岁，从未出过远门，而一旦出门便是五十多里远的陌生的城市，只有星期六才能回家一趟去背馍，且不要说一周里一天三顿开水泡馍所造成的对一碗面条的迫切渴望了。然而每个周六在吃罢一碗香喷喷的面条后便进入感情危机，我必须说出明天返校时要拿的钱数儿，一元班会费或五毛集体买理发工具的款项。我知道一根丈五长的椽子只能卖到 1.5 元钱，一丈长的椽子只有八角到一块的浮动区。我往往在提出要钱数目之前就折合出来这回要扛走父亲一根或两根椽子，或者是多少斤树根劈柴。我必须在周六晚上提前提出钱数，以便父亲可以从容地去借款。每当这时我就看见父亲顿时阴沉下来的脸色和眼神，同时，夹杂着短促的叹息。我便低了头或扭开脸不看父亲的脸。母亲的脸色同样忧愁，我似乎可以看；而父亲的眼睑一旦成了那种样子，我就不忍对看或者不敢对看。父亲生就的是一脸的豪壮气色，高眉骨大眼睛统直的高鼻梁和鼻翼两边很有力度的两道弯沟，忧愁蒙结在这样一张脸上似乎就不堪一睹……我曾经不止一次地产生过这样的念头，为什么一定要念中学呢？村子里不是有许多同龄伙伴没有考取初中仍然高高兴兴地给牛割草给灶里拾柴吗？我为什么要给父亲那张脸上周期性地制造忧愁呢……父亲接着就讲述了他的让哥哥一年后投考师范的谋略，然后可以供我复学念初中了。他怕影响一家人过年的兴头儿，所以压在心里直到过了初一才说出来。我说："休学？"父亲安慰我说："休学一年不要紧，你年龄小。"我也不以为休学一年有多么严重，因为同班的五十多名男女同学中有不少人都结过婚，既有孩子的爸爸，也有做了妈妈的，这在五十年代初并不奇怪，新中国成立后才获得上学机会的乡村青年不限年龄。我是班里年龄最小个头最矮的一个，座位排在头一张课桌上。我轻松地说："过一年个子长高了，我就不坐头排头一张桌子咧——上课扭得人脖子疼……"父亲依然无奈地说："钱的来路断咧！树卖完了——"

她放下夹在指缝间的木制长杆蘸水笔，合上一本很厚很长的登记簿，站起来说："你等等，我就来。"我就坐在一张椅子上等待，总是止不住她出去干什么的猜想。过了一阵儿她回来了，情绪有些亢奋也有点激动,一坐到她的椅子上就说:"我去找校长了……"我明白了她的去处,似乎验证了我刚才的几种猜想中的一种,心里也怦然动了一下。她没有谈她找校长说了什么,也没有说校长给她说了什么。她现在双手扶在桌沿上低垂着眼,久久不说一句话。她轻轻舒了一口气,扬起头来时我就发现,亢奋的情绪已经隐退,温柔妩媚的气色渐渐回归到眼角和眉宇里来了,似乎有一缕淡淡的无能为力的无奈。

她又轻轻舒了口气,拉开抽屉取出一本公文本在桌子上翻开,从笔筒里抽出那支木杆蘸水笔,在墨水瓶里蘸上墨水后又停下手,问:"你家里就再想不出办法了?"我看着那双滋浮着忧郁气色的眼睛,忽然联想到姐姐的眼神。这种眼神足以使任何被痛苦折磨着的心平静下来,足以使任何被痛苦折磨得心力交瘁的灵魂得到抚慰,足以使人沉静地忍受痛苦和劫难而不至于沉沦。我突然意识到因为我的休学致使她心情不好这个最简单的推理,而在校长班主任和她中间,她恰好是最不应该产生这种心情的。她是教务处的一位年轻职员,平时就是在教务处做些抄抄写写的事,在黑板上写一些诸如打扫卫生的通知之类的事,我和她几乎没有说过话,甚至至今也记不住她的姓名。我便说:"老师,没关系。休学一年没啥关系,我年龄小。"她说:"白白耽搁一年多可惜!"随之又换了一种口吻说,"我知道你的名字也认得你。每个班前三名的学生我都认识。"我的心情突然灰暗起来而没有再开口。

她终于落笔填写了公文函,取出公章在下方盖了,又在切割线上盖上一枚合缝印章,吱吱吱撕下并不交给我,放在桌子上,然后把我的休学申请书抹上浆糊后贴在公文存根上。她做完这一切才重新拿起休学证书交给我说:"装好。明年复学时拿着来找我。"我把那张硬质纸印制的休学证书折叠了两番装进口袋。她从桌子那边绕过来,又从我的口袋里掏出来塞进我的书包里,说:"明年这阵儿你一定要来复学。"

我向她深深地鞠了躬就走出门去。我听到背后咣当一声闭门的声音，同时也听到一声"等等"。她拢了拢齐肩的整齐的头发朝我走来，和我并排在廊檐下的台阶上走着，两只手插在外套的口袋里。走过一个又一个窗户，走过一个又一个教室的前门和后门，校园里和教室里出出进进着男女同学，有的忙着去注册去交费，有的已经抱着一摞摞新课本新作业本走进教室，还有从校门口刚刚进来的背着被卷馍袋的迟来者。我忽然心情很不好受，在争取到了休学证后心劲松了吧？我很不愿意看见同班同学的熟悉的脸孔，便低了头匆匆走起来，凭感觉可以知道她也加快了脚步，几乎和我同时走出学校大门。

学校门口又涌来一拨偏远地区的学生，熟悉的同学便连连问我："你来得早！报过名了吧？"我含糊地笑笑就走过去了，想尽快远离正在迎接新学期的洋溢着欢跃气浪的学校大门。她又喊了一声"等等"。我停住脚步。她走过来拍了拍我的书包："甭把休学证弄丢了。"我点点头。她这时才有一句安慰我的话："我同意你的打算，休学一年不要紧，你年龄小。"

我抬头看她，猛然看见那双眼睫毛很长的眼眶里溢出泪水来，像雨雾中正在涨溢的湖水，泪珠在眼里打着旋儿，晶莹透亮。我瞬即垂下头避开目光。要是再在她的眼睛里多驻留一秒，我肯定就会号啕大哭。我低着头咬着嘴唇，脚下盲目地拨弄着一颗碎瓦片来抑制情绪，感觉到有一股热辣辣的酸流从鼻腔倒灌进喉咙里去。我后来的整个生命历程中发生过多次这种酸水倒流的事，而倒流的渠道却是从十四岁刚来到的这个生命年轮上第一次疏通的。第一次疏通的倒流的酸水的渠道肯定狭窄，承受不下那么多的酸水，因而还是有一小股从眼睛里冒出来，模糊了双眼，顺手就用袖头揩掉了。我终于扬起头鼓起劲儿说："老师……我走咧……"

她的手轻轻搭上我的肩头："记住，明年的今天来报到复学。"

我看见两滴晶莹的泪珠从眼睫毛上滑落下来，掉在脸鼻之间的谷地上，缓缓流过一段就在鼻翼两边挂住。我再一次虔诚地深深鞠躬，然后就转过身走掉了。

二十五年后，卖树卖树根（劈柴）供我念书的父亲在癌病弥留之际，对坐在他身边的我说："我有一件事对不住你……"

我惊讶得不知所措。

"我不该让你休那一年学！"

我浑身战栗，久久无言。我像被一吨烈性梯恩梯炸成碎块细沫儿飞向天空，又似乎跌入千年冰窖而冻僵四肢冻僵躯体也冻僵了心脏。在我高中毕业名落孙山回到乡村的无边无际的彷徨苦闷中，我曾经猴急似的怨天尤人："全都倒霉在休那一年学……"我1962年毕业恰逢中国经济最困难的年月，高校招生任务大大缩小，我们班里剃了光头，四个班也仅仅只考取了一个个位数，而在上一年的毕业生里我们这所不属重点的学校也有百分之五十的学生考取了大学。我如果不是休学一年当是1961年毕业……父亲说："错过一年……让你错过了二十年……而今你还算熬出点名堂了……"

我感觉到炸飞的碎块细沫儿又归结成了原来的我，冻僵的四肢自如了冻僵的躯体灵便了冻僵的心又镗镗镗跳起来的时候，猛然想起休学出门时那位女老师溢满眼眶又流挂在鼻翼上的晶莹的泪珠儿。我对已经跨进黄泉路上半步的依然向我忏悔的父亲讲了那一串的泪珠的经历，我称呼伯伯的父亲便安然合上了眼睛，喃喃地说："可你……怎么……不早点给我……说这女先生哩……"

我今天终于把几近四十年前的这一段经历写出来的时候，对自己算是一种虔诚祈祷，当各种欲望膨胀成一股强大的浊流冲击所有大门窗户和每一个心扉的当今，我便企望自己如女老师那种泪珠的泪泉不致堵塞更不敢枯竭，那是滋养生命灵魂的泉源，也是滋润民族精神的泉源哦……

（选自《陈忠实作品精选》，陈忠实著，新疆人民出版社，1999年9月第2版）

想想做做

文中有几处细节是描写"晶莹的泪珠"的，请把它们分别找出来，体会作者细腻传神的描写手法。

文章末尾说"我便企望自己如女老师那种泪珠的泪泉不致堵塞更不敢枯竭，那是滋养生命灵魂的泉源，也是滋润民族精神的泉源"，其中"泪珠"和"泪泉"分别象征着什么，作者为什么说这是"滋养生命灵魂的泉源，也是滋润民族精神的泉源"，这句话表达了作者怎样的期待？

> **阅读指引**
>
> 校园生活是那样的美好温馨，许多往事被我们藏在记忆的一角，一旦回忆起来，总是那样的清晰完整。二十多年前，那所天主教堂改建的小学、那位曾经年轻的女老师、那次握手的细节……母校的记忆似乎尘封，其实全都珍藏在心底。

母 校

苏 童

我从来不知道我童年时就读的小学校的老师一直记着我。我的侄子现在就在那所小学读书，有一次回家乡时，我侄子对我说：我们老师知道你的，她说你是个作家，你是作家吗？我含糊其辞，我侄子又说，我们一个老师说，她教过你语文的，她教过你吗？我不停地点头称是，心中受到了某种莫名的震动。我想象那些目睹我童年成长的小学老师是如何谈论我的，想象那些老师现在的模样，突然意识到一个人会拥有许多不曾预料的牵挂你的人，他们牵挂着你，而你实际上已经把他们远远地抛到记忆的角落中了。

那所由天主教堂改建的小学给我留下的印象是美好而生动的，但我从未想过再进去看一看，因为我害怕遇见教过我的老师。偶尔地与朋友谈到此处，发现他们竟然也有类似的行为。我不知道这么做是不是好，我想大概许多人都有像我一样的想法吧，他们习惯于把某部分生活完整不变地封存在记忆中。

离开母校二十年以后，我收到了母校校庆七十周年的邀请函，母校竟然有这么长的历史，我以前并不知道，心里仍然生出了一些自豪的感觉。

但是开始我并不想回去，那段时间我正好琐事缠身。我父亲在电话里的一句话使我改变了主意，他说，他们只要半天时间，半天时间你也挤不出来吗？在驶往家乡的火车上我想，像我这样的旅行，一次为了童年为了记忆的旅行，大概是比较特殊的了。

一个秋阳高照的午后，我又回到了我的小学，孩子们吹奏着乐曲欢迎每一个参加庆典的客人。我刚走到教学楼的走廊上，一位曾教过我数学的女教师快步迎来，大声叫我的名字，说，你记得我吗？我当然记得，事实上我一直记得每一位教过我的老师的名字，让我不安的是她这么快步向我迎来，而不是我以学生之礼叩见我的老师。后来我又遇见了当初特别疼爱我的一位老教师，她早已退休在家了，她说要是在大街上她肯定认不出我来了，她说，你小时候特别文静，像个女孩子似的。我相信那是我留在她记忆中的一个印象，她对几千名学生的几千个印象中的一个印象，虽然这个印象使我有点窘迫，但我却为此感动。

就是那位白发苍苍的女教师紧紧地握着我的手，穿过走廊来到另一个教室，那里有更多的教过我的老师注视着我。或者说是我紧紧地握着女教师的手，在那个时刻我眼前浮现出二十多年前一次春游的情景，那位女教师也是这样握着我的手，把我领到卡车的司机室里，她对司机说，这孩子生病刚好，让他坐在你旁边。

一切都如此清晰。

我忘了说，我的母校两年前迁移了新址。现在的那所小学的教室和操场并无旧痕可寻，但我寻回了许多感情和记忆。事实上我记得的永远是属于我的小学，而那些尘封的记忆之页偶尔被翻动一下，抹去的只是灰尘，记忆仍然完好无损。

（摘自《武汉晨报》，2006年2月16日）

想想做做

著名当代作家苏童以这样的方式展现对母校的记忆，这可能要到我们长大的时候才能真正理解。但是你若梳理一下作者感情的变化，也会有所收获。想一想：听了侄子的话，"我"为什么心中受到了某种莫名的震动？为什么听了父亲的话，"我"改变了不想回母校的主意？为什么"现在的那所小学的教室和操场并无旧痕可寻，但我寻回了许多感情和记忆"？

还可以进一步思考一下："事实上我记得的永远是属于我的小学，而那些尘封的记忆之页偶尔被翻动一下，抹去的只是灰尘，记忆仍然完好无损。"这句话的意思是什么？"我"对自己的小学老师望而却步，你觉得这种行为可以理解吗？

> 阅读指引

本文选自《窗边的小豆豆》，校长用大人和小孩都容易理解的方式告诉大家要合理膳食，营养搭配。跟"请注意不要让孩子养成偏食的习惯"，这样古板、空洞的话比起来，"海的味道，山的味道"既形象生动，又易于理解。读完本文，你也会觉得学习原来可以是一件如此简单快乐的事。

海的味道，山的味道

[日本] 黑柳彻子

终于，小豆豆盼望已久的"海的味道，山的味道"的午饭时间开始了。要说这"海的味道，山的味道"，原来是校长先生要求的盒饭的菜肴。一般来说，学校对学生们的盒饭有所要求时，会这样对家长说，"请注意不要让孩子养成偏食的习惯"，或是"请注意营养的全面和均衡"之类，但是巴学园的校长先生只是这样拜托家长们：

"请让他们带来海的味道和山的味道。"

山的味道……比如说蔬菜啦、肉啦（当然，肉并不是在山上得到的，但是大致区分一下的话，牛啊猪啊鸡啊都是生长在陆地上的，就归入"山的味道"里面）。海的味道则是鱼啦、红烧海味什么的。总之，盒饭的菜里一定要有海里和山上出产的东西。小豆豆的妈妈非常敬佩校长先生，她觉得"能够把想要说的话，如此简练地表现出来，这样的成年人，除了校长先生之外，没有第二个了"。而且，尽管准备盒饭的时候，要把山里和海里出产的食物分开来考虑，但妈妈一点儿也没表现出嫌麻烦的样子，真是很奇怪。校长先生还说，尽管要有海里和山上出产的东西，但千万"不要太勉强"、"不要太奢侈"，山味用"红烧牛蒡丝和煎鸡蛋"，海味用"鲣鱼"就可以了。还有更简单的海味和山味的例子，那就是"紫菜和梅子干"。

正像小豆豆第一次见到而且非常羡慕的那样，孩子们在午饭时间里，兴奋地盼着校长先生来看自己的饭盒，问：

"海的味道和山的味道，都有了吗？"

真是让人开心。而且孩子们自己也可以学到什么是海里的东西，什么是山上的东西，经常会有令人吃惊的发现。

但是，偶尔也会有这样的情况：就是有的妈妈一时很忙，做这做那应付不过来，孩子的盒饭里只有海味或者只有山味。这时候怎么办呢？一点儿也不用担心。因为，在过来看盒饭的校长先生身后，跟着校长夫人，夫人系着白色围裙，两只手里各拿着一个锅。每当校长先生看到没有带够菜的孩子，就说：

"海！"

于是校长夫人就从放海味的锅里，取出两个煮的鱼丸子，放在饭盒盖上。如果先生说的是：

"山！"

夫人就会从另一个放山味的锅里，取出一块煮山芋。

就这样，没有一个孩子说"讨厌吃煮鱼丸"之类的话，也没有一个孩子会有"谁的菜很高级，谁的菜总是很寒酸"这样的想法。只要盒饭具备了海的味道和山的味道这两样，孩子们就非常高兴，笑着闹着，吵吵嚷嚷的。

小豆豆好不容易明白了什么是"海的味道，山的味道"，不禁有些担心起来："妈妈今天早晨匆匆忙忙做出来的盒饭，会不会有什么问题呢?"但是，一打开盒饭盖子，小豆豆差点"哇——"的一声叫出来。因为，这实在是一个绝妙的盒饭，漂亮得让人目瞪口呆！黄色的煎鸡蛋，绿色的豌豆，茶色的鱼松，还有炒得松松的粉红色的鳕鱼子，五颜六色的，看上去像花圃一样漂亮。

校长先生看了一下小豆豆的盒饭，赞叹说：

"真漂亮啊。"

小豆豆非常开心，说：

"妈妈可会做菜啦。"

校长先生说了声"是吗"，指着茶色的鱼松问：

"这是海里的东西，还是山上的?"

小豆豆盯着鱼松，"是什么呢?"要是从颜色看，好像是山上的，因为是土一样的颜色嘛。可是……拿不定主意，于是，回答道：

"我不太清楚。"

校长先生转过身，大声地问孩子们：

"鱼松是海里的，还是山上的?"

孩子们想了一下，然后"山上的"和"海里的"声音响成一片，却没有一个一致的意见。等大家的叫声停下来，校长先生说：

"好了吗? 鱼松是海里的呀。"

"为什么?"

一个胖胖的男孩问。校长先生站到桌子围成的大圆圈中间，解释说：

"鱼松呢，是把鱼刺从鱼肉里挑出来，把鱼肉切得细细的，然后炒一炒，才做出来的。"

"噢——"

大家发出敬佩的声音，这时候有人说：

"老师,我想看看小豆豆的鱼松,可以吗?"

校长先生说:

"可以啊。"

于是,学校里的孩子们,全都陆陆续续地站起来,过来看小豆豆的鱼松。有的孩子本来就知道鱼松,也吃过,但是由于刚才的这一番话,又对鱼松发生了兴趣;也有的孩子想看看自己家的鱼松和小豆豆的,是不是有什么不一样。来看鱼松的孩子们中,有的还闻一闻味道,小豆豆有点担心:鱼松会不会被鼻子呼出来的气吹跑了?

小豆豆的第一次午饭时间,虽然有点儿紧张,但非常高兴。思考什么是"海的味道,山的味道"也很有趣,还知道了鱼松是鱼做的,而且妈妈把"海的味道,山的味道"的盒饭准备得这么好。"一切都让人高兴!"小豆豆这么想着,觉得非常开心。而且,还有另外一件开心的事,那就是,妈妈做的盒饭,味道好极了!

(选自《窗边的小豆豆》,(日)黑柳彻子著,(日);赵玉皎译,南海出版社,2011年)

想想做做

都说教书育人要有一颗童心,要用孩子的眼光来看世界,饮食教育何尝不是如此。

读完文章,你能说出来"海的味道"和"山的味道"分别代表什么味道吗?你喜欢文中校长的这种教育方式吗?在自己读幼儿园或小学的经历中,有没有遇到某个老师与文中校长的教育方式类似呢,跟大家分享一下你的一个小小经历吧。

> 阅读指引

赞扬，有着神奇的力量。赞扬别人，往往收到意想不到的效果。第一次受到爸爸的表扬，气馁时乐团乐手给予我的鼓励，困境中埃米尔·冯·索尔先生的"吻"，以及"我"给钢琴家的鼓励，让"贝多芬之吻"不断传递。

贝多芬之吻
[德国]安道尔·福尔德斯

1985年9月，我在西德萨尔布吕肯给一些年轻的钢琴家上主修课时感到，如果我在某个学生的背上轻轻拍一下的话，他会弹得更好些。由于他的卓越的演奏，我在全班同学面前表扬了他。这种即刻的超常发挥使自己和全班同学都大为惊奇。仅仅几句赞扬的话对他产生了奇效。

这件事使我想起了自己得到第一次的表扬是多么高兴和自豪。

我当时七岁，爸爸让我在花园帮忙干活，我使出了全身的劲儿干完活后得到了最好的奖赏：父亲吻了一下说："谢谢你，孩子，你干得好。"几十年过去了，父亲的话仍在我耳边回响。

1953年，我为德意志留声机公司录制了我的第一张管弦乐唱片。当时我弹奏的是李斯特的两支钢琴协奏曲，为我伴奏的是世界上最好的交响乐团之一——柏林交响乐团。第一支协奏曲是我童年时期就非常熟悉的，所以完成得很顺利。但是第二天，第二支协奏曲就不那么顺利了。因为我只是在录音前的一小段时间里学习了一下李斯特的《二号钢琴协奏曲》，不是很熟练，当时心里很紧张。于是我们不得不一遍又一

遍地练习演奏其中特别难的一节。过了一会儿,乐团的一名乐手起身对我说:"别担心,福尔德斯先生,您的第一支协奏曲演奏得非常出色,您没有必要这么紧张。我敬仰您,支持您。"我微微一笑,又接着练习。终于,在正式录音时我一气呵成,漂亮地完成了演奏。

十六岁时,由于与音乐教师发生分歧,我备受冷落,陷入了深深的个人信念危机之中。正当我孤立无援时,我遇到了著名钢琴家埃米尔·冯·索尔先生,他是李斯特最后一个在世的学生,他每年都要到布达佩斯来讲学。为了款待这位伟大的钢琴家,他的崇拜者们为他举行了盛宴,像供奉神仙一样对他充满了敬意。一个音乐赞助人邀请我去参加茶会并拜见埃米尔·冯·索尔先生,得知这个消息,我高兴得要发疯了。

大概冯·索尔先生猜测到我参加茶会的真正目的,因此要我为他演奏一曲。我在钢琴前坐下来,开始以大调弹奏拜奇的托卡塔。他专注地听着,听完之后要求我再来一曲。我提议演奏贝多芬的奏鸣曲,他点头同意了。我便全身心投入地弹奏贝多芬的《悲怆》。当我弹完的时候，他要求我继续。于是我又弹奏了舒曼的《蝴蝶》。

当我结束演奏时，冯·索尔先生站起身走近我，深情地吻了吻我的前额，激动而庄重地说："我的孩子，当年我成为李斯特门下的学生时，也是像你这么大。在我上完第一课之后，李斯特先生吻了我的前额，然后说，'好好记住这个吻，这是贝多芬先生听完我的演奏之后给我的'。为了把这份神圣的遗产传给后人，我已等了许多年，现在我认为你应该得到它。"

在我的一生中没有比冯·索尔先生对我的赞扬更有意义的事了。他给我的贝多芬之吻，奇迹般的使我从怀疑和困惑中解脱出来，帮助我成为今天的钢琴演奏家。

不久，轮到我把它传给最值得接受这份遗产的人。

最近，在给一批年轻的钢琴家上课时，我感觉他们其中一个人很有潜力，就是自信心不足，只要我适时地推他一把，他完全可以做得更好。于是，我挑出一件他做得最好的事，当着全班同学的面表扬了他。虽然隔得很远，我仍能感受到他双眼迸发出的那种兴奋的光芒。此后，他迅速超越了自我，在极短的时间里就做到了更好，甚至连他自己也不敢相信他会有那么好的表现。

寥寥数语的夸奖，就帮助青年人发挥出巨大潜能，显露出了他的真正实力。

的确，在我们的人生旅程中，赞扬是一种强大的推动力。它仿佛黑暗中点燃的一截小蜡烛，在我们周围释放出耀眼而温暖的光芒。令人欣慰的是，无论什么时候，这种魔力永远发挥着神奇的作用。

[选自《少年文艺（写作版）》，2009年9月]

想想做做

　　文章所讲述的故事，围绕"赞扬"这个话题展开，为什么题目却是"贝多芬之吻"？"贝多芬的吻"实际上指的是什么？文中说"我们应该继承贝多芬传给我们的东西，把它继续发展下去"，你认为，贝多芬传给我们的东西是什么？

　　在文中，"我"记住了成长过程中所受到的赞扬和激励，那种高兴，那种振奋，那种使"我"从怀疑和挫折中解脱出来的神奇力量，多么神奇啊！你肯定也有过这样的经历吧，当时的幸福和骄傲现在还记得吗？请你回忆一下，写下来。

第三单元　百般味道

《管子·戒》有言："滋味动静，生之养也；好恶喜怒哀乐，生之变也。"张衡在《南都赋》中说："酸甜滋味，百种千名。"各色食物，流连舌尖，让人品出的是自然的馈赠，更是生活的感悟。

阅读指引

中国人的善食好饮应说为世人所公认。著名学者、翻译家、作家林语堂对中国传统文化有着相当深刻的认识，一生提倡"闲适哲学""达观精神"和"享受生活"的他对我国饮食文化自然不会轻易放过。其论不但机智幽默，且多有精辟独到之见。

谈饮食
林语堂

我们所吃的是什么？时常有人提出这么一个问题。我们将回答说，凡必地球上可吃的东西，我们都吃。出于爱好，我们也吃蟹，出于必要，我们也吃树皮草根。经济上的必要乃为我们的新食品发明之母，我们的人口太紧密，而饥荒太普遍，致令我们不得不吃凡手指能夹持的任何东西。这当然很合理，我们既积极的体验一切可吃的东西，自可不期而获得新的发现，一如多郭科学上和医药上的偶然发现。有一件事情，我们见了一种奇异的人参的滋补效力，它的效力作者愿以自身作证，证明它的确为人类所知的最能滋益精力的补剂，而它的刺戟的性能尤为温和。但是除开了这种医药上的或烹调上的偶然发现，我们实在为地球上唯一无所不食的动物，只要我们的牙齿健在，我们将永远保持这个地位。也许有一天牙医学者会发觉我们具有最优良的齿。

我们有这样天赋的健全牙齿，而受着饥荒的驱迫、我们为什么不会在我们的民族生命中某种特殊时期发明盐炒甲虫和油炸蜂蛹的美味精品。其唯一食品为我们所未发见抑且不喜吃的为干酪（Cheese）。蒙古人无法劝我们吃干酪，欧洲人也未见较大功效。

我们的食品无益于应用逻辑的理论的，那完全是由偏私来决定的。大西洋的两岸，两种介类是很普遍的，一种是软壳蛤类 Myaaroneria，另一种是淡菜类（Mytlius edulis）。这两种软体动物的种类在大西洋两岸是一样的。在欧洲吃淡菜很通行，但不通行吃蛤子，在美洲其情形恰恰相反，这是汤森德博士（Townsend）在科学杂志中所发表的著作里告诉我们的。汤森德又告诉我们，鲽鱼在英格兰和波士顿是以昂价出售的，可是在纽芬乡村间，被视为不配吃的东西。我们吃着淡菜像欧洲人，吃着蛤子像美国人，但是我们不生吃牡蛎像法国的吃法。你不必相信我说蛇肉之鲜不亚于嫩鸡。我居住中国四十年，未曾一尝此异味，亦未见亲友中吃蛇肉者。谈讲吃蛇肉的故事，传播比谈吃鸡来得迅速。其实我们吃鸡还较白人为多而且美，而吃蛇肉这种事情，跟西洋人一样是很稀罕的。

　　惟吾人所可为诸君告者，吾人对于滋味，全国有同嗜焉，而任何明理之论，苟从中国人食桌上取肴馔而食之，可无庸内疚于心。命运制于饥荒，非我们人类所能自决。当其为饥饿所严重压迫，尚有何物不可食者。非至明悉饥荒所加于人类之作用，应不配施人以非难。

　　人世间倘有任何事情值得我们的慎重将事者，那不是宗教，也不是学问而是"吃"。我们曾公开宣称"吃"为人生少数乐事之一。这个态度的问题颇关重要，因为我们倘非竭诚注重食事，我们将永不能把"吃"和烹调演成艺术。关于食物问题的态度，在欧洲可以英法两国为代表。法国人的吃是热烈地吃；而英国人的吃，是歉疚地吃。中国人就其自谋口福而论，是天禀的倾向于法国人的态度的。

　　不把饮食郑重行事而有退化为随便琐事的危险，可从英人的民族生活研习之。假令他们知道怎样辨别食品的风味，他们的语言文字会表现这个意思。

英国语言中没有"烹饪"一语，但干脆地叫它"烧"。他们没有适当称呼厨师的名称，但老实叫他"火夫"。他们从不讲起菜单，只是知道一般所称的"盘碟"。他们没有美味品评家的名称，就用催眠曲里的字眼叫他"贪吃星"。

实际上英国人不大理会"肚皮"，除非胃部有了病痛，寻常谈话中不提起"肚皮"。其结果当法国人谈论着他的厨师的烹调——从英国人的眼光看来——用着不知谦逊的态度，而英国人谈到他的火夫的食品总觉得难免损及其辞令的藻饰。当其受着法国主人紧紧逼迫，他将吞吞吐吐透出一句"这布丁是非常的好"，没有旁的话可说。至于倘布丁好，那一定有好的理由，但英国人殊不愿于此多费脑筋，英国人所最注意者，为怎样保持其身体的结实，以抵抗感冒的侵袭，俾节省医药费。

然而除非你好好的加以辨味，或改变对于食品的意见，殊不易发展一种烹调艺术。学习怎样吃法的第一个条件先谈论它。只有在一个社会里的文雅人士，首先考察厨子的卫生，而非寒暄天气，始克发展烹调的艺术。未吃之前，应先热切切盼望着，东西端到面前，先蘸一些尝尝滋味，然后细细咀嚼，即食之后，大家批评着烹调的手法，非如此，不足以充分享受食物。教师应可在讲台上大无畏的斥责滋味恶劣的肉排，而学者应可著述专谈烹调术的论文。我们在得到某种食品之前，老早就在想念着它，心上不住地回转着，盼望着，暗中有一种内心的愉快，怀着我们将与一二知友分享的乐趣，因是写三张邀客便条如下："舍侄自镇江来，以上等清酒为馈，并老尤家之真正南京板鸭一只，想其风味必佳。"或则写这样一张："转瞬六月将尽，及今而不来，将非俟明年五月，不获复尝鲥鱼美味矣。"每岁末及秋月成钩，风雅之士如李笠翁者，照他自己的所述，即将储钱以待购蟹，选择一古迹名胜地点招二三友人在中秋月下持蟹对酌，或在菊丛中与知友谈论怎样取端方窖藏之酒，潜思冥想，有如英国人之潜思香槟票奖码者。只有这种精神才能使饮馔口福达到艺术之水准。

吾人毫无愧色于饕餮。我们有所谓"苏东坡肉"，又有"江公豆腐"。

在英国，"华兹华斯肉排"或"高尔斯华绥炸肉片"，将为不可思议。华兹华斯高唱简朴生活与高尚思想，但他竟疏忽了精美食品，特别像新鲜竹笋和香蕈不失为简朴乡村生活的一乐事。中国诗人，具有较重功利主义的哲学思想，曾坦直地歌咏本乡的"鲈脍羹"。这种思想被认为富于诗意，故官吏上表乞退时常引"思吴中羹"一语以为最优雅之辞令。确实，我们的爱恋乡土大半为儿童时代乐趣之回溯。许多美国人，当其远客异国，常追慕故乡的熏腿和甜番薯，但是他不承认这些使他兴依恋乡井之思，也不会把感想写入诗中。

我们对于吃的郑重，可从许多方面显现出来。任何人翻开红楼梦或其他中国小说，将深深感动于详细的列叙菜单，何者为黛玉之早餐，何者为宝玉的夜点。郑板桥致其介弟的家书中，有赞扬糊粥之语：

  天寒冰冻时，穷亲戚朋友到门，先泡一大碗炒米送手中，佐以酱姜一小碟，最是暖老温贫之具。暇日咽碎米饼，煮糊涂粥，双手捧碗，缩颈而啜之，霜晨雪早，得此周身俱暖。嗟呼，嗟呼，吾其长为农夫以没世乎！

中国人的优容食品一如他们的优容女色与生命。没有英国大诗人或著作家肯折节自卑，写一本烹调书，这种著作他们视为文学境域以外的东西，没有著作的价值。但是中国的伟大戏曲家李笠翁并不以为有损身份以写菰蕈烹调方法以及其他蔬菜肉食的调治艺术，另一大诗人袁枚写了一本专书论述烹调术，此外另有许多短篇散文谈论及此，他的谈论烹调术有如，亨利·詹姆士（Henry James）的讲英国皇家膳司，用一种专业的智识与庄严态度而著述之。

但是威尔斯（H. G. wells）此人在英国人心目中最见有写作饮食文章的倾向，可是实际到底不能写，至于傅学多识不逮威尔斯氏者，将更无望了。法朗士（Anatole France）那样的作家，应该是可望其写一些优美的烹饪文字的人物了，例如炸牛肝、炒冬菰的妙法，可在他致亲密友人的私函中的发现之；我却很怀疑他是否曾遗留给我们认为文学作品的一部。

中国烹饪别于欧洲式者有两个原则。其一，我们吃东西在吃它的组织肌理，它所给予我们牙齿上的松脆或弹性的感觉，并其味香色。李笠翁自称他是蟹奴，因为蟹其味香色三者之至极。组织肌理的意思，不大容易懂得，可是竹笋一物所以如此流行即为其嫩笋所给予我们牙齿一种精美的抵抗力。一般人之爱好竹笋可为我们善辨滋味的典型的例证，它既不油腻，却有一种无法以言辞形容的肥美之质。不过，其最重要者，为它倘与肉类共烹能增进肉类（尤其是猪肉）的滋味，而其本身又能摄取肉类的鲜味。这是第二个原则，即是滋味的调和。中国的全部烹调艺术即依仗调和的手法。虽中国人也认为有许多东西，像鱼，应该在它本身的原汤里烹煮，大体上他们把各种滋味混合，远甚于西式烹调。例如白菜必须与鸡或肉类共烹才有好的滋味，那时鸡肉的滋味渗入白菜，白菜的滋味渗入鸡肉。从此调和原则引申，可以制造出无限的精美混合法。像芹菜，可以单独生吃。但当中国人在西餐中看见了菠菜萝卜分列烹煮都与猪肉或烧鹅放入同一盘碟而食之，未免发笑，觉得这吃法太野蛮了。

中国人，他们的恰到好处的感觉在绘画与建筑方面是那样锐敏，可是在饮食方面却好像完全丧失了它。中国人的对于饮食，当其围桌而坐，无不尽量饱餐。凡属重大菜肴，像全鸭，往往在上了十二三道别样的菜以后，始姗姗上席，其实光是全部这一道菜，也就够任何人吃个饱畅。这样过丰盛的菜肴，是出于敬客的虚伪形式，也因为当一道一道上菜之际是假定客人乘着酒兴要玩种种余兴或行酒令，或吟诗句，这当然需要时间的延长，仍容许胃肠以较充分的时间来消化。

虽说中国人在安排宴会时，食料的适量方面应该学学西式才好，但是他们也有许多擅长而出色的烹调法来教导教导西洋人。烹调普通的菜肴像青菜和鸡肉，中国人有很丰富的秘诀可以教教西洋人，而西洋人也很可以服服帖帖学习一下。不过实际上这样的情形不会实现，直要等我们建造了强大炮舰而国力足以吞噬欧美，那时西洋人毫无问题将认识中国人为较优良的烹饪家。不过到了那时期，不用再谈烹调那样的琐事了。上海租界里不知有几千几万英国人，从未踏进中国的菜馆子而中国人又是低能的宣教师。我们从未勉强那样非自动来求教的人，况且我们也没有炮舰，就是有了也不致驶入泰晤士河或密西西比河施行炮舰政策以强制英美人的意志。

在饮料方面，我们天生是很节省的，只有茶是例外。因为比较的缺乏酒精类饮料，我们在街道上是很少瞧见醉汉的。至于饮茶一道，其本身亦为一种艺术。有些人竟至有崇拜的神情。我们有专门谈论品茗的著作，有如专事谈论薰香、酿酒、假山石的著作。饮茶的通行，比之其他人类生活形态为甚，致成为全国人民日常生活的特色之一。于是各处茶馆林立，相仿于欧美的酒吧间以适应一般人民。我们在家庭中喝茶，又上茶馆去喝茶，或则独个儿，或则结伴而去，也有同业集会，也有吃茶以解决纷争的。未进晨餐也喝茶，午夜三更也喝茶。捧了一把茶壶，中国人很快活的随处走动，那是到处一样的习惯。且喝茶不致有毒害的后果，除掉少数的例外，像作者的家乡。有喝茶喝破了产的。不过喝茶破产只因为他们喝那十分昂贵的茶叶，至于普通的茶是很低廉的，而且中国的普通茶就给王公饮饮也不至太蹩脚。最好的茶是醇厚又和顺，喝过了一二分钟，当其发生化学作用而刺激唾腺，会有一种回味上升上来。这样优美的茶，人人喝了都感愉快。我敢说茶之为物即助消化，又能使人心气平和，所以它实延长了中国人的寿命。

茶叶和泉水的选择即为一种艺术。这里我引一段十七世纪初期的文人张岱的话以证我说。他写他评选茶叶和泉水的艺术。在当时，他实为一位罕有敌手的鉴赏家。

周墨农向余道闵汶水茶不置口。戊寅九月至留都，抵岸，即访闵汶水于桃叶渡。日晡，汶水他出，迟其归，乃婆娑一老。方叙语，遽起曰："杖忘某所"，又去。余曰："今日岂可空去"，迟之又久，汶水返。更定矣，睨余曰："客尚在耶，客在奚为者？"余曰："慕汶老久，今日不畅饮汶老茶，决不去！"汶水喜，自起当炉。茶旋煮，速如风雨。导至一室，明窗净几，荆溪壶，咸宣窑磁瓯十余种皆精绝，灯下视花色，与磁瓯无别而香气逼人。

余叫绝。问汶水曰："此茶何产？"汶水曰："阆苑茶也。"余再啜之，曰"莫绐余，是阆苑制法而味不似。"汶水匿笑曰："客知是何产？"余再啜之，曰："何其似罗岕甚也！"汶水吐舌曰："奇！奇！"余问："水何水？"曰："惠泉。"余又曰："莫绐余，惠泉走千里，水劳而圭角不动，何也？"余问："不复敢隐。其取惠水，必淘井，静夜候新泉至，旋汲之。山石磊磊藉瓮底，舟非风则勿行，放水不生磊，即寻常惠水犹逊一头地，况他水耶！"又吐舌曰："奇！奇！"言未毕，汶水去。少顷持一壶满斟余曰："客啜此!"余曰:"香扑烈,味甚浑厚,此春茶耶?向瀹者的是秋采。"汶水大笑曰:"余年七十,精赏鉴者无客比。"遂定交。

(选自《中国人的生活智慧》,林语堂著,陕西师范大学出版社,2007年10月)

想想做做

作者笔下,在对待吃的态度上,中国人与法国人和英国人分别有什么不同?我们是依据什么选择自己所喜好的食物?为什么独在吃上中国人失去了敏锐?该如何理解"烹饪"一词所富含的意义?作者为什么怀疑威尔斯是否留给我们伟大的文学作品?这一观点是否偏激呢?

文章从哪些方面说明中国人对吃情有独钟?既然是谈到饮食,为何补充茶的部分?该如何理解"人世间倘有任何事情值得我们的慎重将事者,那不是宗教,也不是学问而是'吃'"这一句?

> **阅读指引**
>
> 许多记忆的味道，唤醒的不只是对食物的眷恋，更承载了对人和过去时光的无限怀念，带来的是一种情怀，一段回忆，一片乡愁，一种人生。梁实秋散文作品让人在阅读之中如沐春风，余味无穷。

馋
梁实秋

馋，在英文里找不到一个十分适当的字。罗马暴君尼禄，以至于英国的亨利八世，在大宴群臣的时候，常见其撕下一根根又粗又壮的鸡腿，举起来大嚼，旁若无人，好一副饕餮相！但那不是馋。埃及废王法鲁克，据说每天早餐一口气吃二十个荷包蛋，也不是馋，只是放肆，只是没有吃相。对有某一种食物有所偏好，于是大量的吃，这是贪得无厌。馋，则着重在食物的质，最需要满足的是品味。上天生人，在他嘴里安放一条舌，舌上还有无数的味蕾，教人焉得不馋？馋，基于生理的要求；也可以发展成为近于艺术的趣味。

也许我们中国人特别馋一些。馋字从食，音谗，本义是狡兔，善于奔走，人为了口腹之欲，不惜多方奔走以膏馋吻，所谓"为了一张嘴，跑断两条腿"。真正的馋人，为了吃，决不懒。我有一位亲戚，属汉军旗，又穷又馋。一日傍晚，大风雪，老头子缩头缩脑偎着小煤炉子取暖。他的儿子下班回家，顺路市得四只鸭梨，以一只奉其父，父得梨，大喜，当即啃了半只，随后就披衣戴帽，拿着一只小碗，冲出门外，在风雪交加中不见了人影。他的儿子只听得大门匡朗一声响，追已

无及。越一小时,老头子托着小碗回来了,原来他是要吃榅桲拌梨丝!从前酒席,一上来就是四干、四鲜、四蜜饯,榅桲、鸭梨是现成的,饭后一盘榅桲拌梨丝别有风味(没有鸭梨的时候白菜心也能代替)。这老头子吃剩半个梨,突然想起此味,乃不惜于风雪之中奔走一小时。这就是馋。

  人之最馋的时候是在想吃一样东西而又不可得的那一段期间。希腊神话中之谭塔勒期,水深及颚而不得饮,果实当前而不得食,饿火中烧,痛苦万状,他的感觉不是馋,是求生不成求死不得。馋没有这样的严重。人之犯馋,是在饱暖之余,眼看着、回想起或是谈论到某一美味,喉头像是有馋虫搔抓作痒,只好干咽唾沫。一旦得遂所愿,恣情享受,浑身通泰。对于家乡风味总是念念不忘,其实"千里莼羹,末下盐豉"也不见得像传说的那样迷人。我曾痴想北平羊头肉的风味,想了七八年;胜利还乡之后,一个冬夜,听得深巷卖羊头肉小贩的吆喝声,立即从被窝里爬出来,把小贩唤进门洞,我坐在懒椅上看着他于暗淡的油灯照明之下，抽出一把雪亮的薄刀，横着刀刃片羊脸子，片得飞薄，然后取出一只蒙着纱布的羊角，洒上一些焦盐。我托着一盘羊头肉，重复钻进被窝，在枕上一片一片的羊头肉放进嘴里，不知不觉地进入了睡乡，十分满足的解了馋瘾。但是，老实讲，滋味虽好，总不及在痴想时所想象的香。我小时候，早晨跟我哥哥步行到大鹁鸽市陶氏学堂上学，校门口有个小吃摊贩，切下一片片的东西放在碟子上，洒上红糖汁、玫瑰木樨，淡紫色，样子实在令人馋涎欲滴。走近看，知道是糯米藕。一问价钱，要四个铜板，而我们早点费每天只有两个铜板。我们当下决定，饿一天，明天就可以一尝异味。所付代价太大，所以也不能常吃。糯米藕一直在我心中留下了不可磨灭的印象。后来成家立业，想吃糯米藕不费吹灰之力，餐馆里有时也有供应，不过浅尝辄止，不复有当年之馋。

  馋与阶级无关。豪富人家，日食万钱，犹云无下箸处，是因为他这种所谓饮食之人放纵过度，连馋的本能和机会都被剥夺了，他不是馋，也不是太馋，他麻木了，所以他就要千方百计地在食物方面寻求新的材料、新的刺激。我有一位朋友，湖南桂东县人，他那偏僻小县却因乳猪而著名，他告我说每年某巨公派人前去采购乳猪，搭飞机运走，充实他的御厨。烤乳猪，何地无之？何必远求？我还记得有人治寿筵，客有专诚献"烤方"者，选尺余见方的细皮嫩肉的猪臀一整块，用铁钩挂在架上，以炭火燔炙，时而武火，时而文火，烤数小时而皮焦肉熟。上桌时，先是一盘脆皮，随后是大薄片的白肉，其味绝美，与广东的烤猪或北平的驴肉风味不同，使得一桌的珍馐相形见绌。可见天下之口有同嗜，普通的一块上好的猪肉，苟处理得法，即快朵颐。像世说所谓，王武子家的烝豘，乃是以人乳喂养的，实在觉得多此一举，怪不得魏武未终席而去，人是肉食动物，不必等到"七十者可以食肉矣"，平凤有一些肉类佐餐，也就可以满足了。

　　北平人馋，可是也没听说与谁真个馋死，或是为了馋而倾家荡产。大抵好吃的东西都有个季节，逢时按节的享受一番，会因自然调节而不逾矩。开春吃春饼，随后黄花鱼上市，紧接着大头鱼也来了。恰巧这时候后院花椒树发芽，正好掐下来烹鱼。鱼季过后，青蛤当令。紫藤花开，吃藤萝饼，玫瑰花开，吃玫瑰饼；还有枣泥大花糕。到了夏季，"老鸡头才上河哟"，紧接着是菱角、莲蓬、藕、豌豆糕、驴打滚、爱窝窝，一起出现。席上常见水晶肘，坊间唱卖烧羊肉，这时候嫩黄瓜，新蒜头应时而至。秋风一起，先闻到糖炒栗子的气味，然后就是炮烤涮羊肉，还有七尖八团的大螃蟹。"老婆老婆你别馋，过了腊八就是年。"过年前后，食物的丰盛就更不必细说了。一年四季的馋，周而复始的吃。

　　馋非罪，反而是胃口好、健康的现象，比食而不知其味要好得多。

（选自《雅舍谈吃》，梁实秋著，江苏文艺出版社，2013年）

想想做做

　　跟随作者的饕餮美味，想一想，作者认为什么是"馋"？文章从辞源角度引出"馋"有什么效果？为什么再吃"糯米藕"不复当年之馋？既然"馋与阶级无关"，那跟什么有关？

　　文末可以看出，作者已然沉醉在北平美食的想象中。"馋"除了含有当年的味道，掺杂着过往的回忆，还会有什么？该如何理解"一年四季的馋，周而复始的吃"一句？另外，你有"馋"的感觉吗？为什么惟独"馋"这个？

> 阅读指引

美食作家沈宏非曾在《南方周末》上开设了一个专栏名叫"写食主义",这些每周一篇的千字文,结集而成《写食主义》。有人这样评价:《写食主义》唤起我们对食物的感恩,激活我们的脑力和记忆,是一部用散文写就的关于美食的百科全书。以下的两篇,读起来就格外好玩。

《写食主义》二则
沈宏非

把你吃了

成年人用以阻吓儿童的最见效的常用语,就是"某某要把你吃了,某某要来吃你了"。被成年人从黑暗中召唤出来执行"吃你"的那个客体,通常是动物、猛兽或介于人与动物之间的怪物。

虽然以"把你吃了"对付学龄前儿童较为有效,但是恐吓方和被恐吓方仍然存在着严重的误解。在前者看来,"被吃掉"就是死掉以及死得突兀、不正常、悲惨,死得很难看,后者并不知死,之所以怕,主要是曾经目睹动物的进食方式,再参照自己大致相同的日常进食经验,从而相信自己会经由对方的嘴进入另一个未知的、黑暗的、受拘束的空间。皮诺曹被巨鲸吃下之后,尚能与举着油灯的父亲相会于鲸腹并成功脱逃,至于能在铁扇公主肚子里撒野的孙悟空,更容易令儿童相信,在那个广阔天地里还是大有作为的。

儿童读物也是成年人向儿童传递"被吃"信号的主要媒介。在格林兄弟的系统里，大野狼先是"把卧病在床的外婆'咕噜！'一声整个吞到肚子里，然后又是'咕噜！'一声，连咬都没咬，就把小红帽吞到肚子里去了"。全世界听故事的儿童，也"咕噜"一声，把这种情境吞到肚子里去，连咬都没咬。裁缝的儿子大拇指，命运也坎坷得很，先是被一头黑奶牛吞下，接着还被几块肥牛肉裹胁着塞进一节猪肠做了熏肠，然后又被一只狐狸"含在了嘴里"。至于一直被当成儿童读物的《西游记》，更是一本完全吃人手册。其实，儿童只知道凡妖怪就非吃唐僧不可，至于吃唐僧的动机，则不很清楚，更不能理解何为长生何为不老，最多也就是直观地认为唐僧与其徒弟们相比，较为白嫩而且少毛。

童话故事多注重于刻画吃方的凶残，同时展现被吃方的机智勇敢，换言之，吃和反吃的丛林法则，就是贯穿这一类故事之始终的基本路线。《聪明乌龟》是我在女儿两岁左右时买给她的第一本连环画，在这个故事里，一头饥饿的狐狸用了多种方式要吃掉一只先前阻止它吃掉一只青蛙的乌龟，乌龟所有的聪明才智，集中表现在想尽一切办法，并且不惜采取欺骗的手段，先是保障自己不被对方吃掉，进而诱敌深入，让对手葬身于林间的池塘。

不过，就趋势而言，现在的童话还是文明多了，动物与人的关系，在温良恭俭让的基础之上获得了空前的调和。靠吃物理能量维生的机器人，并没有表现出要去吃掉另一些同样依赖此等能量的机器人的强烈冲动。英国的"天线宝宝"(teletubbies，港译《天线得得B》，每天只吃两种东西：固体的，是黑乎乎且掷地有声的 Tubbie Toast，液体部分，是雪糕不像雪糕，奶糊不像奶糊的 Tubbie—Cus—tard，从来不换，乐此不疲。生活在减肥时代的小丸子相对算是馋的，但是在我的印象里，她的主要问题似乎是如何克服偏食的毛病，例如苦练吃纳豆。在我国，鞠萍姐姐除了在央视的春节特备节目上表演过以一整瓶酱油煮了一大锅红烧肉，也甚少在自己的节目中谈论到吃的话题。

我们这些在被吃的焦虑中长大的，早已不再满足于从字缝里看出"吃人"二字，成年人为自己撰写了成年人自己的童话，其中最恐怖的一幕，是孤独美警告陆小凤："这世上不但有吃人的野兽，还有吃人的人。"陆小凤阴森地答道："我知道，你就是吃人的人。"

鸡蛋与少年

据某机构的调查报告显示，京、沪、穗三地中学生自报的"拿手菜"，皆以鸡蛋为主。北京的中学生，最擅长西红柿炒蛋，上海的最会煎荷包蛋，广州的则最能炒蛋。专家分析，中学生如此偏爱鸡蛋菜式并非真的爱吃，而是因为简单而容易操作。而全国的中学生之所以如此地独沽一味，表明他们在日常生活中分担的家务太少。

家务劳动很应该，不过，要那些被课业压得喘不过气、甚至连饭也来不及吃的中学生，在家里炮制它几坛佛跳墙，也是难以想象的。就像崔健唱的那样："现实像个石头，精神像个蛋，石头虽然坚硬，可蛋才是生命，我们的个性都是圆的，像红旗下的蛋。"中学生不约而同爱上了蛋，显然有消极地对抗现实以及偷懒的成分。我上小学四年级的时候，每周要交一页大字，全班男女，无不视为畏途，惟有一男同学干得格外轻松，因其每次写的都是同样四字："一分为二"，笔数总计十划有一，功课交足，爱谁谁。老师也不敢啰唆，谁敢劝一个小学生中止对毛主席语录的重复书写呢？鸡蛋也是这样，破坏外壳，放出内容，一分为二，加热，礼成，在某种程度上近似于罐头食品。在冰箱的蛋格上取蛋，也很像在超市的货架上摘罐头，除了不能把罐头也举起来对着灯光照照。至于把蛋壳敲碎，甚至比开罐头还要轻而易举。鸡蛋之所以对中学生的行为带来某种负面评价，想必也是因了它的这种罐头属性。众所周知，虽然罐头食品也是食品，也要花钱，但无论待客或者自奉，都是不礼貌的、自甘堕落的行为。下面这一件事情，王世襄先生一直视为奇耻大辱：1948年，波士顿美术馆，就中国冷盘和俄式小吃孰为优胜，王先生与一位沙皇后裔争执不下。三十多年后，对方突然来了北京，客来得不速，王只得速以熟食店买来的泥肠、肝肠和洋火腿，辅助以豆豉鲮鱼、油焖笋和四鲜烤麸罐头飨之。客人说："没想到您这位擅长做冷盘的烹饪大师，竟靠吃现成的熟菜和罐头过日子。"

尽管鸡蛋是一种可供偷懒的食物，很容易做，可是，真正做好就不容易了。鸡蛋是很考人的，不管是落到锅里去摊，还是扔出去表示愤慨，一粒鸡蛋在破壳以后的前景，都是难以预测的，正如王尔德所言："每一只蛋都是一次历险。"在法国人的烹饪经典里，即使是最白痴的开水滚蛋，也有五种不同的滚法。因蛋的圆滑和水性，烹蛋之道，贵在善用蛋的此种性情，做出多变的搭配。北京中学生的代表作——番茄炒蛋，堪称此中绝配，当然我也查到了五种不同的做法。无论如何，一碟朝气蓬勃的番茄炒蛋，多么明朗，多么健康，多么七荤八素，多么八九点钟，多么像一个黄衣红裙，而且（在轻松的状态下）做完了一天的功课的十六岁少女。说到北京，不禁又一次想起了莫斯科餐厅的蛋：蛋煮熟，对开，弃黄，夺其巢，酿鱼子酱于此窝内。白红相衬，分外悦目；红的腥咸，白的清淡，红的黏稠而缱绻，白的爽利而冷漠，鱼子鸡子，蛋复蛋兮，一口一个，真不知人间何夕。当然这不是极品鱼子酱的吃法，红鱼子实在普遍得很，便要动些脑筋，玩点花样。最后一次见到老莫的内景，是在姜文的那部弱智版《美国往事》里。正是在那高高的、有巨型吊灯的天花板的下面，鱼子蛋成功地轰炸了一个少年的味觉。许多年以后，每一次路经老莫，心底仍有余震。但是我不知道为什么总是过其门而不入，不再喜欢老莫，就像不喜欢听到有人在卡拉OK里演唱《莫斯科郊外的晚上》。

（选自《写食主义》，沈宏非著，四川文艺出版社，2003年11月）

想想做做

围绕饮食做文章，目的不在"食"，而在"味"，不在感官上给人带来的快感，而在于美食折射在历史文化上面的精彩。普普通通的"吃""蛋"，因为作者的点睛之笔，一下就变得非同凡响起来，充满十足的趣味。

读了两篇文章，请你梳理一下作者的思路，看看作者是怎样从食物开始展开他的文化思考的。

> **阅读指引**

一向以精准利落文字打动读者的吉本芭娜娜，推出美食杂记《食记百味》，这本散文杂记以一百篇短文记录芭娜娜日常饮食的点滴，特别注重于她与小儿子小不点共食的回忆，一直记录孩子到六岁时的母子幸福时光，亲情暖暖。以下摘选三则，让你感受一下味道中蕴藏的感悟。

《食记百味》（三则）
［日本］吉本芭娜娜

之一

傍晚，突然下起雨来。

我和两岁半的儿子坐在朋友的保时捷上，眼睁睁看着乌云在天空渐渐扩散。

小不点第一次坐保时捷，兴奋地动来动去，可是当朋友打开车顶，变成敞篷车时，他立刻安静下来，喃喃自语："敞篷……"人在感到惊喜时，真的是喃喃自语甚至兴奋大叫。

他完全不在乎大颗雨水滴落脸上，只顾着享受敞篷车的乐趣。

那天上午，韩国朋友送来大量的韩国泡菜和韩国海苔。

朋友是做企业咨询之类重要工作的人，但电话里的声音只是普通的韩国"妈妈"的声音：

"有一点酸噢，可以煮汤，只要放豆腐就行！"

因为没有豆腐，于是只把泡菜、胡萝卜和韩国海苔放进鸡汤里，稍微炖一下，做了泡菜鸡汤。

拜韩国海苔之赐，汤中带有麻油香，有点辣，吃下后大量流汗，是让身体清爽的汗。

然后，用人家送的柴鱼片拌紫苏、大蒜、茗荷和小黄瓜，浇上用天然海盐、大葱、蒜头、胡椒、少许辣椒和酒调制而成的盐达蕾酱汁。

海葡萄要拌麻油、鱼露、醋和柚子胡椒酱汁（枝元奈保美的食谱）一起吃。我在冲绳学到，海葡萄浸酱汁后会因渗透压而萎缩，所以必须在吃的时候再蘸酱汁。

泡好的泰国宽粉条则和番茄、泰式炒面酱、大蒜一起炒成意大利风味的炒米粉，当作主食。

小不点吃了很多海葡萄和炒米粉。这些都是他生平第一次尝到的滋味。

饭后，吃着中元节时人家送的麝香葡萄。

小不点还不太会剥葡萄皮，不停要求一起吃饭的朋友帮他剥，吃得笑呵呵。

朋友又是帮他剥葡萄皮，又是开车带他去兜风。

在身边这些人的小小爱情呵护下，仿佛每个人都在抚养他。

我想，这辈子大概都不会像这段时间这样经常在家做饭吧。

育儿中的三餐是家族之餐，像是把家人结合为一的仪式。其实，是什么都无所谓，只要能够高高兴兴在家吃饭就好。在孩子喜欢外食以前，我还有一段这种充裕的时间。

之十四

就因为对方是小孩，总难免会疏忽他。

饭菜随便装盘，马虎调味，他当然不吃。妈妈忙得没时间做饭时，他也只好挨饿。

有了孩子后，最可怕的，就是母亲在这些事情上拥有绝对的权力。尽可随心所欲地把这权力用到坏的地方。孩子不听话时，就不做饭，或者，天天做饭，让他被绑在餐桌上无可逃避。

真的好可怕。

唉，其实，只要知道自己权力在握时，就不会沉迷权力，而能保持平静坦然。如果没有自信，或是有所疏忽时，才会把那权力发挥到奇怪的地方。

今天因为心情很好，切了水果番茄，洒上朋友送的橄榄油和岩盐。烫四季豆浇上在高知买的马路村水果醋酱油。还准备了清淡的鱼露炖高丽菜和油豆腐（高山直美的食谱），以及放入大块鸡肉和那不勒斯意大利面（加了很多青椒、古早的番茄酱调味）。

小不点在睡觉，我像餐厅那样把饭菜漂亮地装在一个盘子里。

他醒来后，盘子刚端到餐桌上，他就说："没有哩，拿出来！"是什么没有啊？原来不是他平常用的叉子，于是自己打开抽屉拿出来。然后，津津有味地吃起来。

是吗？即使装盘很漂亮，也不肯将就一下使用别的叉子，还是非用自己的叉子不可，好奇怪。

之十六

买了一大包蒜头，虽然有一点干瘪，但还可以食用，所以每天照三餐吃。我们家蒜头吃得很凶。

削去变色的部分，洗掉长虫的地方，把没有干瘪的部分和长出的芽切片，吃个不停。

有三四瓣已经发霉，丢掉时，对它们能撑到那个地步才被丢，还有些遗憾。

终于买了新的蒜头，像往常一样使劲剥开，做一道普罗旺斯炖菜（Ratatouille）。吃了好几天，即使冷了也很好吃，也可以加在意大利面和比萨里面。夏季蔬菜多，什么都可以放进去，真是一道精彩的食物。这道菜的主角是番茄、大蒜和时间。

炖蔬菜需要很长的时间，让它自然冷却也要时间，放到冰箱里冰镇也要时间，时间比什么都重要。

新鲜蒜头的皮肉紧实，皮不易剥掉。蒜头肉发出呛鼻的味道和非常新鲜的香气。

啊，这才是大蒜啊，那种记忆中的新鲜。

或许，这和人都喜欢婴儿有点类似。

当我年纪大时，身上也会长虫、皮肤松垮、发霉吧。

我突然悟觉，男人对小孩子表现的极端执著，是因为他们自己已经没有青春的余裕，所以想依赖那一分新鲜。

（选自《食记百味》，吉本芭娜娜著，山东人民出版社，2012年）

想想做做

吉本芭娜娜（1964—　），被誉为日本现代文学天后。与村上春树、村上龙同为日本当代文坛代表人物，作品屡获国内外各大奖项，长期占据畅销书排行榜，作品已被译介到三十多个国家和地区，受到各国读者的高度关注，被誉为"疗伤系文学"，在世界各地形成"芭娜娜热潮"。

吉本芭娜娜自称"宇宙第一饕客"，但你在上面的三则文字中，看到的却是寻常生活中的点滴记录。你能找一找三则文字中作者得出的感悟吗？试着分析一下作者的饮食生活与这些感悟之间的关系。

> 阅读指引

本文选自《大仲马美食词典》，是法国著名文学家大仲马关于美食和旅行的札记，也是他的临终之作。大仲马自认为该书超越了《基度山伯爵》和《三个火枪手》，是平生最得意之作。大仲马以词条的形式写美食，却与传统词典古板的写作方式不同，在制作词条时加入了很多文学因子，收录与美食相关的名人逸事、神话传说、笑话、史料，使文字趣味盎然。不信，请读读这一篇。

巧克力

[法国]大仲马

一般认为，巧克力一词源于墨西哥：choco 意为声音，atle 意为水，因为墨西哥人发现把巧克力放进水里搅动会泛起泡沫。看起来，新大陆的女性对巧克力的酷爱几近疯狂，有报道说，她们不仅在家里成天巧克力不离口，有时甚至上教堂都在吃。如此耽于口腹之欲，惹来了听她们告解的神父的斥责，但是到头来神父也不得不辞职了。他们发现辞职对他们自己未尝不是好事，因为女士们挺慷慨，时不时地会奉上一杯请他们品尝，而他们又不便拒绝。最终，虔诚的埃斯科瓦神父——此人的哲学观跟人生观同样淡漠——正式宣布，兑水的巧克力并不违背禁食的戒条。

巧克力于十六世纪末引入西班牙，迅速普及开来。女人，特别值得一提的是还有僧侣们，对这种全新的、香气扑鼻的饮品趋之若鹜，巧克力很快就成了时尚之物。这种情况延续至今。在今日的西班牙，当客人

需要来点儿醒脑提神的饮料,主人能送上巧克力被认为是很有品位的事。但凡有点面子的家庭莫不如此。

路易十三的皇后、西班牙公主"奥地利的安妮"翻山越岭,率先把巧克力带到了法国,一些法国僧侣的西班牙兄弟也给他们捎来样品请他们品尝,从而使巧克力迅速风靡全国。摄政王朝初期,它比同样是刚刚引进的咖啡还要流行。人们认为咖啡只是一种休闲饮料罢了,喝它只是出于好奇,而巧克力则是既有益健康又好吃的食品。

布里亚·萨瓦兰先生大力推荐巧克力,认为它是滋补健胃的好东西,而且易于消化。他说,喜欢吃巧克力的人能保持身体健康,而龙涎香味的巧克力更是具有极佳的消除疲劳的功效。

听听这位著名美食家的原话吧。

"是时候谈谈龙涎香巧克力这个宝贝了,我自己有过大量的体验,现在,我自豪地把我的感受告知各位读者。

"假如你因为贪杯而多喝了一点;假如你因为辛苦工作耽误了睡眠;

如果一个精力旺盛的人突然萎靡不振；如果你感觉空气潮湿，时光难熬，气氛压抑；如果你被某个想法困扰而无法自由思考……不论是上述的什么情形，你就来它大半升龙涎香巧克力，比例是每千克巧克力掺六十到七十二格令龙涎香，你很快就会亲自见证奇迹的发生。

"我喜欢以我独有的方式给事物命名，所以我给它定名为'备受折磨者的巧克力'，因为，虽然我不能给上述各种情状确切定义，但那都是人们常有的感受，等同于受折磨。"

还是布里亚·萨瓦兰的原话：

"说到冲巧克力的正规方法，也就是即冲即饮，每杯放一盎司半，冲上热水，用木勺搅拌，让其慢慢溶化，然后煮十五分钟。这样煮出的巧克力又浓又稠，要趁热喝。

"'先生，'对我讲话的是贝莱女修道院院长阿利斯特莱尔嬷嬷，那都是至少十五年前的事了，'想要喝到真正的好巧克力，头晚就得把它煮好，装在瓷咖啡壶里。经过一夜的浓缩，巧克力会变得丝般润滑，口感要好得多。'"

（选自《大仲马美食词典》，杨荣鑫译，译林出版社，2012年11月）

想想做做

大仲马，十九世纪法国浪漫主义作家，一生各种著作达三百卷之多，主要以小说和剧作著称于世。是第七十二位进入先贤祠、对法兰西做出非凡贡献的人，也是继伏尔泰、卢梭、雨果、左拉和马尔罗之后第六位进入先贤祠的法国作家。建议通过书籍、网络，查阅大仲马的相关资料，了解一点法国文学的情况。

《大仲马美食词典》是一席由一个个词条烹制而成的文学大餐，让文学与美食成为绝配，被普遍评价为"好看，好用"，成为法国文学和法式美食的传世之作。建议你查找一下《辞海》或词典中关于"巧克力"的词条，比较一下上文的写作方式与一般词条的不同。

第四单元　四季情感

寒来暑往，四季更迭，是再正常不过的自然变化。但是，那些感怀伤情，却似乎在季节里发酵，伴随着阴晴圆缺，让人平添许多慨叹。其实，自然依旧，是我们的心灵在动。

阅读指引

春天，是美好的季节，是充满诗情的季节。近处有朱自清等名家的名篇，远处有诗人所赋古诗词，不胜枚举，诗人的诗情是从心而发，那该是怎样的一幅美景？那，必然是超出想象的完美画卷。

春之怀古
[中国台湾] 张晓风

春天必然曾经是这样的：从绿意内敛的山头，一把雪再也撑不住了，扑嗤的一声，将冷面笑成花面，一首澌澌然的歌便从云端唱到山

麓,从山麓唱到低低的荒村,唱入篱落,唱入一只小鸭的黄蹼,唱入软溶溶的春泥——软如一床新翻的棉被的春泥。

那样娇,那样敏感,却又那样混沌无涯。一声雷,可以无端地惹哭满天的云,一阵杜鹃啼,可以斗急了一城杜鹃花,一阵风起,每一棵柳都会吟出一则则白茫茫、虚飘飘说也说不清、听也听不清的飞絮,每一丝飞絮都是一株柳的分号。反正,春天就是这样不讲理,不逻辑,而仍可以好得让人心平气和的。

春天必然会是这样的:满塘叶黯花残的枯梗抵死苦守一截老根,北地里千宅万户的屋梁受尽风欺雪犹自温柔地抱着一团小小的空虚的燕巢。然后,忽然有一天,桃花把所有的山村水廓都攻陷了。柳树把皇室的御沟和民间的江头都控制住了——春天有如旌旗鲜明的王师,因为长期虔诚的企盼祝祷而美丽起来。

而关于春天的名字,必然曾经有这样的一段故事:在《诗经》之前,在《尚书》之前,在仓颉造字之前,一只小羊在啮草时猛然感到的多汁,一个孩子放风筝时猛然感觉到的飞腾,一双患风痛的腿在猛然间感到的舒适，千千万万双素手在溪畔在江畔浣纱时所猛然感到的水的血脉……当他们惊讶地奔走互告的时候，他们决定将嘴撅成吹口哨的形状，用一种愉快的耳语的声音来为这季节命名——"春"。

鸟又可以开始丈量天空了。有的负责丈量天的蓝度，有的负责丈量天的透明度，有的负责用那双翼丈量天的高度和深度。而所有的鸟全不是好的数学家，他们叽叽喳喳地算了又算，核了又核，终于还是不敢宣布统计数字。

至于所有的花，已交给蝴蝶去数。所有的蕊，交给蜜蜂去编册。所有的树，交给风去纵宠。而风，交给檐前的老风铃去——记忆、——垂询。

春天必然曾经是这样，或者，在什么地方，它仍然是这样的吧？穿越烟囱与烟囱的黑森林，我想走访那蹀躞在湮远年代中的春天。

（选自《步下红毯之后》，张晓风著，人民文学出版社，2013年）

想想做做

作者为什么说春天是"不讲理、不逻辑"的？写"鸟儿丈量"天空主要想表达什么？

文章多次说到"春天必然曾经是这样"在文中起到什么作用？这样说的原因是什么？"必然"二字可以看出作者怀有怎样的情感？

> **阅读指引**
>
> 心中有阳光，冬天也是温暖的，天空也是高远的；眼中有绿意，严寒也是明媚的，暗室也是明亮的。沿着爱的方向，心灵能够穿越黑暗，走出严寒，走向春天。读罢此文，我们应该要告诉自己：用纯洁的心灵，走出人生的失意，拓展人生的宽度与广度，创造一个充满阳光和爱的世界。

冬日絮语

冯骥才

每每到了冬日，才能实实在在触摸到了岁月。年是冬日中间的分界。有了这分界，便在年前感到岁月一天天变短，直到残剩无多！过了年忽然又有大把的日子，成了时光的富翁，一下子真的大有可为了。

岁月是用时光来计算的。那么时光又在哪里？在钟表上，日历上，还是行走在窗前的阳光里？

窗子是房屋最迷人的镜框。节候变换着镜框里的风景。冬意最浓的那些天，屋里的热气和窗外的阳光一起努力，将冻结玻璃上的冰雪融化；它总是先从中间化开，向四边蔓延。透过这美妙的冰洞，我发现原来严冬的世界才是最明亮的。那一如人的青春的盛夏，总有阴影遮翳，葱茏却幽暗。小树林又何曾有这般光明？我忽然对老人这个概念生了敬意。只有阅尽人生，脱净了生命年华的叶子，才会有眼前这小树林一般明彻。只有这彻底的通彻，才能有此无边的安宁。安宁不是安寐，而是一种博大而丰实的自享。世中惟有创造者所拥有的自享才是人生真正的幸福。

朋友送来一盆"香棒",放在我的窗台上说:"看吧,多漂亮的大叶子!"

这叶子像一只只绿色光亮的大手,伸出来,叫人欣赏。逆光中,它的叶筋舒展着舒畅又潇洒的线条。一种奇特的感觉出现了!严寒占据窗外,丰腴的春天却在我的房中怡然自得。

自从有了这盆"香棒",我才发现我的书房竟有如此灿烂的阳光。它照进并充满每一片叶子和每一根叶梗,把它们变得像碧玉一样纯净、通亮、圣洁。我还看见绿色的汁液在通明的叶子里流动。这汁液就是血液。人的血液是鲜红的,植物的血液是碧绿的,心灵的血液是透明的,因为世界的纯洁来自于心灵的透明。但是为什么我们每个人都说自己纯洁,而整个世界却仍旧一片混沌呢?

我还发现,这光亮的叶子并不是为了表示自己的存在,而是为了证实阳光的明媚、阳光的魅力、阳光的神奇。任何事物都同时证实着另一个事物的存在。伟大的出现说明庸人的无所不在;分离愈远的情人,愈显示了他们的心丝毫没有分离;小人的恶言恶语不恰好表达你的高不可攀和无法企及吗?而骗子无法从你身上骗走的,正是你那无比珍贵的单纯。老人的生命愈来愈短,还是他生命的道路愈来愈长?生命的计量,在于它的长度,还是宽度与深度?

冬日里,太阳环绕地球的轨道变得又斜又低。夏天里,阳光的双足最多只是站在我的窗台上,现在却长驱直入,直射在我北面的墙壁上。一尊唐代的木佛一直伫立在阴影里沉思,此刻迎着一束光芒无声地微笑了。

阳光还要充满我的世界,它化为闪闪烁烁的光雾,朝着四周的阴暗的地方浸染。阴影又执著又调皮,阳光照到哪里,它就立刻躲到光的背后。而愈是幽暗的地方,愈能看见被阳光照得晶晶发光的游动的尘埃。这令我十分迷惑:黑暗与光明的界限究竟在哪里?黑夜与晨曦的界限呢？来自于早醒的鸟第一声的啼叫吗……这叫声由于被晨露滋润而异样地清亮。

但是，有一种光可以透入幽闭的暗处，那便是从音箱里散发出来的闪光的琴音。鲁宾斯坦的手不是在弹琴，而是在摸索你的心灵；他还用手思索，用手感应，用手触动色彩，用手试探生命世界最敏感的悟性……琴音是不同的亮色，它们像明明灭灭、强强弱弱的光束，散布在空间！那些旋律片段好似一些金色的鸟，扇着翅膀，飞进布满阴影的地方。有时，它会在一阵轰响里，关闭了整个地球上的灯或者创造出一个辉煌夺目的太阳。我便在一张寄给远方的失意朋友的新年贺卡上，写了一句话：

你想得到的一切安慰都在音乐里。

冬日里最令人莫解的还是天空。

盛夏里，有时乌云四合，那即将被峥嵘的云吞没的最后一块蓝天，好似天空的一个洞，无穷地深远。而现在整个天空全成了这样，在你头顶上无边无际地展开！空阔、高远、清澈、庄严！除去少有的飘雪的日子，大多数时间连一点点云丝也没有，鸟儿也不敢飞上去，这不仅由于它冷冽寥廓，而是因为它大得……大得叫你一仰起头就感到自己的渺小。只有在夜间，寒空中才有星星闪烁。这星星是宇宙间点灯的驿站。万古以来，是谁不停歇地从一个驿站奔向下一个驿站？为谁送信？为了宇宙间那一桩永恒的爱吗？

我从大地注视着这冬天的脚步，看看它究竟怎样一步步、沿着哪个方向一直走到春天？

（选自《冯骥才散文》，冯骥才著，人民文学出版社，2005年5月）

> **想想做做**

　　读完全文，请你说说作者主要描写了冬天的哪两种景物，这两种景物表现出冬日怎样的特点？你是如何理解"每每到了冬日，才能实实在在触摸到了岁月""你想得到的一切安慰都在音乐里"这两句话的？在文章相应的文字旁写下你的感悟。

　　有人评价冯骥才散文"平凡的表象传达出深刻的哲思"，结合文章，谈谈你从中获得的思考与感悟。

> **阅读指引**

高尔基说过："世界上最快而又最慢，最长而又最短，最平凡而又最珍贵，最易被忽视而又最令人后悔的就是时间。"女作家迟子建通过回忆小时候撕日历的日子，带着我们一起感叹时光的匆匆，回顾岁月之静好。

撕日历的日子
迟子建

又是年终的时候了，我写字台上的台历一侧高高隆起，而另一侧却薄如蝉翼，再轻轻翻几下，三百六十五天就在生活中沉沉谢幕了。

厚厚的那一侧是已逝的时光，由于有些日子上记着一些人的地址和电话，以及偶来的一些所思所感，所以它比原来的厚度还厚，仿佛说明着已去岁月的沉重。它有如一块沉甸甸的砖头，压在青春的心头，使青春慌张而疼痛。

发明台历的人大约是个年轻人，岁月于他来讲是漫长的，所以他让日子在长方形的铁托架上左右翻动，不吝惜时光的消逝，也不怕面对时光。当一年万事大吉时，他会轻轻松松地把那一摞用过的台历捆起，随便扔到什么地方让它蒙尘，因为日子还多得是呢。而对于中老年人来说，看着那一摞摞用过的台历，也许会有一种人生如梦的沧桑感。

于是，想到了撕日历的日子。

小的时候，我家总是挂着一个日历牌，我妈妈叫它"阳历牌"，我们称它"月份牌"。那是个硬纸板裁成的长方形的彩牌，上面是嫦娥奔

月的图画：深蓝的天空，一轮无与伦比的圆月，一些隐约的白云以及袅娜奔月的嫦娥飘飞的裙裾。下面是挂日历的地方，纸牌留着一双细眯的眼睛等着日历背后尖尖的铁片插进去，与它亲密地吻合。那时候我每天最喜欢做的事情就是撕日历。早晨一睁开眼，便听得见灶房的柴火噼啪作响，有煮粥或贴玉米饼子的香味飘来。这基本上是善于早起的父亲弄好了一家人的早饭。我爬出被窝的第一件事不是穿衣服，而是赤脚踩着枕头去撕钉在炕头被架子一侧的月份牌，凡是黑体字的日子就随手丢在地上，因为这样的日子要去上学，而到了红色字体的日子基本上都是星期天，我便捏着它回到被窝，亲切地看着它，觉得上面的每一个字都漂亮可爱，甚至觉得纸页泛出一股不同寻常的香气。于是就可以赖着被窝不起来，反正上课的钟在这一天成了哑巴，可以无所顾忌地放纵自己。有时候父亲就进来对炕上的人喊："凉了凉了，起来了！"

"凉了"不是指他，是指他做的饭。反正灶坑里有火，凉了再热，于是仍然将头缩进被窝，那张星期日的日历也跟了进来。父亲是狡猾的，他这时恶作剧般地把院子中的狗放进睡房，狗冲着我的被窝就摇头摆尾地扑来，两只前爪搭着炕沿，温情十足地呜呜叫着，你只好起来了。

撕去的日子有风雨雷电，也有阳光雨露和频降的白雪。撕去的日子有欢欣愉悦，也有争吵和悲伤。虽然那是清贫的时光，但因为有一个团圆的家，它无时不散发出温馨气息。被我撕掉的日历有时飘到窗外，随风飞舞，落到鸡舍的就被鸡一轰而啄破，落到猪圈的就被猪给拱到粪里也成为粪。命运好的落在菜园里，被清新的空气滋润着，而最后也免不了被雨打湿，沤烂后成为泥土。

有会过日子的人家不撕日历，用一根橡皮筋勒住月份牌，将逝去的日子一一塞进去，高高吊起来，年终时拿下来就能派上用场。有时女人们用它给小孩子擦屁股，有时候老爷爷用它们来卷黄烟。可我们家因为有我那双不安分的手，日子一个也留不下来，统统飞走了。每当白雪把家院和园田装点得一派银光闪闪的时候，月份牌上的日子就薄了，一年就要过去了，心中想着明年会长高一些，辫子会更长一些，穿的鞋子的尺码又会大上一号，便有由衷的快乐。新日子被整整齐齐地装订上去后，嫦娥仍然在日复一日地奔月，那硬纸牌是轻易不舍得换的。

长大以后，家里仍然使用月份牌，只是我并不那么有兴趣去撕它了，可见长大也不是什么好事情。待到上了师专，住在学生宿舍，根本没日历可看，可日子照样过得一个不错。也就是在那一时期，商店里有台历卖了，于是大多数人家就不用月份牌了。我自然而然地结束了撕日历的日子。

我在哈尔滨生活的这几年才算像模像样过起了日子，每天早晨起来的第一件事就是翻台历，让它由一侧到另一侧。当两侧厚薄几乎相等时，哈尔滨会进入最热的一段日子。年终时我将用过的台历用线绳串起，然后放到抽屉里保存起来。台历上有些字句也分外有趣，如一九九三年二月十四日记载着"不慎打碎一只花碗"；而二月二十八日则写着"一夜未睡好，梦见戒指断了，起床后发现下雪了"；八月二十八日是"天边出现双彩虹，苦瓜汤真好喝"！

到了一九九四年的一月十九日，是腊月初八的日子，东北人喜欢这天煮"腊八粥"，我在这天的日历上记着："煮八宝粥。材料：大米、小米、绿豆、小楂子、葡萄干、核桃仁、大枣、花生。"三月三日写着"武则天墓被万人践踏，只因为她践踏了万人"。而七月十一日是"德国队以 1∶2 败给保加利亚队。保加利亚用火一样的激情焚烧了陈旧的德国战车"（好像引自一位体育评论记者之言）。

台历有意无意成了我的简易日记本，当然就更加有收藏价值了。

不管多么不愿意面对逝去的日子，不管多么不愿意让青春成为往事，可我必须坦然面对它。当我串起一九九五年的台历、将一九九六年散发着墨香气的日子摆在铁皮架上时，我仍然会在上面简要抒写一些我的所作所为、所思所感的。如果能把幼时已撕去的日历一一拾回，也许已故的父亲就会复活，他又会放一条狗进我的睡房催我起床，也许我家在大固其固的那个已经荒芜了的院落又会变得绿意盈门。但日子永远都是：过去了的就成为回忆。

可它毕竟深深地留在了心底。当我年事已高，将台历的日子看花了，翻台历的手哆嗦不已时，嫦娥肯定还在奔月。

（选自《听时光飞舞》，迟子建著，江苏文艺出版社，1998 年 1 月）

> **想想做做**

　　时间贯穿人生的每一个角落，仔细观察就会发现，生活中它无处不在。本文带着对童年生活的追忆，在快乐和淡淡忧伤的笔调中展开，品读文章找一找，哪些语句你读出了快乐，哪些语句你读出了淡淡的忧伤？

　　在撕日历的一天天中，作者一点点成长起来，日历升级变成了台历。你能在文中找到她的心理变化吗？作者因写字台上一侧高高隆起的台历触动情思，她都回忆了些什么？

> **阅读指引**
>
> 草木,一旦被赋予人情,便有了别样的意思。桑树与柳树,植物而已,但在作者的笔下,却隐含着这样的意思:天将降大任的路途不是一帆风顺的,对待挫折与坎坷的态度亦关系着你是做那"烧火取暖"之柴,还是栋梁之材。

桑树与垂柳

[伊朗] 穆罕默德·塔吉·巴哈尔

在一条宽阔的马路边上,挺立着几棵不同种类的大树。紧挨着垂柳的是一株粗壮而苍劲的桑树。自从枝叶繁茂、亭亭玉立的那个年代起,垂柳就产生一种要与沉默寡言的桑树一争高低的念头。经常可以看到,垂柳那如针一样锋利的狭长枝条,时不时地伸向桑树那像老工人手掌似的厚实的叶片,摆出一副挑战的架势。

两棵树挨得那么近,有点磕磕碰碰在所难免,本不值得大惊小怪。

垂柳好强争胜,桑树埋头苦干。垂柳随风飘荡,摇曳生姿;桑树养儿育女,奉献佳果,供人制糖酿酒。

三月十日这天,烈日当空,银白色的阳光穿过茂密的树叶洒在地面上。微风习习,吹拂着细柔的叶片。金丝雀在啼啭啁啾,却不闻蟋蟀的鸣叫。时近晌午,但见马路的一端,急匆匆走过来几个大人小孩,他们肩上扛着长短不一的木杆,有的手里还拿着石块和木棍,在树荫下停住脚步。

几个人交头接耳之后,便朝垂柳的方向疾步走去。不!他们的目标不是垂柳。看来，一场飞灾横祸即将落在老桑树的头上，因为它那沉甸甸的枝丫上挂满了香甜可口的桑葚。转瞬间，大人小孩一齐向桑树发起了进攻：挥舞手中的木杆，跳啊蹦啊，还不断地投掷石块。噼里啪啦一阵狠抽猛砸，桑树浑身颤抖，枝叶和桑葚落满一地。进攻者心满意足，欢欣雀跃；可怜老桑树惨遭不幸，被打得遍体鳞伤。呵，我们的桑树多么像一名抵御外辱、坚贞不屈的勇士，虽然寡不敌众、败下阵来，但却依然昂首挺胸，岿然不动！

此时，在一边观战的垂柳心中着实有些担惊受怕，怕"城门失火，殃及池鱼"；但看到昔日的竞争对手遭难，却也暗中窃喜。垂柳侥幸逃脱了这场浩劫，竟然安全无恙，连一颗小石子也没碰着。

人们散去了。垂柳庆幸自己的好运气，更为桑树吃尽苦头而由衷地感到快慰。微风和畅，垂柳高兴得直摇头晃脑，对饱受摧残的邻居非但没有些许的同情和怜悯，反而报以冷嘲热讽，越发显示出它的冷峻、高傲和不可一世。

因果实丰硕而遭到洗劫的桑树，许多枝丫被折断，碧绿的叶片受损，已成千疮百孔，它的万般苦楚自不待言。而垂柳在整个夏天都过得十分惬意。

桑树顽强地挺过来了。经过一段时间的休整，它又开始乔装打扮自己。新生的幼芽和绛紫色的果实，再次令桑树青春焕发，恢复了往日的风采。

可是，一种难以言状的隐痛，时时压在桑树的心头；一种莫名的狂妄自大，总在随风摇摆的柳枝间荡漾。公正的大自然对此深感不悦，它不愿让这种人为的不公长期存在下去。

光阴荏苒，转瞬已是深秋。阵阵寒气袭来，驱散了阳光带来的温暖。天地间阴云密布，到处是一片沉寂，再也听不到蟋蟀的叫声。萧瑟秋风中，万木凋零；偶尔可见耐寒的花儿初绽，也不过是零星的点缀。为了满足有钱人家取暖的需要，园林工人开始砍伐那些无用的树木。

这天午后，狂风骤起，将马路上的残枝败叶吹得直打转。枯黄的叶片被卷起，扶摇而上在空中翻飞，犹如孩子们玩的风车。风势稍减，从街头走来一位老园林工人，手里提着一把古铜色的大锯。此时此刻，垂柳的枝干像往常一样透露出傲慢的神色，而桑树内心的隐痛依然没有得到缓解。

老园丁走近桑树，以审视的目光，上下打量了一番。暗自思忖道："这是棵有用的树呵！它结出的果实味美多汁，不该用锯条伤害它的枝干。"他要找的是一棵不挂果的，没有多大用处的、适合砍伐而当柴火烧的树。老园丁转眼看到了近旁的垂柳，就是那株曾幸灾乐祸而不可一世的垂柳！这回厄运该降临到它身上了。

老园丁不慌不忙地把锯齿对准垂柳的枝干，哧哧地用力锯起来。狂风大作，势头更加猛烈。垂柳浑身颤抖不已，白色的木屑伴着痛苦的呻吟，随风飘扬，飞向远方。不大的工夫，马路边上就堆满了粗细不等的柳树枝条。

当见到有用的东西遭受伤害和摧残时，千万不要幸灾乐祸，高兴得太早。一棵树的真正价值如何，老园丁的心里是有数的。

大凡成绩斐然的饱学之士，难免一时碰壁，或遭他人攻击；反倒那些不学无术之辈，极少受到责难，然而他们充其量只配"烧火取暖"，所剩的灰烬也只能丢进垃圾堆。

(选自《世界散文精华·亚洲卷》，冯至、石海峻主编，江苏文艺出版社，1994年)

想想做做

从哪些细节中可以看出垂柳与桑树一争高低的做法？作者所说的"垂柳"生活中应该是什么样的人？文末所给出的语段鲜明地给出了作者的观点。文中多处描写了垂柳的心理活动，能不能根据上下文在对应的位置补充桑树的内心活动？

两棵树在遭遇外力干扰的情况下，都有环境描写，这些环境描写有什么作用？对表现垂柳和桑树的性格有什么关系？

> **阅读指引**

在大多数人的眼里,冬天满眼萧条,大概唯一的乐趣就是雪后的嬉戏。自然造物总是公平的,每个季节都有独特性,只要拥有一双善于发现的眼睛,你就会发现"冬天之美"。

冬天之美

[法国]乔治·桑

我从来热爱乡村的冬天。我无法理解富翁们的情趣,他们在一年当中最不适于举行舞会、讲究穿着和奢侈挥霍的季节,将巴黎当作狂欢的场所。大自然在冬天邀请我们到火炉边去享受天伦之乐,而且正是在乡村才能领略这个季节罕见的明朗的阳光。在我国的大都市里,臭气熏天和冻结的烂泥几乎永无干燥之日,看见就令人恶心。在乡下,一片阳光或者刮几小时风就使空气变得清新,使地面干爽。可怜的城市工人对此十分了解,他们滞留在这个垃圾场里,实在是由于无可奈何。我们的富翁们所过的人为的、悖谬的生活,违背大自然的安排,结果毫无生气。英国人比较明智,他们到乡下别墅里去过冬。

在巴黎,人们想象大自然有六个月毫无生机,可是小麦从秋天就开始发芽,而冬天惨淡的阳光——大家惯于这样描写它——是一年之中最灿烂、最辉煌的。当太阳拨开云雾,当它在严冬傍晚披上闪烁发光的紫红色长袍坠落时,人们几乎无法忍受它那令人炫目的光芒。即使在我们严寒却偏偏不恰当地称为温带的国家里,自然界万物永远不会除掉盛装和失去盎然的生机,广阔的麦田铺上了鲜艳的地毯,而天际低矮的太阳在上面投下了绿宝石的光辉。地面披上了美丽的苔藓。华丽的常春藤涂上了大理石般的鲜红和金色的斑纹。报春花、紫罗兰和孟加拉玫瑰躲在雪层下面微笑。由于地势的起伏,由于偶然的机缘,还有其他几种花儿躲过严寒幸存下来,而随时使你感到意想不到的欢愉。虽然百灵鸟不见踪影,但有多少喧闹而美丽的鸟儿路过这儿,在河边栖息和休憩!当地面的白雪像璀璨的钻石在阳光下闪闪发光,或者当挂在树梢的冰凌组成神奇的连拱和无法描绘的水晶的花彩时,有什么东西比白雪更加美丽呢?(——在乡村的漫漫长夜里,大家亲切地聚集一堂,甚至时间似乎也听从我们使唤。由于人们能够沉静下来思索,精神生活变得异常丰富。这样的夜晚,同家人围炉而坐,难道不是极大的乐事吗?——)

[选自《法国散文选》,(法)拉马丁等著;程依荣译,湖南人民出版社,1987年]

> **想想做做**

　　作者和富翁们,认识的冬天有什么区别?在文章一开头就写富翁们的生活,写城市工人,这对表现乡村的冬天有什么作用?

　　文章满溢着作者对乡村冬天的赞美。如何理解冬天惨淡的阳光"是一年之中最灿烂、最辉煌的"?冬天之美的真正内涵是什么?从文章中可以看出作者对家庭生活有怎样的期待?

第五单元　世相百态

　　这世界是多么神奇，茫茫宇宙中的这一个星球，养育着亿万生灵。这星球又是多么平凡，芸芸众生组成这一个世界，演绎着百态人生。寻常生活，平凡岁月，期待着我们看到世相纷呈背后的神奇。

阅读指引

　　人有时候会不经意间被某些事情感动，当一个人遭遇困境的时候，需要寻求一种超越困顿甚至超越生命的力量，这种力量或许来自于生活，或许源于灵魂的触动！让我们跟随作者，看看那个触动他灵魂的小姑娘。

留在我心底的眼睛
苏叔阳

　　今天的少年，不会知道那时候……那时候，是1966年的8月。谁也说不清，为什么一夜之间，就卷起了"横扫一切"的风暴；谁也不知道这风暴将要刮到什么时候。许多人睡下的时候还是个革命者，醒来却成了"反革命"。亲人不再相认，同志间不再有真诚。疯狂、颠倒，整个社会混乱了，人的心也倒悬起来。

那时候，我是个二十七岁的青年，在大学里教书。可我却不明不白地成了"反革命分子"。在这风暴刚刚腾起的时候，我就被列为"横扫"的对象，挨了无数次"批斗"。我不知道为什么，别人也不知道，连同那些批斗我的人。他们说我是"漏网右派"，但是，我怎样的"右"法，又是怎样"漏网"的，谁也说不清。

我的心充满了迷惘和痛苦。但我却因此而出了"名"。当我的名字被大大地写在纸上倒挂而又划上红×的时候，当我被拽到台上被人扭起手臂弯腰低头的时候，我在学校和宿舍区是个妇孺皆知的"名人"。人人远离我，仿佛我是个传染病患者。

当批斗者也玩腻了的时候，我被打发去拔草，从晨至昏，蹲在热地里拔草，是难受的，尤其是心里难受的时候。

一天中午，太阳正毒。我蹲在校园的铁栏墙边拔草，铁栏外，是一条通往近郊农村的小道。小道上有来来往往的行人。骑车的，步行的，凡看到我们这些拔草者，都会停下来，或者默默地看一阵，或者高声地讽刺，低声议论一番。我以为这是种污辱，我的心淌血了。

不知道什么时候，在铁栏外站了一群小学生。他们是去参加义务劳动，还是劳动归来，我说不清。也许，他们是列席参加了一次"批斗反革命分子"大会归来。

他们站在铁栏外，指手画脚地议论我们，用最纯洁的心诅咒我们，还有几个男孩子用土块、小石头砸我们。

我不能违犯"纪律"离开铁栏杆。我只有忍受那咒骂、那石块，我觉得整个世界都坍了,四周是一片黑暗。假如连纯洁的孩子都疯狂了,生活还有什么希望。

就在这时候,一声轻轻的、甜甜的声音在我耳边响起:"叔叔!"我抬起头,一个十二三岁的小姑娘站在铁栏外面对着我。她乌黑的短发下有一双明澈的眼睛,清秀的脸颊上滴着汗水,手里捏着两根冰棍儿。

"叔叔,给!"她把一根冰棍儿从铁栏外伸过来,两只眼里全是真诚和期待。

周围的孩子们哄地发出一片嘲笑和指责。她连头也不回,只是伸着那只拿冰棍儿的手,期待地望着我。

在我从睡梦中被人拉起推到学校的时候,在我被草绳捆住,头上被罩上厕所里的便纸篓的时候,我没有一滴泪,这时候,我却止不住泪水了。我的泪泉被一个小姑娘的心捅开了。

我不敢吃,也实在不愿吃那根冰棍儿,这将会给那个小姑娘带来灾祸。我抬起泪眼凝望着她。她却固执地伸着那只拿冰棍儿的手。周围一片寂静,那些哄笑的孩子们也噤了声,所有的人都看着她,连同那些过路的人。

小姑娘也凝视着我,给我以鼓励和安慰。我终于忍不住,伸过头去,咬了一口那冰凉、甘甜的冰棍儿,然后,伸出脏手,捏住那冰棍儿,把它递给一位现在已经告别这个世界的历史学老教授。那老教授也泪眼模糊,抖颤着手接过这孩子最珍贵的赠予。

当我再回过头来的时候,那小姑娘已经走了,只有她洗得褪色的蓝布上衣在小路上飘摆……啊,你这清秀的小姑娘,你的姓名我不曾知道,但是你的爱心,你的正直,你的透彻的眼睛给了我希望,给了我力量,使我度过了那疯狂、颠倒的岁月。我永远感谢你。

也许你今天已经步入中年，成了国家的栋梁；也许，你早已经把这件小事遗忘。可是，你的那双眼睛永远留在我心底，它将伴随我走完生命的路程。

（选自《燃烧是美丽的　我的人生笔记》，苏叔阳著，
时代文艺出版社，2007年）

> **想想做做**

当代著名剧作家、文学家、诗人苏叔阳记录的是人生非常时期遭遇的人情冷暖，读的时候，你一定注意到了塑造小女孩的形象时，作者用了很多细节描写，这些描写对塑造人物形象有什么好处？当时的社会环境发生了怎样的变化？在当时的环境之下作者为什么要刻画一个小女孩的形象？作者有什么期待？

> **阅读指引**

人生之痛，一定是呼天抢地，充斥着"惨状""呼喊"的描写么？中国台湾作家陈启佑用诗意的笔触描写了一幅充满浪漫色彩的唯美画面，淡化事实的场景描写，虚实结合，娓娓道来。让我们静静感受作者所经历的苦痛。

永远的蝴蝶
陈启佑

那时候刚好下着雨，柏油路面湿冷冷的，还闪烁着青、黄、红颜色的灯火。我们就在骑楼下躲雨，看绿色的邮筒孤独地站在街的对面。我白色风衣的大口袋里有一封要寄给南部的母亲的信。樱子说她可以撑伞过去帮我寄信。我默默点头。

"谁叫我们只带来一把小伞哪。"她微笑着说，一面撑起伞，准备过马路帮我寄信。从她伞骨渗下来的小雨点，溅在我的眼镜玻璃上。

随着一阵拔尖的刹车声，樱子的一生轻轻地飞了起来。缓缓地，飘落在湿冷的街面上，好像一只夜晚的蝴蝶。

虽然是春天，好像已是秋深了。

她只是过马路去帮我寄信。这简单的行动，却要叫我终生难忘了。我缓缓睁开眼，茫然站在骑楼下，眼里裹着滚烫的泪水。世上所有的车子都停了下来，人潮涌向马路中央。没有人知道那躺在街面的，就是我的，蝴蝶。这时她只离我五公尺，竟是那么遥远。更大的雨点溅在我的眼镜上，溅到我的生命里来。

为什么呢？只带一把雨伞？

然而我又看到樱子穿着白色的风衣，撑着伞，静静地过马路了。她是要帮我寄信的。那，那是一封写给南部母亲的信。我茫然站在骑楼下，我又看到永远的樱子走到街心。其实雨下得并不大，却是一生一世中最大的一场雨。而那封信是这样写的，年轻的樱子知不知道呢？

妈：我打算在下个月和樱子结婚。

（选自《小说界》杂志，1981年第1期）

想想做做

读罢全篇，是否有至痛的情感体验。你一定注意到了"雨"弥漫了整篇文章，"小雨点，溅在我的眼镜玻璃"和"更大的雨点溅在我的眼镜上"是雨水真的在变大吗？这些"雨"，在文中有什么作用呢？

文中还有许多细节打动人心，比如，作者三次写到"站在骑楼下"，两次写到樱子"穿着白色的风衣，撑着伞"，想想看，这些细节的反复出现与环境描写一起，同作者的情感变化有何关系？

阅读指引

公交车作为城市里的交通工具，总给人匆忙散乱的感觉。但作家却将之视为"城市里最为直接的生活剧场"，透过生活表象，发现自己、看清假象、体会温暖。让我们随着作者，从公交车这个"剧场"，学会观察社会。

公交车记

赵 瑜

一

公交车是城市里最为直接的生活剧场。车窗是频繁调换的电视屏幕，司机是那个态度傲慢却不容易被换掉的主持人，座位上和走道站满了没有台词的本色演员。舞台上间或演出温情、偷盗、骂娘的奇特情节。

通常，我是从熟悉一辆公交车开始熟悉一个城市的。

在公交车上，我最喜欢听学生和女人说话。

那些放了学的中学生，讲述的都是明清笔记小说风格的故事，他们的老师站在讲台上不是在讲课，而是给他们表演幽默的节目。譬如他们嫌弃老师的鼻音太重了，手指头是兰花指，粉笔老是拿不住，还有上衣太小了，老是露肚脐眼。孩子们的对话让我觉得荒唐又吃惊，当时我正在一所大学里代课，虽然课节不多，但也总会往黑板上写字。我一下子就想到自己，会不会也有兰花指，会不会在写字的时候上衣一直往上飞

翔,露出学生们在宿舍里谈论的笑话内容。

女人们的谈话则趋向于"金瓶梅"风格,胸罩的价格,夜晚睡眠不好的原因,同事的一些暧昧细节,奶粉涨价导致自己必须多吃一些好东西给孩子提供奶水,所以身体就胖了,等等。有的女人说话很慢,不轻易谈论私人的生活,只是轻描淡写地说一下汽车家具或者前几天和一个香港来的女人喝茶的情景。有的女人则很恶俗,批评楼上邻居,每天十二点钟孩子都哭个不停。有时候,她们说话间还会相互讽刺,然后哈哈大笑,她们占据着车厢里大把的座椅,有老年人过来也不让座,把公交车完全当成了咖啡厅。

我如果正好站在她们身边,便会死死地盯住一个女人看,把她看羞了去,让她沉默为止。

我把公交车当成了我的日常手册,我在一次又一次疲倦不堪的拥挤中发现了自己的勇敢或者孱弱,智慧或者懒惰。

二

　　我经常坐的 2 路车是一班绕城的公交，路线出奇的曲折。小偷扎堆在这趟车上作案。

　　有一次看到一个外地人在公交车上号啕大哭，他的五千元现金被偷了，那是他给母亲做手术的钱。他是一个长相结实的中年男人，哭得很真实。

　　公交车停在了半路上，有人打了 110 报警。

　　我带头给他捐了十元钱，全车有不少人给他钱，他一边谢我们，一边号啕大哭。

　　全车人都被他的哭声打动，整整一天的时间，我的心情都没有转变过来。

　　那一天，我给办公室的同事，楼下银行的朋友，一起喝酒的其他朋友一一地描述那个男人的哭泣。有一个朋友怀疑地问了我一句，不会是专门表演的江湖骗子吧。他的话让我的心咯噔一下，但我马上就否定了他。我说，江湖骗子的哭也很像的，但是，鼻涕不会那么流出来。很明显，那是悲伤欲绝所致。我仿佛生怕自己遇到了骗子一样，拼命地搜集自己对那个哭泣的中年男人的印象，衣服、说话的口音、眉头、说话嘴唇时的颤抖。虚假的表演和生活的真实永远是有区别的，表演的动人，更多的是借助曲折的情节和很漫长的铺垫。可是，这个男人压根就没有说任何关于母亲的病，他只是在那里声嘶力竭地哭，用眼泪复眼泪，用疼痛复疼痛的方式来表达自己。

　　果然，第二天，报纸报道他的事情，经过公交反扒民警的两天努力，该中年男子的五千元现金找到了。而且警察又捐了数千元钱为他的母亲做手术。

　　这是我见过的最圆满的一次被盗事件。

公交车总会给我一些超出生活表象的结论让我思考，比如假象。

是夏天，车上的人很多。我被人挤到了一个角落里，紧挨着一个大肚子的女人，注释一下，她不是孕妇。有两个人从远处跑过来，全车的人都看到了，透过后视镜，司机也应该看到了。可是他并不停下来，而是加大了油门，车像愤怒的公牛一样奔跑起来，把两个年轻人甩在了后面。车上的人很挤，但是再上两个人还是可以的。我大声地叫喊，说，司机，你这么不讲道德，人家都追上来了。

我的话引起了大家的共鸣，一个中年女人说，现在不是不允许拒载客人了吗？

可是，那个司机却不冷不热地说："那两个人是小偷，经常扮作赶公交车的样子，上车来就直喘气，然后脱衣服什么的，顺便就开始掏钱包了。"

一下子，全车的人都不再报怨司机野蛮了。

那个司机帮助我们认识了生活中的一个假象，原来，大夏天里，奔跑着追赶公交车的人，并不全是有急事的人，也有可能是小偷。

三

我家附近的公交车站牌很多。有一次，我提前下班，在公交车站牌旁边的一个旧书摊前停了下来。我在那里翻一本旧得发黄的手抄本中草药的书，内容很私密，却很好看。

我在那里看书的半个小时里，有一个老太太跑过来问了我两次时间。我看着她提着的两大包袱衣物，以及她地道的豫西口音，知道她是从乡下来的，等着人来接。

我看书看累了，站起身来看着她，听见她不停地唉声叹气，以为她丢了钱，就问，老人家是不是丢了钱。她看着我，很感激地说："不是哩不是哩,我等我闺女哩,都半个小时哩,咋还不来哩。"她每句话都加一个哩字,让我觉得很新鲜。

正要和她说些别的来缓和一下她的焦急,她的女儿骑着一辆自行车飞快地冲过来,大声说:"妈,你等急了吧。"

谁知那个老太太却一下改口说:"没有,我刚刚下车,公交车特别慢,我刚下车。"

那个女儿舒了一口气,把行李放在自行车的后座上,和老太太一起慢慢走了。

我看着老人家,觉得特别感动。

有一次,从火车站回家,坐了一路人比较稀少的公交车。

车上有一个穿长裙子的女孩,她在等车的时候就大声叫喊着,想要随便找个男人嫁了什么的。

她长得过于一般,且装扮俗艳,说话所选择的词语大多粗鄙,声音很大。总之,我和车上所有的人都对她白眼相对。

公交车过一个立交桥的时候遇到了红灯。那个女孩竟然拍着车窗大声对着一个正在打扫道路的清洁工大声叫喊,妈,妈,妈。

她的母亲听到了,张着嘴巴说了句什么,但离得太远,风把她的话吹到了别处。

车上装扮俗艳的女孩子不管,大着声音对她的母亲说,我去给你换衣裳,衣裳。

这次她的母亲仿佛听到了,向她挥挥手,表示同意。

那个女孩子不说话了,车一下子安静起来。

全车的人都被女孩子教育了。她在公交车大声叫她的母亲,而她的母亲竟然是在立交桥下打扫卫生的清洁工。

这是多么值得炫耀的母亲和女儿啊。

我的心为这个长相粗俗的女孩柔软了一路。

有一次，大雪覆盖了我们所在的城市，道路瘫痪了。我从单位步行下班，走到住处附近的时候已经完全黑了。我发现有一辆公交车坏在了十字路口，有一只尾灯一晃一晃地提醒着其他车辆。我费了很大的劲儿才绕过这辆公交车，我向西走，拐入一个黑咕隆咚的小路。那条还没有正式挂牌的小路就是我们小区所在地。

黑暗中我三番五次地被雪和黑暗滑倒，手上身上全是泥。突然，我身后面递来一股灯光。是递来的，是那个已经坏了公交车的司机，听到我摔倒的声音，把车前灯打开了。

那灯光曲折地照耀了我的一小段人生，让我对公交车司机这个职业有了温暖的理解。

公交车，是一个阶层的表征，它界定了大多乘客的物质和精神状况。但同时，它也是最精彩的一个剧场。我们自认为看懂了它，却往往被它的节目戏弄。

（选自《雨花》，2010年第1期）

想想做做

表面看，作者似乎是如实描绘人情世故，但是从各部分的内容看，你会看到内在的关联，请试着用简洁的语言概括三个部分的内容。

文章开头一段用了一连串的比喻，你能说说这样开头的好处吗？而结尾一段，又颇含深意，其中"公交车，是一个阶层的表征，它界定了大多乘客的物质和精神状况""我们自认为看懂了它，却往往被它的节目戏弄"两句格外耐人寻味，请结合阅读，说说你的理解。

> **阅读指引**
>
> 本文写的是生活小事，但背后隐藏的是对生活中贫与富、卑与尊的感受，是对人与人、心与心的思考——在北京寒冷的夜晚，一家小饭馆，一碗米饭，三个人物，片刻光景，活生生映照出现实生活的无奈。

上一碗米饭的时间

肖复兴

入冬后北京最冷的那天晚上，我在一家小饭馆里。家里的人都出了远门，没有饭辙儿，要不我不会在这么冷的天跑出来到这里吃晚饭。正是饭点儿，小饭馆里顾客盈门，只剩下靠门口的一张桌子空着，虽然只要一开门，冷风就会乘机呼呼而入，别无选择，我只好坐在了那儿。

服务员是位模样儿俊俏的小个子姑娘，拿着个小本子，笑吟吟地站在我的面前，一口外地口音问我：您吃点儿什么？我要了三两茴香馅的饺子和一盆西红柿牛腩锅仔。很快，饺子和锅仔都上了来，热气腾腾的扑面撩人，呼啸寒风，便都挡在窗外了。

埋头吃得热乎乎的，觉得忽然有一股冷风吹来，抬头一看，一位老头已经走到我的桌前，也是别无选择地坐了下来。在我的对面坐下来之后，大概看见我正在望着他，老头冲我笑了笑，那笑有些僵硬，不大自然。也许，是为自己一身油渍麻花的破棉袄感到有些羞涩，和这一饭馆衣着光鲜的红男绿女对应得不大协调。我看不出他有多大年纪，或许还没有我大，只是胡子拉碴的显得有些苍老。我猜想他可能是位农民工，或者刚刚来到北京找活儿的外乡人。

他坐在那里，半天也没见服务员过来，便没话找话的和我搭话，指指饺子，问我饺子怎么卖？我告诉他一两三块钱吧。他立刻应了声：这么贵！这时候，那个小个子姑娘拿着小本子走了过来，走到老头的身边，问道：你吃什么？老头望了望她，多少有点儿犹豫，最后说：我要一碗米饭。姑娘弯下头在小本子上记下来，又抬起头问：还要什么？老头说：就一碗米饭！姑娘有些奇怪：不再要点儿什么菜？老头这回毫不犹豫地说：一碗米饭就够了。然后补充句，要不麻烦你再给我倒碗开水！姑娘不耐烦了，一转身冲我眉毛一挑，撇了撇嘴，风摆柳枝般走了。

过了好长时间，也没见姑娘把一碗米饭端上来，更不要说那一碗开水了。在这样一个势利眼长得比鸡眼还多的社会里，人们的眼睛都容易长到眼眉毛上面，很多饭馆都会这样，不会把只要一碗米饭的顾客放在心上，更何况是一个衣衫褴褛的老头，在他们眼里几乎是乞丐一样呢。姑娘来回走了几次，大概早忘了这一碗米饭。

我悄悄地望了一眼对面的老头，看得出来，老头有些心急，也有些尴尬，又不知道如何是好，如坐针毡。如果有钱，谁会只要一碗白米饭呢？但如果不是真的饿了，谁又会非得进来忍受白眼和冷漠而只要一碗白米饭呢？

我很想把盘子里的饺子让给老头先垫补一下，但把剩下小半盘的饺子给人家吃，总显得不那么礼貌，有些居高临下，就像电影《青春之歌》里的余永泽打发要饭的似的。那锅仔我还没有动，可以先让他喝几口，但一想饭还没吃，先让人家喝汤，恐怕也不合适，而且也容易被老头拒绝。

因此，当姑娘又向这边走来的时候，我远远地冲她招招手，她走了过来，老头看见了她，张着嘴动了动，一定是想问她：我那一碗米饭呢？但如今的小姑娘哪一个好惹？看人下菜碟，已是常态，势利的现实和势利的城市，早完成了她活生生的青春期教育。为了避免尴尬，我先把话抢了过来，对她说：姑娘，你给我上碗米饭！话音刚落，怕她同样嫌弃我也只要一碗米饭，便又加了句：再来三两饺子。姑娘在小本子上记了下来，转身走了。我冲着她的背影喊了句：快点儿呀！她头没有回，扬扬手中的小本说道：行哩！

老头望了望姑娘走去的背影，又望了望我，什么话没有说，似乎是想看看，同样一碗米饭，到底谁的先上来。一下子，让我忽然感觉偌大的饭馆里，仿佛主角只剩下了老头、姑娘和我三个人，三个人彼此的心思颠簸着，纠结着，一时无语却有着不少的潜台词。

我望了望老头，也没有说话。我是想等这一碗米饭和三两饺子上来，一起给老头，谁家都有老人，谁都有老的时候，谁都有饿的时候，谁都有钱紧甚至是一分钱让尿憋死的时候。

老头垂下头，不再看我。我埋下头来，吃那小半盘的剩饺子，也不敢再望他，我不知道此刻他在想什么，但生怕我的目光总落在他的身上会让他觉得尴尬。有时候，只能让人感慨生活现实的冷漠，比窗外的寒风还要厉害，人与人之间的隔膜，如今是越来越深了，并不是一碗米饭几两饺子就能够化解的。

很快，也就是那小半盘剩饺子快要吃完的功夫，只听姑娘一声喊：您的米饭和饺子来了，便把一碗米饭和三两热腾腾的饺子端在我的桌子上，同时也把老头的那一碗米饭端在桌上。可是，抬头的时候，我和姑娘都发现，对面的老头已经不在了。

其实，只是上一碗米饭的时间。

（选自《解放日报》，2011年2月14日）

想想做做

作者肖复兴是当代著名作家，有人这样评论他的作品："写着普通人的形象，不是用平面的、静止的单一写法，而注意生活的纷纭复杂与人物多样的性格，给读者一种立体感。"文中的"我"带着悲悯情怀，叙写一件小事，然而，寻常小事，往往隐藏着生活真相。比如在本文中，你从很多地方可以看出姑娘对老头的不耐烦和态度上的冷漠，也可以看到"我"对老头乃至姑娘的同情，试着找出这些表现人物感情的语句。

实际上，姑娘同处生活底层，却表现出对老头的歧视，您能说说造成这种情况的原因么？

> **阅读指引**

生活中，你是否留意过手边随手记录的纸张？也许就是这不经意的随手一笔，记载着你某一瞬间的思绪，甚至承载着一段过往。看看喜剧家奥古斯特·斯特林堡怎样在"半张纸"间展现纷繁人生，领悟生命真谛。

半张纸

〔瑞典〕奥古斯特·斯特林堡

最后一辆搬运车离去了；那位帽子上戴着黑纱的年轻房客还在空房子里徘徊，看看是否有什么东西遗漏了。没有，没有什么东西遗漏，没有什么了。他走到走廊上，决定再也不去回想他在这寓所中所遭遇的一切。但是在墙上，在电话机旁，有一张涂满字迹的小纸头。上面所记的字是好多种笔迹写的；有些很容易辨认，是用黑黑的墨水写的，有些是用黑、红和蓝铅笔草草写成的。这里记录了短短两年间全部美丽的罗曼史。他决心要忘却的一切都记录在这张纸上——半张小纸上的一段人生事迹。

他取下这张小纸。这是一张淡黄色有光泽的便条纸。他将它铺平在起居室的壁炉架上，俯下身去，开始读起来。

首先是她的名字：艾丽丝——他所知道的名字中最美丽的一个，因为这是他爱人的名字。旁边是一个电话号码，15，11——看起来像是教堂唱诗牌上圣诗的号码。

下面潦草地写着：银行，这里是他工作的所在，对他说来这神圣的工作意味着面包、住所和家庭——也就是生活的基础。有条粗粗的黑线划去了那电话号码，因为银行倒闭了，他在短时期的焦虑之后又找到了另一个工作。

接着是出租马车行和鲜花店，那时他们已订婚了，而且他手头很宽裕。

家具行，室内装饰商——这些人布置了他们这寓所。搬运车行——他们搬进来了。歌剧院售票处，50，50——他们新婚，星期日夜晚常去看歌剧。在那里度过的时光是最愉快的。他们静静地坐着，心灵沉醉在舞台上神话境域的美及和谐里。

接着是一个男子的名字（已经被划掉了），一个曾经飞黄腾达的朋友，但是由于事业兴隆冲昏了头脑，以致又潦倒到无可救药的地步，不得不远走他乡。荣华富贵不过是过眼烟云罢了。

现在这对新婚夫妇的生活中出现了一个新东西。一个女子的铅笔笔迹写的"修女"。什么修女？哦，那个穿着灰色长袍、有着亲切和蔼的面貌的人，她总是那么温柔地到来，不经过起居室，而直接从走廊进入卧室。她的名字下面是L医生。

名单上第一次出现了一位亲戚——母亲。这是他的岳母。她一直小心地躲开，不来打扰这新婚的一对。但现在她受到他们的邀请，很快乐地来了，因为他们需要她。

以后是红蓝铅笔写的项目。佣工介绍所，女仆走了，必须再找一个。药房——哼，情况开始不妙了。牛奶厂——订牛奶了，消毒牛奶。杂货铺、肉铺等等，家务事都得用电话办理了。是这家女主人不在了吗？不，她生产了。

下面的项目他已无法辨认，因为他眼前一切都模糊了，就像溺死的人透过海水看到的那样。这里用清楚的黑体字记载着：承办人。

在后面的括号里写着"埋葬事"。这已足以说明一切！——一个大的和一个小的棺材。

埋葬了，再也没有什么了。一切都归于泥土，这是一切肉体的归宿。

他拿起这淡黄色的小纸，吻了吻，仔细地将它折好，放进胸前的衣袋里。

在这两分钟里他重又度过了他一生中的两年。

但是他走出去时并不是垂头丧气的。相反地，他高高地抬起了头，像是个骄傲的快乐的人。因为他知道他已经尝到一些生活所能赐予人的最大的幸福。有很多人，可惜，连这一点也没有得到过。

（选自《斯特林堡文集·第2卷》，奥古斯特·斯特林堡著，李之义译，人民文学出版社，2005年）

想想做做

半张纸如卷轴画般展开普通的人生故事，而"半张纸"在文中有哪些作用？那个飞黄腾达的朋友为何在这里出现？该如何理解"在这两分钟里他重又度过了他一生中的两年"这句话？"两分钟"和"两年"是否只是简单的时间巧合？

文中主人公没有直接出现，情感的变化是隐藏的。看看文中哪些语段能直接或者间接地表现主人公情感的变化。思考一下，"他高高地抬起了头"，出现在文末有什么深意呢？

第六单元 人生况味

罗曼·罗兰说:"生活这把犁,一方面割破了你的心,一方面掘出新的源泉。"人生要面对挫折、失败和不幸,要学会承受、坚韧和继续开拓。艰难困苦,玉汝于成!

阅读指引

"总有一种力量让我们泪流满面。"这句话被推出后,曾经风行一时。作为《南方周末》的一份新年献词,它代表着媒体的价值核心和理想情怀,也标志着媒体的母语水平和文学才华,更重要的是,它准确地击中了读者的内心,文中有许多人们依然耳熟能详的句子,一起再品读一下吧!

总有一种力量让我们泪流满面
《南方周末》编辑部

这是新年的第一天。这是我们与你见面的第七百七十七次。祝愿阳光打在你的脸上。

阳光打在你的脸上，温暖留在我们心里。这是冬天里平常的一天。北方的树叶已经落尽，南方的树叶还留在枝上，人们在大街上懒洋洋地走着，或者急匆匆地跑着，每个人都怀着自己的希望，每个人都握紧自己的心事。

本世纪最后的日历正在一页页减去，没有什么可以把人轻易打动。除了真实。人们有理想但也有幻象，人们得到过安慰也蒙受过羞辱，人们曾经不再相信别人也不再相信自己。好在岁月让我们深知"真"的宝贵——真实、真情、真理，它让我们离开凌空蹈虚的乌托邦险境，认清虚伪和欺骗。尽管，"真实"有时让人难堪，但直面真实的民族是成熟的民族，直面真实的人群是坚强的人群。

没有什么可以轻易把人打动，除了正义的号角。当你面对蒙冤无助的弱者，当你面对专横跋扈的恶人，当你面对足以影响人们一生的社会不公，你就明白正义需要多少代价，正义需要多少勇气。

没有什么可以轻易把人打动，除了内心的爱。没有什么可以轻易把人打动，除了前进的脚步……

这是新年的第一天，就像平常一样，我们与你再次见面，为逝去的一年而感怀，为新来的一年作准备。祝愿阳光打在你的脸上。

阳光打在你的脸上，温暖留在我们心里。有一种力量，正从你的指尖悄悄袭来，有一种关怀，正从你的眼中轻轻放出。在这个时刻，我们无言以对，惟有祝福：让无力者有力，让悲观者前行，让往前走的继续走，让幸福的人儿更幸福；而我们，则不停为你加油。

我们不停为你加油。因为你的希望就是我们的希望，因为你的苦难就是我们的苦难。我们看着你举起锄头，我们看着你舞动镰刀，我们看着你挥汗如雨，我们看着你谷满粮仓。我们看着你流离失所，我们看着你痛哭流涕,我们看着你中流击水,我们看着你重建家园。我们看着你无奈下岗,我们看着你咬紧牙关,我们看着你风雨度过,我们看着你笑逐颜开……我们看着你,我们不停为你加油,因为我们就是你们的一部分。

总有一种力量它让我们泪流满面,总有一种力量它让我们抖擞精神,总有一种力量它驱使我们不断寻求"正义、爱心、良知"。这种力量来自于你,来自于你们中间的每一个人。

所以,在这样的时候,在这新年的第一天,我们要向你、向你身边的每一个人,说一声,"新年好"!祝愿阳光打在你的脸上。

因为有你,才有我们。

阳光打在你的脸上,温暖留在我们心里。为什么我们总是眼含着泪水,因为我们爱得深沉;为什么我们总是精神抖擞,因为我们爱得深沉;为什么我们总在不断寻求,因为我们爱得深沉。爱这个国家,还有她的人民,他们善良,他们正直,他们懂得互相关怀。

(选自《南方周末》,1999年1月1日,新年献词)

想想做做

"阳光打在你的脸上,温暖留在我们心里","让无力者有力,让悲观者前行"等,这些句子一度广为流传,你在本文中有没有找到让你感动的句子?

除了温情的语句与人文的关怀之外,本文经久不衰的原因,还跟新年贺词的特殊写作模式有关。一篇厚重大气的新年贺词,语言一定简练,抒情一定节制。要在温柔理性的文字中,凸显希望和理想。品读完本文,可以多搜索几篇新年献词,感受一下它们的特点。

"总有一种力量让我们泪流满面",你可曾被某种力量感动过?可以说出来,写出来,与同伴、老师一起分享哦!

> **阅读指引**

罗丹说"生活中并不缺少美,而是缺少发现美的眼睛"。生活中美好的鱼,等待着我们的眼睛去发现,等待着我们的心灵去感动。那是隐藏在铜环、陶坠、松果、秋夜里的情思,更是对生活清明、深刻和远大的领悟。

生活中美好的鱼
[中国台湾] 林清玄

在金门的古董店里,我买到了一个精美的大铜环和一些朴素的陶制的坠子。

这是我从未见过的东西,使我感到疑惑。

古董店的老板告诉我,那是从前渔民网鱼的用具,陶制的坠子一粒一粒绑在渔网底部,以便下网的时候,渔网可以迅速垂入海中。

大铜环则是网眼,就像衣服的领子一样,只要抓住铜环提起来,整个渔网就提起来了,一条鱼也跑不掉。

夜里我住在梧江招待所,听见庭院里饱满的松果落下来的声音,就走到院子里去捡松果。秋天的金门,夜凉如水,空气清凉有薄荷的味道,星星月亮一如水晶,我突然想起韦应物的一首诗《秋夜寄邱员外》:

怀君属秋夜,
散步咏凉天。

空山松子落，

幽人应未眠。

想到诗人在秋天的夜晚，散步于薄荷一样凉的院子里，听见空山里松子落下的声音，想到那幽静的人应该与我一样在夜色中散步，还没有睡着吧！忽然感觉韦应物的这首诗不是寄给邱员外，而是飞过千里、穿越时间，寄来给我的吧！

回到房中，我把拾来的松果放在那铜环与陶坠旁边，觉得诗人的心与我的心十分接近。诗人、文学家、艺术家，乃至一切美的创造者，正是心里有铜环和陶坠的人。在茫茫的生命大海中，心灵的鱼在其中游来游去，一般人由于水深海阔看不见美好的鱼，或者由于粗心轻忽，鱼就游走了。

有美好心灵、细腻生活的人，则是把陶坠深深沉入海中，由于铜环在手，波浪的涌动和鱼的游动都能了然于心，垂丝千尺，意在深潭，捕捉到那飘忽不定的思想的鱼，观点的鱼。

作为平凡人的喜乐，就是每天在平淡的生活里找到一些智慧的鱼，时时在凡俗的日子捞起一些美好的鱼。

让那些充满欲望与企图的人，倾其一生去追求伟大与成功吧！

让我们擦亮生命的铜环和生活的陶坠，每天有一点甜美、一点幸福的感情，就很好了。

夜里散散步，捡拾落下的松果，思念远方的朋友，回想生命的种种美好经验，这平淡无奇的生活，自有一种清明、深刻和远大呀！

[选自《小作家选刊（作文素材库）》，2010年第9期]

想想做做

　　作者为什么要写秋夜里捡松果这件事?"铜环""陶坠"与捡松果这件事有什么关系?月夜捡拾松果,自然而然想起韦应物的诗,生发"诗人的心与我的心十分接近"的感慨,但作者不止于此,而是进一步发现"生活中美好的鱼",读罢全文,你认为作家所谓"生活中美好的鱼"中的"鱼"具体指的是什么?

　　作家说"让那些充满欲望与企图的人,倾其一生去追求伟大与成功吧!"又说"这平淡无奇的生活,自有一种清明、深刻和远大呀!"这两句话是不是有些矛盾?你是怎样理解的?写下你的见解吧。

> **阅读指引**
>
> 女孩收养了黑狗炭头，相依相伴，朝夕相处，然而，最终却不得不永别。"童年的最后一天"是黑狗逝去的那一天，也是女孩童年逝去的那一天。成长就是这样，带着伤痛，突如其来。

童年的最后一天
［马来西亚］黎紫书

夏日炎炎，黑狗炭头是那样走路的——蹑手蹑脚，舌头伸得好长。好长，几乎要触到路面了。哈。

大太阳让上学的路变得漫长。炭头一路上嗬嗬嗬地努力呼吸，直至走到学校门口，女孩拿手上的野芒草抽一抽它的头。去吧，放学时再来。炭头才转身往回家的路上嗬嗬嗬地走。夏日的阳光让炭头看来比平日黑得更纯粹一些，皮毛发亮，长尾巴竖起来搧啊搧的，像在赶苍蝇。也像妈妈坐在病榻上摇蒲扇的动作和节拍。夏日的夜，纳凉，赶蚊蚋，驱不走的郁闷。

炭头是在妈妈犯病后才来的。女孩那时误以为是只小猫，把它捡回来。爸爸不喜欢炭头，他说狗毛会让妈妈的病加重。女孩听话把小狗丢弃，可它自己循路回来，女孩就再也舍不得了。不依不依不依！她一脸倔强，把小狗紧紧揣在怀中，爸没辙。邻居说自来狗是好兆头，而小狗还真适时地在家里发现了借宿的毒蛇，汪汪汪，算是救了大家的命。妈先心软了，爸也就无话。从此家里多了条狗，黑不溜秋的，叫炭头吧。

炭头真黑，浑身不夹半丝杂毛。只有眼珠略带棕褐，像两枚琥珀色纽扣钉在一团黑绒上。这双眼睛就那样看着女孩一岁一岁长大，也陪女孩一起凝视妈妈染在墙上的身影，以及爸爸愈来愈精瘦黝黑的背脊。

妈妈到医院去的次数日愈频繁，留诊的时间愈来愈长。上门来讨债的人似乎多了些，勤了些。也有热心的邻里打听了各种偏方，或送来一些奇怪的野味与草药。爸爸傍着炉灶静静地熬药和抽烟。隔壁家的大娘经常过来，还在说着一大堆偏方的名目，不时瞟一眼炭头。还差一味黑狗血啊。

女孩听得毛骨悚然。她回过身来狠狠地瞪那大娘。爸爸却沉静地看着自己吐出来的烟雾。夏日，只有知了在外头穷嚷嚷，像无休止的抱怨。

知了的喧闹，在课堂里也听得到。女孩有点烦。好不容易等到放学的钟声响起，她收拾书包走到门口。那里人很多，人声比知了的叫声鼎沸。她没听到炭头的吠声，没像往常一样，有一只黑狗摇着尾巴向她奔来。女孩只看见爸爸站在前面的树荫下，难得地，没有抽烟。

那一天，爸爸陪她走回家的路。女孩什么也没问，沉默地让爸爸牵着她的手。只有在半路上她忽然想起炭头伸长舌头蹑手蹑脚走路的样子，才忍不住把手抽回，咬着唇狠狠地擦眼泪。

（选自《青年博览》，2013年8月号）

想想做做

近年来，马来西亚文学奖颁奖典礼上总会出现"黎紫书现象"，让人们开始关注青年作家黎紫书，大概由于从事新闻工作的原因，她的笔端常常流露对人性的关注，探讨人性的挣扎和无望。比如这篇小说，淡淡的笔调里隐藏着深深的忧伤，作者却采用双关的手法，冷静地揭示成长的伤与痛。

请说说小说中"最后一天""药引子"里的"双关"意味。进一步想想，黑狗生命的终结与女孩童年的结束，有着怎样的联系？文中女孩的种种心理刻画在情节发展中起到了怎样的作用？

阅读指引

《年轻》虽篇幅短小,但首次在美国发表的时候,曾引起轰动。成千上万的读者把它抄下来当作座右铭收藏,许多中老年人把它当作安排后半生的精神支柱。据说美国的麦克阿瑟将军在指挥整个太平洋战争期间,办公桌上始终摆着装有短文《年轻》复印件的镜框,文中的许多词句常被他在谈话或开会做报告时引用。

年 轻
[美国]塞缪尔·乌尔曼

年轻,并非人生旅程的一段时光,也并非粉颊红唇和体魄的矫健。

它是心灵中的一种状态,是头脑中的一个意念,是理性思维中的创造潜力,是情感活动中的一股勃勃的朝气,是人生春色深处的一缕东风。

年轻,意味着甘愿放弃温馨浪漫的爱情去闯荡生活,意味着超越羞涩、怯懦和欲望的胆识与气质。而六十岁的男人可能比二十岁的小伙子更多地拥有这种胆识与气质。没有人仅仅因为时光的流逝而变得衰老,只是随着理想的毁灭,人类才出现了老人。

岁月可以在皮肤上留下皱纹,却无法为灵魂刻上一丝痕迹。忧虑、恐惧、缺乏自信才使人佝偻于时间尘埃之中。

无论是六十岁还是十六岁,每个人都会被未来所吸引,都会对人生竞争中的欢乐怀着孩子般无穷无尽的渴望。

在你我心灵的深处,同样有一个无线电台,只要它不停地从人群中，从无限的时间中接受美好、希望、欢欣、勇气和力量的信息，你我就永远年轻。一旦这无线电台坍塌，你的心便会被玩世不恭和悲观失望的寒冷酷雪所覆盖，你便衰老了——即使你只有二十岁。但如果这无线电台始终矗立在你心中，捕捉着每个乐观向上的电波，你便有希望超过年轻的八十岁。

所以只要勇于有梦，敢于追梦，勤于圆梦，我们就永远年轻！

千万不要动不动就说自己老了，错误引导自己！年轻就是力量，有梦就有未来！

（原载《华盛顿邮报》，1920年）

想想做做

当很多人为美人迟暮、英雄白头而唏嘘不已、放弃理想之时，塞缪尔·乌尔曼在古稀之年创作了这篇小短文，诠释了什么是年轻，带给了无数人继续奋斗的动力。在他的文中，"年轻"是什么，怎么做才能永远"年轻"？这篇小短文给很多人启迪，你读完可有心得体会？

> 阅读指引

培根的《随笔集》是英国随笔文学的开山之作,语言简洁,文笔优美,说理透彻,警句迭出,成为世界文学史上最伟大的散文作品之一。本文对青年人和老年人的优势和局限,有着精辟的分析和讨论。

论青年和老年
〔英国〕培根

一个年岁甚轻的人也可以是富于经验的人,假如他不曾虚度他的生活;然而这毕竟是罕有的事。

一般说来,青年人富于"直觉",而老年人则长于"深思"。这两者在深刻和正确性上是有显著差别的。现实也并非完全如此。

青年的特点是富有创造性的想象和发明力,这似乎是得之于神助的。然而,热情炽烈而情绪太敏感的人往往要在中年以后方能成事。恺撒和塞普提摩斯①就是例证。曾有人评论后者说:他曾度过荒谬的——甚至是疯狂的青春。然而他毕竟成为罗马皇帝中极能干的一位。具有沉稳性格的人则在青春时代就可成大器,奥古斯都大帝②、卡斯顿勋爵③即是如此。另一方面,对于老人来说,富于热情和活力也是难能可贵的。

青年长于创造而短于思考,长于

猛干而短于讨论，长于革新而短于持重。老年人的经验，引导他们熟悉旧事物，却蒙蔽他们无视新情况。青年人易有所发现，但行事轻率却可能毁坏大局。

　　青年人的性格如同一匹不羁的野马，藐视既往，目空一切，好走极端。勇于革新而不去估量实际的条件和可能性，结果常因浮躁而改革不成却招致更大的祸患。老年人则正相反。他们常常满足于困守已成之局，思考多于行动，讨论多于果断。为了事后不后悔，宁肯事前不冒险。

　　最好的办法是把青年的特点与老年的特点在事业上结合在一起。从现在的角度说，他们的所长可以互补他们各自的所短。从发展的角度说，青年可以从老年身上学到他们所不具有的优点。而从社会影响的角度说，有经验的老人执事令人放心，而青年人的干劲则鼓舞人心。如果说，老人的经验是可贵的，那么青年人的纯真则是崇高的。

　　要知道，世情如酒，越浓越醉人——年龄越大，则在世故增长的同时却愈会丧失正直纯真的感情。所谓少年老成的人，常常是挫失了青春锐气的人。像赫摩格尼斯就是如此。但那种毕生不脱稚气的人，也是不合时宜的。正如西塞罗④评论赫腾修斯说：当他已该老练的时候，他却还很幼稚。最后，也不要做那种人：年轻时作为很大，晚年却不足为训。年轻时好吃懒做不上进，老年时生活艰苦。像西庇阿·阿非利卡⑤那样，结果让李维批评他："有好的青春，却没有好的晚节。"

　　　　（选自《培根随笔集》，曹明伦译，北京燕山出版社，2000年9月）
注释：
　　① 塞普提摩斯：古罗马皇帝，公元193—211年在位。
　　② 奥古斯都大帝（前61—公元14）：古罗马皇帝，恺撒的养子。

奥古斯都意为"至高无上者",乃其尊号。统一罗马,为帝政的建立者。

③ 卡斯顿勋爵:中世纪法国名将。1570年封多斯加纳大公。

④ 西塞罗(前106—前43),古罗马政治家、雄辩家和哲学家。赫腾修斯,约与西塞罗同时代的人。

⑤ 西庇阿·阿非利卡(前236—前184),古罗马名将。

想想做做

这篇文章脉络清晰,开篇就提出了青年人身上存在的一个普遍性的问题,那是什么问题?二到五自然段,又分析青年人和老年人在哪些方面的不同?最后提出他想表达的观点,那个观点是什么?

本文在说理的时候,逻辑严密,措辞准确,并非夸夸其谈。有关他行文的"措辞准确",你能在文中找一处例子来印证吗?

第七单元　海天片羽

> 世界是本书，不从旅行获得充足，而是为了心灵获得休息。
>
> ——西塞罗

阅读指引

《大黄桷树》以深情的笔触回忆故乡五通桥的大黄桷树，写树的来历、树的形态，写童年的"我"在树下玩耍、与邻居伙伴快乐生活，写大树被砍后的失落与愤怒。而最终落笔处，却是对故乡的深情和对当下功利社会的不满。

大黄桷树
宋石男

据说福州是榕城，但我们四川乐山五通桥的人不肯承认。对我们来说，最好的榕树——我们叫黄桷树，只能生长在五通桥。那些动辄有百

数十年的老黄桷树,腰身粗壮,树形奇特,悬根露爪,吞石吐岩,大枝横伸,小枝斜出,浓绿团簇,敦厚而苍凉。黄桷树长在溪边,可令溪水平静;长在半山,则结木石之盟。

五通桥有几千株上百年的黄桷树,大约因为清代时这里是四川的盐业中心之一,其时交通以水运为首,盐商即疏五沟、浚江河、筑堤岸,成运河,并广种黄桷树以固堤防。于是几乎在五通桥任一处,都能见山、见水、见树,水木交错,满城带绿。

我最爱的是牛华镇五眼钟山上的那棵大黄桷树。

多年过去,回忆中那棵大黄桷树仍矗立在山坡拐角处,约有八人合围粗,高五六米,枝叶极茂盛,荫庇方圆上百平方米。山路到了它脚下就尊敬地停下来,朝右行去。枝条荫庇山路四五米,之后山路就离开它,妖娆地弯几弯,到达山脚。树斜对面是一排瓦房,住了我们五户人家,瓦房多在枝条荫庇之下。朝着坡下左方,树的根伸出十几米远,被一条小沟断开,与食堂隔沟相望,顶上的枝条则将小半个食堂荫庇。

这是一个孩子的视野。如果你是个几百米高的巨人,你就可以平视五眼钟山。看大黄桷树躺在山的胸口偏左的地方，树冠随风摇动，如同心脏起伏。它是五眼钟山的精气所系，是镇山之木。

在大黄桷树下，我的童年以抒情的样子缓缓展开。春天，新枝条抽出，绿色嫩得像婴儿，我喜欢靠住树身，踏稳露在地表的树根，很有安全感地打瞌睡。夏天，我们在树下乘凉，树的枝条在晚风中摇曳，像老年人欢喜时颤动的头发。秋天，大黄桷树叶落，我就用一头磨尖的铁丝去捡叶子，串成厚厚实实的一叠，跑去厨房找正在做饭的母亲，问："妈妈，这够不够发一顿火了？"

在大黄桷树下，邻居彼此分享好东西。我第一次吃到娃娃鱼，是七十年代末刘叔叔送的一碗，鲜美不可方物。也不是完全没有争斗。代嬢嬢养的鸡，老是跟我们家的鸡抢虫子吃。趁大人不注意，我就跑去踢他们家的鸡，鸡惊慌逃窜，躲到树背后，我还要追赶，大黄桷树露出的根轻轻拦住我，要我别继续。

大黄桷树是孩子的守护神，它立在山坡边，无数次挡住我们狂奔的脚步，让我们不至于摔到坡下。不过偶尔它也会失手。我七八岁时，跟姐姐、仲仲几个在树下耍。仲仲站到山路拐角，背靠大黄桷树，手指身前的梯步，问：哪个敢站在这里？我姐姐说，我敢！大黄桷树摇晃着说不要啊，可我姐姐听不见，几步迈过去，刚站在梯步上，仲仲就一把将她推到坡下，摔折了胳膊。

十岁我离开五眼钟山，去了县城，那里的黄桷树也很多，但没有一棵能如大黄桷树那样亲切。我每年都回几次五眼钟山，看老屋，看树。十几年过去，大黄桷树的样子没有什么变化，人老到一定地步会死，它老到一定地步却不再老。瓦房还在，只是住的人换了；食堂也拆了，修成陌生的房子。这些都不能影响大局，只要大黄桷树在，童年就在。

2000年我又回去看大黄桷树，在山脚就心里一慌，那坡上没有熟悉的树影。奔上山，大黄桷树只剩下巨大的树墩，像一道伤口横在山的胸口，又像一只独眼仰望苍穹。

仲仲后来告诉我，大黄桷树被村长以五千元的价格卖给一个土老肥。后者找来工人，伐倒大黄桷树，凌迟掉它所有枝条，剩下孤零零的主树干，捆上绳索，拉下山去，摆到厂房进门处，充当镇厂之木。

愤怒与悲伤让我窒息。为什么要这么做？土老肥你尽可以放手去收藏凡·高画一类的东西，干吗非要砍我的大黄桷树再将它枭首示众？村长你出卖五眼钟山的灵魂就为了五千元，可那钱你能干啥？买五千根绳子上吊五千次？

两个蠢货，五千元钱，联手谋杀掉大黄桷树。失去大黄桷树的荫庇，山路孤单，行人狼狈，瓦房摇摇欲坠，童年至美的一角也轰然垮塌。

（选自《看天下》专栏，2010年12月18日）

想想做做

文章的语句往往不经意就被我们忽略了。比如文章中把大黄桷树当作人来写，有几处别有情趣，你找到相关的语句了么？有些句子表达的感情有所指向，比如"两个蠢货，五千元钱，联手谋杀掉大黄桷树"，就暗含着对功利社会和贪婪金钱的人的控诉。

要提高阅读水平，比较一下，咀嚼一下，就能发现作家用词用语的精妙。试着用改句的方法，将最后一段中"失去大黄桷树的荫庇，山路孤单，行人狼狈，瓦房摇摇欲坠，童年至美的一角也轰然垮塌"，改为"失去大黄桷树的荫庇，童年至美的一角也轰然垮塌"。读两遍看看，感觉有什么不同么？

> **阅读指引**
>
> 青年新锐作家钱佳楠生于上海长于上海，乘坐01路公交车的经历，在她的笔下变成了成长的见证，变成情感的记录，变成城市的留影……一个熟悉的地方，一段熟悉的线路，可以让我们随着那"白马"，走过一幅又一幅层次丰富的回忆图景。

我的01，我的白马
钱佳楠

比起地铁、轻轨等更便捷的交通工具，我更偏爱公交车，没有离下一班车还有4分59秒的倒计时提醒，平添了几分等待的诗意，也不用在黑黢黢的地下王国或是两堵模模糊糊的半透明护墙中穿梭，路上的风景尽收眼底。我只在上海长住过，不知这个观察是否正确，公交车站往往安插在居民区的大门口，出门没几步便可搭乘，这让我觉得公交车亲切得就好比养在自家马厩中的那匹白马，我将骑它去远方。

远方固然只是比拟，仔细想来，我最常乘坐的公交线路似乎就是自己某个人生阶段的生活轨迹，838连通着高中时的我和那所灰不溜秋、死气沉沉，被同学们戏称为"高级监狱"的寄宿制高中，经常促使我们萌生"越狱"的念头；966则从我的家门口摇啊摇，一直摇到远在杨浦区的大学，我几乎是从始发站乘到终点站，一路上目睹着乘客上上下下，头一次体察到人生的孤独况味。自始至终陪伴我，甚或无形中影响了我的精神的公交线路依然还在，01。

这条公交线路虽然名为01，却是我十岁时才有的，线路开通时最高兴的是我的母亲，彼时外婆已经迁至浦东金桥，每回去都算得上跋山涉水，换三辆车还要摆渡，不是手里的马甲袋被挤破了，就是妈妈的高跟鞋鞋跟陷进摆渡口的铁网里，妈妈说这下好了，我们有01了！我仍旧记得头一次和母亲乘坐01的情景，我们盛装打扮，似乎是秋天，妈妈和我都穿着呢大衣，手上照例提着水果和糕点，远远看到这两个数字我就兴奋地大喊"车来了"（那时我的视力还是1.5），母亲牵起我的小手，一前一后踏上车，末排高起的位子竟然还有空座，我们随着车行颠簸吃了好几回弹簧屁股，一站又一站，仿佛是路漫漫其修远兮，我记得自己几次想问"到了没"，都克制住没说，随后我看到母亲也焦急地左顾右盼，自言自语道"这里是哪儿"，倏地又答复自己一句"哦，是镇宁路"，见我看她，她立马抚慰我说："哦，快到了，这里是镇宁路，下一站就是华山路，应该快了吧？肯定快了！"等长大一些回望那个瞬间我觉得母亲的语气很像孔乙己嘴里的"多乎哉？不多也"，原来漫漫长路并没有因为这条公交线路的开辟而缩短，下车时我总是身沉如铁，夜晚回家时我更是一上01就瞌睡，母亲过江苏路的"三官堂桥"时便喊醒我——囡囡，好醒了，要到快了。

巧合的是，01路往东可以换车抵达我的外婆家，而往西没有几站竟然就是我的爷爷家，向左走还是向右走，对我而言是在马路这边乘车还是在马路对面乘车，这种艰难的抉择往往在寒暑假里显得尤为揪心。我用"艰难"这个形容词，或许有词不达意的地方，因为决定早已做好，惟独面对母亲是艰难的，有了多次舟车劳碌的经验，母亲几乎需要用乞求的口气"请"我去外婆家一趟，她甚至绞尽脑汁想出外婆家的好些"卖点"，"让你两个哥哥下午陪你打'拱猪'？""大姨妈做你最爱吃的炸鸡翅？"光这些可不够，她还得几次三番承诺说"我们早点回来，一吃完饭就走"，我这才勉强答应。几乎与之截然相反，我去爷爷家从没这么折腾，暑假里父母都要上班，无法照料我，只需在我手里塞上两枚硬币，我自己会跑到马路对过攀上这辆01，熟门熟路地敲爷爷家的家门喊爷爷，下午四点爷爷会亲自送我到车站，再往我手里塞两枚硬币，仍旧是这辆车，载我回家。不知道我幼年的厚此薄彼在母亲心里会搅起怎样的酸楚，一直到外婆在四年后（我十四岁那年，外婆六十九岁）过世，我才终于了解这个浅薄的事实：原来外婆不只是我的外婆，她还是母亲的妈妈。

岁月的无情难以补救，01路公交车见证我的罪疚。事实上随着我慢慢长大，爷爷家也待不住了，我情愿一个人在家把妈妈留在塑料饭盒里的冷饭冷菜放进微波炉里热一热，也不想去吃爷爷奶奶做好的热饭热菜，没有为什么，大约觉得无聊且没劲。于是01路和我生命的交集不再是往西的终点站，上海西站，或往东过隧道的首站，东方医院，而是横亘在我家与浦东之间的好多站，那几站，就是老法人口中的上只角，武宁路不算，江苏路、镇宁路、华山路、陕西北路、石门一路和浙江中路，几乎每一条马路都能诉说一段隔世的繁华。

高中时数学老师聊起过他在理科班的得意门生，说那个优秀的男生在高一的暑假独自一人登上从上海始发去北京的慢车，沿途的每一个站台他都下车，在陌生的城镇逗留一到两日再继续北上，就这么走遍了国内的十多个城市。我还记得老师说到此处下意识地扶了扶眼镜，颇有点性别歧视意味地说："男生们，我鼓励你们这样干，到外面的世界闯一闯；不过女生嘛，还是不要了，外面太危险。"我也做过类似的事，虽然相形之下我的境界有如井蛙，但我并不羞赧，01路就是我的这趟漫长的列车，我在每个站都下过车，全无目的地闲逛，迷路了便找人问公交车站在哪里，往往还能寻回01。

武宁路是普陀区的学生天堂，这绝非我的发现，我也是被老道的同学领了去的,在那儿头一回品尝到"变态辣"的鸡翅,买了第一条破洞牛仔裤,陪着好友打第一颗耳洞,饶有兴致地看着别人给平淡无奇的指甲染色、贴花,绘成一幅略显俗气的图画……武宁处处涌动着青春期的懵懂和潮骚,今天亦是如此。江苏路愚园路有全上海最好的老洋房,许多老上海的名人都在此住过,我是后来才知道的,以前我在这儿补过课,只觉得那儿晒太阳的狗都自有一分桀骜不驯。镇宁路一下车便是上海戏剧学院,我那时还带过几个同学去看帅哥,所谓"看"其实就是下车后往上戏的正门里瞥一眼,立马转身,我问她们:"看到没?"总会听到一两个女生羞涩地答应着说"看到了",那一眼常常是极其朦胧的感知,因为真的回头再看时,刚才某个女生说的超帅超帅的格子衬衫男生其实是张马桶脸。华山路有华山医院,很多女同学去那儿治疗青春痘,我到华山路却只为去中福会少年宫玩,偶有免费的气球拿,有免费的魔术看。等不能再用娃娃脸伪装自己是大龄儿童,我会去静安公园"暴走",有一年冬天湖里结冰,我就和公园里的野孩子一同抡起横在一边的大木棍,把湖面的冰层打个粉碎,回来时手上的皮都磨破了,妈妈问我怎么弄的,我撒谎说摔了一跤。陕西北路、石门一路和浙江中路在我的心里就等同于淮海中路、吴江路和福州路、南京路,这些地方,有些是我从小到大买书要去的,有些是我和朋友们聚会胡吃海喝去的,有些是我为买一套漂亮的衣裳去的,有些是我实习时日日上班要去的……每一个站台仿佛都留有一个不同的我,这么多个我合起来才有了今天的自己,这么多个站台拼凑起来才有了我脑海中的市中心地图,久而久之,我对某个地方的熟悉与否其实只有一个判断标准:01路到不到?

(选自《萌芽》,2014年第2期)

> **想想做做**

钱佳楠，上海作家，曾获第三十四届台湾"时报文学奖"短篇小说评审奖奖项，著有长篇小说《不吃鸡蛋的人》，小说集《人只会老，不会死》等，译有《粉红色旅馆》等作品。

这篇文章记录的似乎只是私人情怀，勾勒与铭刻自己过往的岁月，但也很容易让我们看到一座城市一个地方的历史与变迁、生活和文化。建议你也对自己常走的路途做一番整理，对自己所在的地方做一番历史探究，梳理一下自己对这段路途、这个地方的认识过程，写一篇属于自己的成长记录。

> **阅读指引**

敏锐的作者，总能在不为人所注意的地方有所发现。本文通过对二十世纪初美国垄断资本主义时期以纽约为代表的城市生活的描写，凸显了美国城市日常生活里潜藏的不易为人察觉的社会危机，告诫人们不要沉湎于浮华的城市生活，要看到在表面的繁华下潜伏于整个社会中的深刻精神危机。

我的梦中城市

[美国] 德莱塞

它是沉默的，我的梦中城市，清冷的、肃穆的，大概由于我实际上对于群众、贫民及像灰沙一般刮过人生道路的那些缺憾的风波风暴都一无所知的缘故。这是一个可惊可愕的城市，这么的大气魄，这么的美丽，这么的死寂。有跨国高空的铁轨，有像峡谷的街道，有大规模攀上壮伟广市的楼梯，有下通深处的塔道，而那里所有的，却奇怪得很，是下界的沉默。又有公园、花卉、河流。而过了二十年之后，它竟然在这里了，和我的梦差不多一般可惊可愕，只不过当我醒时，它是罩在生活的骚动底下的。它具有角逐、梦想、热情、欢乐、恐怖、失望等等的哗鸣。通过它的道路、峡谷、广场、地道，是奔跑着、沸腾着、闪烁着、朦胧着，一大堆的存在，都是我的梦中城市从来不知道的。

关于纽约——其实也可以说关于任何大城市，不过说纽约更加确切，因为它曾经是而且仍旧是非常与众不同的——在从前也如在现在，那使我感到有兴趣的东西就是它显示于迟钝和乖巧、强壮和薄弱、富有和贫穷、聪明和愚昧之间的那种十分鲜明而同时又无限广泛的对照。这之中大概数量和机会上的理由比任何别的理由都占得多些，因为别处地方的人类当然也并无两样。不过在这里，能够从中挑选的人类是这么的多，因而强壮的或那种根本支配着人的，是无比的强壮，而薄弱的也是那么的薄弱。

我有一次看见一个可怜的缝衣妇。她那失了神的眼睛没有半点光彩，粗糙的脸上叠着很多皱纹。她住在冷街上一所分租房子厅堂角落的夹板房里，用一个放在柜子上的火酒炉子在做饭。那间房子的空间，大概只够一个人迈上三步。

"我宁可住在纽约这种夹板房里，不情愿住乡下那种十五间房的屋子。"她有一次发过这样的议论，当时她那双可怜的无神的眼睛放射出的光彩和活气，是我在她身上从来不曾看见过，也从来不再见到的。她用一种方法贴补她的缝纫的收入，就是替那些和她自己一般下等的人在纸牌、茶叶、咖啡渣之类里面望运气，告诉许多人说要有恋爱和有财气了，其实这两项东西都是他们永远不会见到的。原来那个城市的色彩、声音和光耀，哪怕只叫她见识见识，也足够补偿她一切的不幸了。

其实我自己不是也曾感觉到过那种炫耀吗？现在不是仍然能感觉到吗？百老汇路，四十二条街口，在这些始终如一的夜晚，城市被西部来的如云的游览闲人所拥挤。所有的店门都开着，差不多所有酒店的窗户都开得大大的，让那些无所事事的过路人可以观望。这里就是这个大城市，而它是醉态的、梦态的。一个五月或是六月的月亮将要像擦亮的银盘一样高高挂在高楼间。一百乃至一千面电灯招牌将街面照得如同白昼。穿着夏衣戴着漂亮帽子的市民和游人的潮水；载着大包小包的货品担负着无足重轻的使命的街车；像嵌宝石的苍蝇一般飞来飞去的出租汽车和私人汽车。还有那轧士林也贡献了一种特异的香气。生活在发泡，在闪耀；漂亮的言谈，散漫的材料。百老汇路就是这样的。

还有那五马路，那条歌中所唱的水晶的街，在一个有市集的下午，无论春夏秋冬，总是一般热闹。正当二三月间，春来欢迎你的时候，那条街的窗口都拥塞着精美无遮的薄绸以及各色各样的缥缈玲珑的饰品，还有什么能这样分明地报告你春的到来呢？十一月一开头，它便歌唱起洛杉矶、新开港以及热带和暖海的大大小小的快乐。直到十二月，这条马路上又将皮货、地毯，舞会和宴会，陈列得那么傲慢，对你大喊着风雪快要来了，其实你那时从山上或海边度假回来还不到十天哩。你看见这么一幅图画，看见那些划开了上层的住宅，总以为全世界都是非常的繁荣，无限地快乐的了。然而，你倘若知道那个俗艳的社会的矮丛，那个介于成功的高树之间的徒然生长的乱莽和丛簇，你就觉得这些无边的巨厦里面并没有一件事情是完美而崇高的了！

我常常想到那数量巨大的下层人，那些除开自己的青春和志向之外再没有东西推荐他们的男孩子和女孩子，时时刻刻将他们的面孔朝着纽约，侦察着那个城市能够给他们怎样的财富或名誉，不然就是未来的位置和舒适，再不然就是他们将可收获的无论什么。啊，他们的青春的眼睛是沉醉在它的无穷的希望里了！于是，我又想到全世界一切有力的和半有力的男男女女们，在纽约以外的什么地方勤劳从事着这样或那样的工作——一间店铺，一个矿场，一家银行，一种职业——唯一的志向就是要去达到一个地位，然后靠他们的财富进入并居留纽约，然后过着支配大众的奢侈生活。

你就想想这里面的幻觉吧，真是深刻而动人的催眠术哩！强者和弱者、聪明人和愚蠢人、心的贪馋者和眼的贪馋者，都怎样的向那庞大的东西寻求忘忧草，寻求迷魂汤。我每次看见人们似乎愿意拿出任何的代价——拿出那样的代价——去祈求品尝这口毒酒，总觉得十分惊奇。他们是展示着怎样一种令人心痛的热心。美愿意出卖它的花，德性出卖它的最后的残片，力量出卖它所能支配范围里面一个几乎是高利贷的部分，名誉和权力出卖它们的尊严和存在，老年出卖它的疲乏的时间，以求得这一切中一小部分东西，以求触摸这个城市的真实存在和它构成的图画。难道你还没有听见他们正唱着它的赞美歌吗？

（选自《一个大城市的色彩》，德莱塞著，1923年）

想想做做

《我的梦中城市》是现代美国最富有开拓精神的批判现实主义作家西奥多·德莱塞的作品。"梦中的城市"与现实的纽约对比，梦中城市的清冷、静穆而现实城市却笼罩在沸腾和喧嚣之下，作者顿觉惊愕，他在思考之后，提出了对哪些现象的批判？

喧嚣和繁华让人们迷了眼睛，当人们愿意出卖自己的"美""德性""力量"求得走进这个城市的时候，人性不是已经迷失了吗？这篇文章距今已快一个世纪了，现在的都市还有类似的问题吗？读完本文，好好观察下你周边的人吧！

> **阅读指引**

托尔斯泰说:"屠格涅夫是一位这样的风景大师,在他之后没有人再敢触及风景描写这个题目。他只要三两笔一挥,一幅自然风景便跃然纸上。"本文用笔细致,画面感强,有流动的色彩,也有静谧的场景。相互映衬,有一种宁静丰富之美,再加上流畅自然的语言,更给这个乡村增加了一种恬淡的感觉,是风景描写的佳作。

乡 村
[俄国]屠格涅夫

六月里的最后一天。周围是俄罗斯广袤千里、幅员辽阔的疆土——我亲爱的家乡。

整个天空一片蔚蓝。天上只有一朵云彩,似乎是在飘动,又似乎是在消散。没有风,天气暖和……空气里仿佛弥漫着鲜牛奶似的味道!

云雀在鸣啭,大脖子鸽群咕咕叫着,燕子无声地飞翔,马儿打着响鼻、嚼着草,狗儿没有吠叫,温驯地摇尾站着。

空气里蒸腾着一种烟味,还有草香,并且混杂着一点儿松焦油和皮革的气味。大麻已经长得很茂盛,散发出它那浓郁的、好闻的气味。

一条坡度和缓的深谷,山谷两侧各栽植数行柳树,它们的树冠连成一片,下面的树干已经皲裂。一条小溪在山谷中流淌,透过清澈的涟漪,溪底的碎石子仿佛在颤动。远处,天地相交的地方,依稀可见一条大河的碧波。

沿着山谷,一侧是整齐的小粮库、紧闭门户的小仓房;另一侧,散

落着五六家薄板屋顶的松木农舍。家家屋顶上，竖着一根装上椋鸟（椋［liáng］鸟：鸟类的一科）巢的长竿子；家家门檐上，饰着一匹铁铸的扬鬃奔马。粗糙不平的窗玻璃，辉映出彩虹的颜色。护窗板上，涂画着插有花束的陶罐。家家农舍前，端端正正摆着一条结实的长凳。猫儿警惕地竖起耳朵，在土台上蜷缩成一团。高高的门槛后面，清凉的前室里一片幽暗。

　　我把毛毯铺开，躺在山谷的边缘。周围是整堆整堆刚刚割下、清香醉人的干草。聪慧的屋主人把干草铺散在小木屋前：让干草再晒上一会儿，然后就送进草棚里贮藏起来。到时候，睡在干草上面那才舒坦呢！

　　孩子们长着卷发的小脑袋，从一堆堆干草后面钻出来。凤头鸡在草堆里寻找蚊蚋和小虫吃；白唇的小狗在乱草堆里打滚戏耍。

　　几个长着淡褐色卷发的小伙子，穿着干净的衬衫，衬衫的下摆低低地束在腰间，脚蹬沉重的镶边皮靴，胸口靠在卸掉了牲口的大车上，彼此兴致勃勃地谈天、逗笑。

一个圆脸的少妇从窗户里探出头来。不知是由于听了小伙子们的说笑，还是因为看到了干草堆里孩子们的嬉闹，她也笑了。

另一个少妇正伸出粗壮的胳膊，从井里吊起一只湿漉漉的大水桶……水桶在绳子上抖动着，晃荡着，滴下一滴滴闪光的水珠。

年老的女主人站在我面前，她穿一件方格呢裙子，蹬一双新的厚皮靴。

在她黝黑、瘦小的脖子上，绕着三圈大空心珠穿成的项链；花白头发上系着一条带小红点儿的黄头巾，头巾低低地遮盖到那已失去神采的眼睛上面。

但老年人的眼睛却彬彬有礼地笑着，那张布满皱纹的脸上也堆满了微笑。看上去，老人家已有六十多岁了……然而即使到现在也还看得出：当年是一位绝色美人！

她张开右手晒得黝黑的五指，提着一罐刚从地窖里取来的没有脱脂的冷牛奶，罐壁上布满了小玻璃珠似的水珠；左手掌心里，托着一大块还冒着热气的面包。她递给我说："随便吃吧，远方的客人！"

这时一只公鸡忽然啼叫起来，忙不迭地扑棱起翅膀；一头拴在圈里的小牛犊和它呼应着，不慌不忙地发出哞哞的叫声。

"瞧这片燕麦长得真好啊！"传来我马车夫的声音。

啊，俄罗斯自由之乡，多么惬意、安宁、富足！啊，多么宁静和美好！

于是我想道：皇城（皇城：指君士坦丁堡，即今土耳其的伊斯坦布尔）里圣索菲亚教堂圆顶上的十字架，还有我们这些城里人所孜孜以求的一切，现在又算得了什么呢？

（选自《屠格涅夫文集》第10卷，河北教育出版社，1994年）

想想做做

　　乡里人家，时光深处，岁月安好。屠格涅夫的《乡村》将读者带进了世外桃源。在文中屠格涅夫以他的诗意的眼睛去观察和感受，为我们描绘了一幅怎样的俄罗斯乡村风景画呢？这幅风景画中都有哪些景色？

　　文章在结构上显现出了清晰的层次性，从广袤千里、幅员辽阔的俄罗斯大地，到一个美丽的小乡村。诗人的眼光像电影中的镜头从远景到近景，从天空到地面，接着把镜头聚焦在整个山谷中的小小物件上。使文章呈现立体的、流动的、富有层次的结构特色。这些你发现了吗？试着回头再读文章，捕捉一下作者的写作结构。

> **阅读指引**
>
> 本文为泰戈尔著名系列散文《孟加拉风光》中的第十九篇,写于孟加拉"春节"前夕。文章以远方游子回家过节的热闹场景开篇,游子归来,温暖的故乡向他们展现最爽心悦目的风景。作者触景生情,也在文中进一步抒发了自己的理想。文章清新流畅,纯粹动人。

孟加拉风光
[印度]泰戈尔

一只又一只的船到达这个码头。过了一年的做客生涯,他们从遥远的工作地点回家来过节日。他们的箱子、篮子和包袱里装满了礼物。我注意到有一个人,他在船靠岸的时候,换上一件整齐的衣服,在布衣上面套上一件中国丝绸的外衣,整理好他颈上仔细围好的领巾,高撑着伞,走向村里去。

潺潺的波浪流经稻地。芒果和枣椰的树梢耸入天空,树外的天边是毛茸茸的云彩。棕榈的叶梢在微风中摇曳。沙岸上的芦苇正要开花。这一切都是悦目爽心的画面。

刚回到家的人的心情,在企望着他的家人的热切的期待。这秋日的天空,这个世界,这温煦的晓风,以及树梢、枝头和河上的微波普遍地颤动,一起用说不出来的哀乐,来感动这个从船窗里向外凝望的青年人。

从路旁窗子里所接受到的一瞥的世界,带来了新的愿望,或者毋宁说是旧的愿望改了新的形式。前天,当我坐在船舱前面的时候,一只小小的渔船漂过,渔夫唱着一支歌——调子并不太好听。但这使我想起许多年前我小时候的一个夜晚。我们在巴特马河的船上。有一夜我在两点钟的时候醒来，在我推上船窗伸出头去的时候，我看见平静无波的河水在月下发光，一个年轻人独自划着一只渔舟，唱着走过。呵，唱得那么柔美，——这样柔美的歌声我从来也没有听见过。

　　一个愿望突然来到我心上。我想回到我听见歌声的这一天，让我再来一次活生生的尝试。这一次我不让它空虚地没有满足地过去，我要用一首我唇上的诗人的诗歌，在涨潮的浪花上到处浮游；对世人歌唱，去安抚他们的心；用我自己的眼睛去看，在世界的什么地方有什么东西；让世人认识我，也让我认识他们；像热切吹扬的和风一样，在生命和青春里涌过全世界；然后回到一个圆满充实的晚年，以诗人的生活方式把它度过。

　　这算是一个很崇高的理想吗？为使世界受到好处，理想无疑地还要崇高些；但是像我这么一个人，从来也没有过这样的抱负。我不能下定决心，在自制的饥荒之下，去牺牲这生命里珍贵的礼物，用绝食和默想和不断的争论，来使世界和人心失望。我认为，像个人似的活着、死去、爱着、信任着这世界，也就够了，我不能把它当作是创世者的一个骗局，或是魔王的一个圈套。我是不会拼命地想飘到天使般的虚空里去的。

（选自《泰戈尔散文选》，泰戈尔著，长江文艺出版社，2010年6月）

想想做做

　　文章第一段，作者具体描写一位游子的着装和行动，写他的用意何在？

　　游子在外拼搏，温暖他们的是背后不离不弃的美丽的故乡，故乡在新年之际用哪些景色来迎接他们，在文中找一找吧！作者还在文中，触景生情地抒发了自己的理想，他的理想是什么呢？你怎么看待他的理想？

第八单元　生命纪念

世界以痛吻我，要我回报以歌。命运并不公平，有些人世界没有给他如别人一般的欢乐，但他却创造了欢乐来回报给世界。

阅读指引

小家的家史是大时代的映照，这是一篇沉重的文章，是作家野夫时隔十年为他苦难的母亲做的"挽歌"。一曲挽歌，描述的不仅是家事，还有时代和国情。个体的命运与时代从来无法分割，母亲悲怆的个人际遇，野夫家庭的苦难，都是社会变迁的磨砺之痕。这一篇悼文，不仅为逝去的母亲，也为那个时代命运相似的人们。

江上的母亲
野 夫

一

这是一篇萦怀于心而又一直不敢动笔的文章,是心中绷得太紧以至于怕轻轻一抚就砉然断裂的弦丝,却又恍若巨石在喉,耿耿于无数个不眠之夜,在黑暗中撕心裂肺,似乎只需默默一念,便足以砸碎我寄命尘世这一点点虚妄的自足。

又是江南飞霜的时节了,秋水生凉,寒气渐沉。整整十年了,身寄北国的我仍是不敢重回那一段冰冷的水域,不敢也不欲去想象我投江失踪的母亲,至今仍暴尸于哪一片月光下……

二

从母亲到晚年仍保持的决绝个性里,我相信她成为"右派"是一件必然的事。这样说并非基于纯粹的宿命观,而是指她诞生之初,血质里就被刻上了她父亲的烙印。她一生都在努力企图剪断她与那个"国军"将领的血缘联系,却终归徒劳无获。

我外祖母是江汉平原的大家闺秀,其父在民初留学扶桑八年,归国赴任甘肃省高法院院长前,决定与天门望族刘家结为姻亲——那时的刘家三少爷(我外祖父)正成为黄埔八期的士官生开始了他的戎马生涯。在可能存在过的短暂幸福之后,作为战祸频仍年代的军人之妻,外祖母便带着我的母亲步入了她的孤独一生。

抗战爆发,外祖父侍卫蒋公撤退西南。刘家太爷故世,大宅日见凋敝。该地区又是日寇、国军和共军拉锯争夺之地,无论哪一部短暂占领，徒具虚名的刘宅便成了搜刮粮饷的目标。外祖母带着我少年的母亲东躲西藏，饱受乱离之苦。最后因怕女儿受辱，外婆只好托乡里客商将我母亲带到湘西伯父家避祸。母亲在那识尽炎凉，像一个女仆般做工求学。

三

日本投降当年，母亲独自踏上还乡寻母的艰难路程，当她找到捡棉花纺线度日的外婆时，劫后重逢的泪水湿透了她们的褴褛衣裳。次年，乡人传言外祖父衣锦还乡，授衔少将驻节武汉。母亲来到省城寻父，等待她的却是晴天霹雳——外祖父不信他的妻女还能侥幸存活，已经重新娶妻生子了。而且他隐瞒了婚史因此不敢相认。

悲愤的母亲闯进了他父亲的一场盛大酒会，一时舆论大哗，外祖父回乡逼迫外婆离婚，从此父女反目，我母亲坚决改名换姓以示恩断义绝。

天道往还，1948年，节节败退的外祖父奉命移师恩施，赴任途中被伏击，流弹洞穿了他壮年的胸脯——而最后为他扶柩理丧的竟是我终身寡居的外婆。

武汉次年易帜，"革大"招生，母亲投考，结业后竟又鬼使神差地被分往恩施剿匪土改——踏上了她父亲送命的路程。在这条充满险恶的山路上，她与我父亲邂逅相逢。一个平原遗弃的将门孤女，一个山中破落的土司遗子，在那个伟大动荡的时代，偶然而又必然地结合了并从此扎根深山。

四

外婆早已原谅了她的丈夫，母亲却永远在仇恨她的父亲。她无法在现实中去惩罚他，便极力在精神上去满足一种虚构的报复——改名换姓，不承认有此父亲，甚至不允许外婆去原谅。

然而这种背叛只能停留在自我泄愤的地步，因为这个政党一向在意个人的血统以研究其阶级属性。在她报考革命大学那天起，她就要面对无数张表格。她总是试图说明她是她父亲那个阶级的弃婴，她和她母亲属于苦难平民。然而表格却限制了她的声辩，同时还作为一张早有预谋的标签贴上了她的面庞。

20世纪流行一个充满杀机的词叫"历史不清"，母亲被这个语词压迫得痛不欲生。当任何一个批判她的人诘问——你是不是军阀女儿，她就仿佛陷入一个悖论。她比别人还恨她的父亲，却又偏被他们视为同一个敌人。她觉得这个父亲不仅在生前遗弃了她，还在死后长久地陷害着她，她完全无力跳出这一血缘的魔沼。

1957年的母亲正当而立之年，这个来自遥远省城的女人，试图把她的教养植入那个土家山寨。其直率和刚烈却往往好心换来敌意，她对党的意见和她的出身被联系一起时，只能戴上右派的高帽接受工人的监督改造。二十年后终于彻底平反时，母亲已老去，所有曾经蒙受的屈辱和伤害不知向谁讨还。划处和平反都是一张纸，她深感前者重如泰山而后者却轻于鸿毛。

五

"文革"开始时，父亲作为矿长很快被打倒，母亲微薄的工资要维持全家的生活，那时她是小镇供销社可以双手打算盘的会计。外婆陪着失学的大姐重返平原插队务农，二姐当了矿工，父亲病危在武汉住院，十岁的我也肺结核穿孔而命若悬丝，我们家一分四处进入了生命中最艰危的岁月。攻击母亲的大字报依旧贴满门窗，频繁的抄家连缝纫机头也被拎走，母亲带着我忍辱负重地在小镇访医求药，她不能垮，她要拉扯着这个破碎的家一个不少地走进那渺茫的明天。

一次她带我到县城看病，回来时求熟人找了个便车，司机走出城后竟威逼我们从车厢下来，一生不低头的母亲为了我哀婉乞求，她看着扬尘而去的汽车悲愤难耐，又不愿让儿子看到一个母亲的窘迫和尴尬，只好将泪水默默吞下。她永远不理解人世间的恶竟至如此，人性何以被一个时代扭曲得如此不堪。

我小学毕业后，学校又以我有传染病为由不录我上初中，我开始了短暂的少年樵夫岁月。当我在夕阳下挑着柴火蹒跚而归时，多能远远看见下班后又来接我的母亲，那时她已见憔悴了，乱发在风中飘飞，有谁曾知她的高贵？两个姐姐都已失学，她再不能让我沉沦泥涂，她不得不去求文教站站长，终于使我得以入学。

六

母亲终于带着全家迎来了1978年。父亲升迁，她获平反，大姐招工，我考上大学，外婆又回到我们身边。这时的母亲总算有了笑颜，她相信善良总有好报。即使那些迫害过他们的人也来我家走动，她依旧不假辞色。

1983年外婆辞世，85年父母离休，87年父亲患癌，89年我辞去警职，随后入狱，母亲又开始了她的忧患余生。

父亲总想等到儿子重见天日，因此而不得不承受每年动一至二次手术的巨大痛苦。他身上的器官被一点点割去，只有那求生的意志仍在顽强苟生。真正苦的更是母亲，她不断拖着她的衰朽残年，陪父亲去省城求医。父亲在病床上辗转，六十多岁的母亲却在病床下铺一张席子陪护着艰难的日日夜夜。只要稍能走动，母亲就要扶着父亲来探监，三人每每在铁门话别的悲惨画面，连狱警往往也感动含泪。每一次挥手仿佛就是永诀，两个为共和国效命一生的佝偻老人，却不得不在最后的日子里，因我而去不断面对高墙电网的屈辱。

我们在不能见面的岁月里保持着频繁通信，母亲总是还要在父亲的厚厚笺纸外另外再写几页。我在那时陷入了巨大的矛盾——既希望父子今生相见，又想要动员父亲放弃生命。他的挣扎太苦了，连带我的母亲而入万劫深渊。

七

1995年我回到山中的家时，只有母亲还在空空的房里收拾着断线碎布。那时父亲刚刚离去半年，他在楼顶奇迹般地种植的一棵花椒树，正盛开着无数只眼睛一如死不瞑目的悬望。

母亲依然如往昔我的漂流归来一样，为我炒好酸菜鸡杂。拿出一大坛药酒说你喝吧，这是你爸为你泡的劳伤药。她怎知儿子的伤原在心深处，却冀望一副古老的药方来疗慰。

为了求生，我不得不匆匆又出山。临行之际，母亲异样地拉着我的手说，你在武汉安顿好后，就接我过去吧，家里太空了，一个人竟觉得害怕。我突然发现母亲已经衰老了，她一生的坚强无畏似乎荡然无存，竟至一下虚弱得像一个害怕孤独的孩子。

八

我用朋友借的一点钱租了一所肮脏的房子，几件歪斜的家具也算撑起了一个家。母亲带着一个单开门的冰箱来了，我见上面许多修补的漆痕，心中无限酸楚——这就是两老一生节俭唯一值钱点的遗产了，无常的灾难耗尽了他们的一切，我又怎生才能报答。

母亲在阴暗的房里一点一点拆她的毛衣，漂洗那些弯曲的毛线，然后又一针一针为我编织出一条毛裤。她说这过去的纯羊毛,现在不好买了,你穿着会暖和些。

她拿出一大本装订好的信纸给我,说这是她这些年来写的她的家族的回忆,我看见密密麻麻的几十万字,几乎页页漫漶着泪痕。她的手颤颤巍巍,哽咽着说这就算是留给你们三姊弟的纪念了。

向来给我做饭的母亲突然不做了,每天要等着我回去做才吃。她又说这房子白天好阴冷,她感到恐惧。我带母亲到居委会去打麻将,她去了一次就再也不去了,她说她和那些老人没有话说。我知道清高的母亲一生不苟时俗,向来也不会娱乐。

我那时和几个朋友凑了点钱编书想卖,每天回去母亲就要问有钱赚吗,我说生意没有这么快,她就又感叹物价涨了,城里生活太贵,然后说她要病了就是我们的拖累,她真想找我的父亲去。我每天在这个冷漠的世界疲于奔命,我求朋友的妻子给她免费的药,她心脏开始不适,我说妈,一切都会好起来的。

九

陪我住了十几天后,母亲要求到大姐那里去住。大姐在同城的另一个区,在长江的边上有一套狭窄的居室。大姐有一个可爱的女儿,我想也许能给母亲多一些欢乐和安慰,就让大姐来接走了她。

我依旧在人海挣扎,在没有电话的时代也疏于问候。根本在于我忽略了母亲的所有暗示,我不知道那时她去意已决,她已在暗自料理后事,在与我们姐弟委婉话别。

1995年的深秋午后,大姐打电话给我朋友找到我说,母亲早上出门现在未回,他们四处找也未能找到,大姐的语气有些惊恐。我还说,不会有事的,你们再找找吧。傍晚大姐在电话那端痛哭——她找到母亲的遗书了。

我带着几个弟兄赶去，大姐交给我从被褥里翻出的母亲的两封信和一串钥匙，匙链上还挂着父亲当年给她的一个韭叶金戒指，我的心顿时如沉冰海。

母亲平静地写道——我知道我病了，我梦见我的母亲在叫我，我把你们的父亲送走了，又把平儿等回来了，我的使命终于完成了，我要找你们父亲去了……请你们原谅我，我到长江上去了，不要找我，你们也找不到的。你们三姊妹要互相帮助，父母没能力给你们留下什么，我再不走还要拖累你们……

十

我们连夜沿江寻找，多么希望母亲还徘徊在生死边上，给我们最后一线机会。

我们去公安局报案，他们说人失踪一月后再去备个案即可。我们去民政局求助，他们说没有寻人的职责。我们去电视台，他们说上级不允许播寻人启事，走失的太多了。我们自己复印招贴满街去贴，城管跟着就撕，逮着还要罚款。整个国家没有一个救助机构可为我们分忧，我的母亲就这样走失在她的祖国。

码头工人见多识广，他们说武汉下游的阳逻镇是长江的回水处，水上死者都会在那里漂浮回旋，你可以去那找到你的母亲。

我只身来到那个码头赁居，先找当地派出所求助。他们客气地说，你看这墙上挂着多少寻人启事，我们根本顾不过来，这里每天都有浮尸。以前我们还每具一百元请农民捞起来埋上，我们登记个特征。现在经费包干，我们也没闲钱管了，你自己租条小舟去找吧。

我只好请了个胆大的渔民每天划着他的扁舟，陪我在此江湾逡巡。

江面上果然每天都有浮尸，我都得靠近查看是否我的母亲。有的被浪花卷到了沙滩上，在阳光下发胀腐烂，堆满了苍蝇，远远就散发出恶臭。我生怕错过我的母亲，总要一一去翻看。许多天了，渔民也厌了，码头工人感于我的孝情，劝我别找了，根据他们的经验，武汉下水的这时早该在此出现了，要没见到，一定是被沿江的船锚挂在水底了，又或者被漩流带出了江湾，那就永远找不到了。我最后还是又沿岸上溯找回武汉，母亲终于仍是一去无迹。而两个姐姐则同时找遍了所有的亲友寺庙，我们终于彻底绝望。

十一

整整十年过去了，秋水长天，物换星移，我们姐弟的隐痛和歉疚却从未平复。我们在一起相聚时，基本也尽量回避这个话题，谁都知道心上的创口还在暗夜渗血。

两个平民姐姐多少还有些迷信，早几年听说哪个神人，总要去花钱请教母亲的下落，并按所谓的高人指点去再做徒劳的追寻。又或者听某位故旧传言，在某处曾见疑似母亲的老人，便又要去打听，然后牵出万千余痛。只有我相信母亲真的去了，她一生的刚烈决绝，一生对我们的挚爱，在那个艰难勉强的时刻，她绝对会选择尊严而从容地赴死。她要用她的自沉来唤起我重新上路，来给我一个无牵无挂的未来。

一个六十八岁的老人，在经历了她坎坷备尽的生涯后，毅然地走向了深秋的长江。那时水冷如刀，朝阳似血，真难以想象我柔肠寸断的老母，是怎样一步几回头地走向那亘古奔流的大河的，她最后的回眸可曾老泪纵横，可曾还在为她穷愁潦倒的儿女忧心如焚。她把她的神圣母爱撒满那生生不息的浩荡之水，然后再将自己的苍老骨肉委为鱼食，这需要怎样一种勇毅和慈悲啊。她艰难的一跃轰然划破默默秋江，那惨烈的涟漪却至今荡漾在我的心头。

1995年的冬天，我为母亲砌了一个小小的衣冠冢，边上同时安埋下外婆的骨殖和父亲的灰烬，然后我只身踏上了漫游的不归路。

1996年我责编了第一本书稿《垮掉的一代》，看到金斯堡纪念他母亲的长诗《祈祷》，他不断回旋的一个主题就是他母亲最后的遗书——

钥匙在窗台上，

钥匙在窗前的阳光里。

孩子，结婚吧，不要吸毒。

钥匙就在那阳光里……

读到此时，我在北京紫竹院初春的月夜下大放悲声，仿佛沉积了一个世纪的泪水陡然奔泻，我似乎也看见了我母亲在阳光下为我留下的那把钥匙……

（选自《乡关何处》，野夫著，中信出版社，2012年）

想想做做

章诒和先生评论野夫的作品时说道："我读到的是他的心，看到的是他的泪。那独立之姿，清正之气，令我心生庄严。"你在读完这篇文章时，可有类似的体会或者是别样的体会？

文中的母亲一生经历了多次伤痛，能概述她的遭遇吗？命运对母亲来说，就如《西游记》的"捆仙索"，越挣扎反被束缚越紧，但是面对这些，母亲身上反而被激发出更加强悍的力量，可如此坚强的母亲，在暮年为何要离家而去？你是怎么理解她的做法的？

> **阅读指引**
>
> 王安忆与史铁生有长达二十多年的深厚交情，本文写于2011年1月4日，史铁生去世的第五天。王安忆从一个朋友的角度，向我们展现了史铁生不太为人所知的生活和工作状态，从小事中向我们展现这位大作家的高尚情操。

倘若史铁生不残疾

王安忆

1990年夏在北京，去史铁生家，他向我演示新式写作武器，电脑。在鼠标的点击下，屏幕上显出几行字，就是他正写作的长篇小说《务虚笔记》。应当是第四章"童年之门"中"一个女人端坐的背景"的一节。这样一个静态的、孤立的画面，看不见任何一点前后左右的因果关系，它能生发出什么样的情节呢？它带有一种梦魇的意思，就是说，处于我们经验之外的环境里，那里的人和事，均游离我们公认的常理行动。

第二天一早我又到史铁生家。他不在，他父亲说他到地坛去了，就是《我与地坛》中的那个地坛。于是我坐着等他，当他摇着轮椅进来，一定很惊奇，怎么又看见我了？闲扯几句，我捺不住提出，再看看他的电脑，事实上是，再看看他的长篇。这其实有些过分，谁也不会喜欢正写着的东西给人看，这有些近似隐私呢。然而，史铁生是那样一个宽仁的人，而且，还是坦然的人，他顺从地打开电脑，进入写作中的长篇。我请求他再往前滚动，于是，出现了"一根大鸟的羽毛，白色的，素雅，蓬勃，仪态潇洒"。我再请求向后滚动，却很快完了，他抱歉地说：

就只写到这里。

追其小说究竟，情节为什么这样发生，而非那样发生，理由只是一条，那就是经验，我们共同承认的经验。而史铁生的《务虚笔记》，完全推开了这依附，徒手走在了虚构的刀刃上。

时过三年，1993年春，我在北京借了一小套单元房，排除一切干扰写小说。有一日，几个朋友一起晚饭，其中有史铁生，席间，只听他自语似的嘀咕一句，意思是这阵子不顺遂，两个星期就在一小节上纠缠。看上去，他依然是平和的，不过略有些心不在焉。可在他也已经够了，足够表示出内心的焦虑。我们都知道他正泡在这长篇里头，心里都为他担心，不知这长篇要折磨他到什么时候。

自从坐上轮椅，史铁生不得已削弱了他的外部活动，他渐渐进入一种冥思的生活。对这世界上的许多事物，他不是以感官接触，而是用认识，用认识接近，感受，形成自己的印象。这样，他所攫取的世界便多少具有第二手的性质。他当然只能从概念着手。概念无论如何已是别人体验与归纳过的结论，会在他与对象之间，拉起一道屏障。他就隔着这层灰色的屏障，看这世界，这世界很难不是变形的。可是，变形就变形，谁敢说谁的世界完全写实？谁的感官接触不发生误差，可完全反映对象？

我们有时候会背着史铁生议论，倘若史铁生不残疾，会过着什么样的生活？也许是，"章台柳，昭阳燕"，也许是，"五花马，千金裘"，也许是"左牵黄，右擎苍"……不是说史铁生本性里世俗心重，而是，外部生活总是诱惑多，凭什么，史铁生就必须比其他人更加自律。现在，命运将史铁生限定在了轮椅上，剥夺了他的外部生活，他只得往内心走去，用思想做脚，越行越远。命运就是以疾病、先天、遭际、偶然性和必然性种种手法，选定人担任各种角色，史铁生曾经发过天问：为什么是我？真不知道是为什么，只知道，因为是史铁生，所以是史铁生。仿照《务虚笔记》的方法，约为公式：因为此，所以彼，此和彼的名字都叫"史铁生"。

（选自《人民日报 海外版》，2011年1月7日）

> **想想做做**

在王安忆的回忆中，史铁生写作具有什么特点？文中哪些细节可以体现呢？

《倘若史铁生不残疾》与海伦·凯勒写《假如给我三天光明》有着类似的假设，如果上天给他们与我们一样的身体条件，他们会不会有不同的人生呢？命运将他限定在了轮椅上，在王安忆笔下的他被赋予了怎样的责任？

> **阅读指引**
>
> 生活中的寻常小事，流淌在岁月的河里，不经意间被我们的记忆打捞上来，却发现里面蕴藏着无穷无尽的深情。"剩饭"里，又蕴藏着怎样的爱意，怎样的深情？请跟随作者一起体悟《盛在剩饭里的爱》。

盛在剩饭里的爱

寒 胭

一

从前没有冰箱的时候，家家户户都用一个碗橱。碗橱靠墙的那一面是木头的，其他的三面则是纱窗，这样空气可以流通，隔夜的剩菜才不会闷坏。

完全不记得夏季里吃完饭还有剩菜的事情了，大约总是算好了量才来烧的，偶尔剩菜留着过夜，三十七摄氏度的炎热里，第二天一定是变质倒掉的。其他的季节里，剩菜应该是常有的事，可是我也不大记得自己吃隔夜菜这样的事了。

我们家里，一桌子的嘴，大多都是刁的。从前家里钱不大够用的时候，爸爸也总是会在每个星期天理好一个奶油包头以后到咖啡馆里去坐一坐的。讲这种派头的人，当然是不吃剩菜的。

妈妈是来自一个大家庭的最小的孩子。我们广东人讲"拉女拉心肝"，外婆宠得她这个"拉女"一塌糊涂，她自然是有一张刁嘴的。

至于我呢，有一年爸爸妈妈送我到外地的姨妈家里去，可是我面对一桌生葱和黑乎乎的酱就是不肯动筷，还要摆出一副受了委屈的样子来。表哥看不下去，说我"一看就是一个刁小三"。

只有哥哥好一些，他是个不甚挑剔的人，旧的衣服改一改，他也不介意穿，吃剩菜他也肯的。只是一个正在长身体的男孩，总是要多吃一点好东西的。在这样的家里，吃剩菜的就只有奶奶了。

那时一点可怜的食油是要凭票才能买的。因为大陆的油不够用，姨妈从外国回来的时候，除了送其他的东西，还特地接济每家一瓶油。没有用油炒过的菜，隔了一夜，实在难以下咽。我们的筷子，总是掠过盛着隔夜菜的那个碗，只顾伸去挟新鲜刚煮的菜。而刚刚从厨房里煮完一餐出来的奶奶，将就着剩菜，慢慢就吃完一碗饭了。她吃得很安静，没有我们偶尔吃一次隔夜菜就好像受难似的愁眉苦脸，以至于我以为奶奶煮完饭后吃剩菜是她分内的事情。

二

属于奶奶分内的事情好像不止这一件。没有冰箱的日子，每天都要去买菜。隆冬腊月的早晨，在妈妈的千呼万唤之下，我才肯从温暖的被窝里伸出一个头，外面的天还不曾亮透呢，奶奶早已经买菜回来了，穿着那件我恨死掉了的旧棉袄。

我恨那件深蓝色的旧棉袄，是有缘由的。有时奶奶买菜回来就急着送我去上学，我嫌那件棉袄太难看了，一定要奶奶换了才肯让她送我去。老师家访的时候，家人把这件事给我揭发了。老师就在班上批评我，说我功课虽然好，可是思想不够好。

我不承认自己思想不好，只会去恨奶奶和那件旧棉袄。可是恨了两天我就不恨了。因为奶奶的菜不仅做得好吃，而且做的时候很好玩，像是游戏似的。我在边上看得着了迷，就忘了自己还在生气，不知不觉插手跟着奶奶一起玩了。

奶奶把大块的猪肉切成丁，用佐料拌匀了来做香肠。她在香肠衣的口上放一只漏斗，漏斗里面放满了肉丁，把肉塞到肠衣里面去了。一根肠衣塞满的时候，就用粗线把两头扎紧了，再找来一根针，在香肠上"噗噗"地刺出许多小孔。然后把香肠吊在阳台太阳晒不到的地方，说香肠是要这样风干的。

过了几个礼拜，胖胖软软的香肠变成僵头僵脑一个个"小老头"，这下就可以吃了。奶奶把香肠放在米里一同煮了，饭烧好的时候，香肠也熟了。这样煮出来的饭，真是香极了。奶奶把红色的香肠切成薄片在白色的盘子上铺了一圈又一圈的，看着就让人口水流下来了。那样的一顿饭一家人吃得好开心，只是奶奶究竟吃了几片香肠呢？好像没有人去关心。

其实奶奶也不是不懂得吃好东西的人。夏天里她脱下平常煮饭穿的旧衣服，换上一套青黑色的香纹衫，衣襟上塞一条手帕，脚上换一双黑色的缎子鞋，这就带我上街去。有时候我们去凯司令吃奶油蛋糕，有时候我们也去泰昌吃冰激凌。路过陕西路上那片黑色的竹篱笆的时候，常会看见一个比奶奶还老的老太坐在地上卖白兰花。奶奶买了花给我别在衣服的扣子上，一下子我们两个人就变香了。奶奶的心情更加好起来，跟我说从前的事："爷爷常带我去吃大菜，我连大菜里的铁扒鸡都会做！"

我从来没有吃过铁扒鸡，很想知道那鸡怎么好吃法。可是爷爷一早就不在了，生伤寒死的。奶奶二十四岁就守了寡，也没有动再嫁的念头。爷爷留下的钱用完的时候，奶奶也出去工作过。现在奶奶老了，没有了工作。我想，如果奶奶也没有爸爸的话，是不是就要像那个老太太一样大热天里到外面去摆摊卖花了呢。走完那面高高的篱笆墙的时候，我回过头去望一望那个坐在地上的老太，心里莫名担忧起来，把奶奶的手攥得更紧些了。

三

奶奶没有工作，我不知道她买奶油蛋糕和冰激凌的钱是从哪里来的。我听妈妈说，奶奶当年办的是退职，不是退休。大人说退职就是一次性地拿一笔钱，退休就是每个月可以拿退休金。在妈妈的解释里，仿佛我们家的钱不够用是跟奶奶选择了退职而不是退休有关联的。

奶奶没有回头路可以走了，所以妈妈总说家里不够钱用。既然家里不够钱用，那我就不要开口买那个金发碧眼的洋娃娃好了，下趟姨妈再回国的时候说不定会带一个给我呢。

我从不随便开口问大人要钱，因为我怕被拒绝的难堪，可是难堪的事情到底还是发生了。奶奶大概真的用光了全部的钱，我听见她在那里问爸爸要每个月的零用钱。爸爸支吾着不肯给，说去问妈妈要；妈妈也不给，说去问自己的儿子要吧。三个大人就这样一直僵持到夜里。

那天夜里下雨了，我躺在床上睡不着，听着窗外淅淅沥沥的雨声。听到半夜时，野猫出来了。它们在弄堂里玩着玩着就打起架来，一阵狂乱地撕咬声以后，受伤的野猫号哭起来，哭声非常凄惨。我躲在被子里紧张地竖起耳朵，再三确认那是野猫的哭声而不是奶奶的，才把悬着的心放下来。可是眼泪还是流出来了，顺着脸颊一直滚到耳朵里面去。

"快快长大就好了，"我跟自己说："长大就可以赚钱给奶奶零用了。"

我们吃着奶奶做的新鲜好吃的菜长大了，奶奶吃着我们吃剩下的隔夜菜变老了。哥哥开始工作的时候，马上给了奶奶零用钱。奶奶拿了钱就即刻去烟纸店买香烛来祭拜爷爷，回家时却发现钱找错了。好多年没有去买过东西,香烛的价钱跟从前已经不一样,连钱的样子也变掉了。

那天哥哥把老糊涂的奶奶不认得钱的事当成笑话讲给我听,我笑得眼泪也掉了出来。用手去擦眼泪的时候,却发现那些眼泪怎么擦来擦去擦不干的。

"爸妈其实也不是没钞票,"我问他:"为啥就不肯给奶奶一点零用呢?"哥哥不笑了,长久沉默着。

哥哥那时的经济其实也是紧的,工资不多,又要筹办婚事。爸爸把单位里分的另一套房子给了他,其他的事情就全部让他自己操办。他勉强办齐了结婚必备的东西,却再也不够钱给新娘买首饰了。

婚礼的酒席上,奶奶颤颤巍巍地站起来,把新娘子叫过去,然后哆哆嗦嗦地从自己的脖子上摘下一条又粗又长的金项链来给孙媳妇戴上。那个沉甸甸的金坠子把一桌子的人都吓了一跳,不知道天天吃隔夜菜的奶奶还藏着这样的好东西,我们从来没有听她提起过的呀?

四

等到我要出国的时候,奶奶老得更糊涂了。她看我一天到晚忙进忙出,也不知道我是在干什么。及至我买定两只大箱子,把自己的一家一当都装进去的那一刻,奶奶才发觉我要出远门了。

"阿寒,你要去哪里啊?"

"我要出国去读书啊!"我对着她的耳朵大声说。

"什么,你大学都毕业了,还要去读书?"奶奶抬起头来看看我,恍恍地笑着,"你骗我啦,你是想出去找男孩,是不是啊?"

"不是找男孩,"我笑着对着她的耳朵更大声地叫,"我是出国去读研究生啊!"

"奶奶,"哥哥笑嘻嘻地插话进来,他也对着奶奶的耳朵大叫,"阿寒是回香港去摆地摊卖衣服啊！"然后他回头跟我说，"不要去跟奶奶讲啥'研究生'，她老了，搞不懂。"

"是回香港吗？你们这些人又来骗我了。"奶奶将信将疑，抬起一张因为年老而变得像孩童一样天真的脸来打量大笑着的我们俩。

"是什么都好啦，"奶奶一边说，一边把手上的戒指退下来递给我，"收好这只戒指吧，足金的哦，肚子饿的时候，都可以换两餐饭来吃。"

我是手心里握着奶奶从手指上摘下来的戒指上出租车的，那只戒指上还留着奶奶的体温。可是等我赚到钱的时候，奶奶已经不需要零用钱，连医生也不需要了，我只来得及给奶奶买了大红的寿衣。

那一年我回国的第二天，奶奶就终老了。没有什么可抢救的，身体里所有的机器都老得坏掉，全身的血管都爆裂了。

出国这些年，我一边讨生活，一边等着我中意的男仔来找我。我终于等到他，开始学着煮饭给他吃了。是奶奶留下的遗传吗，从来不喜欢煮饭的我，一旦学着烧起菜来，很快就有模有样了。

现在的家里，只要不要求吃鱼翅和熊掌，钱是不会不够用的。冰箱当然是必备的东西，然而剩菜也还是常有的。饭桌上，我把新鲜烧好的菜推到对面去，把剩菜放在自己的面前。看到对面的人吃得很香的样子，我的心里满是欣慰。

我想起小时候的饭桌来，那时奶奶吃着隔夜菜，她心里有的，原来不是苦啊。这样想着，沉重了许多年的心，仿佛有些释然，可是眼泪还是涌上来了。

我放下筷子站起来，假装去看看外面的天气。天空里无声地下着密密的鹅毛大雪，什么时候外面的世界已经盖上了一层皑皑的白雪。远处的群山，窗外的树林，都安安静静地站在雪地里，邻人的屋顶上，依稀有青烟袅袅升起。这一切看上去是那么祥和又单纯。

我久久看着门前的那条小路，白色小路弯弯地一直延伸到天边去了。泪眼蒙眬里，我怎么分明看见奶奶从小路的那头走过来，她穿着那件蓝色的旧棉袄，两手挽着沉沉的菜篮子，慢慢地走回家里来……

奶奶，奶奶，你是不是来告诉我，那时你没有工作也没有钱，那是你唯一可以用来爱我们的方式。我现在知道，知道了。

(选自《杉乡文学》，2007年第2期)

想想做做

阅读时你一定注意到奶奶的爱体现在很多方面。不过值得思考的是：隔夜菜、香肠之间是什么关系？奶油蛋糕和冰激凌、金项链、戒指之间是什么关系？奶奶的蓝色旧棉袄在文中起到什么作用？

还可以试着在文中找到奶奶吃剩饭、我吃剩饭的相关内容，看看感情是怎样发生变化的？找出文中对奶奶的描写，同时找出几处环境描写的内容，看看人物描写与环境描写对丰富文章内容的作用。

> **阅读指引**

　　这是一则童话，也是一首散文诗，被认为是一首至纯至美的爱情之歌。两千多年前的古希腊盲诗人荷马，已长眠地下，但在他的墓地上，生长出了一支最娇艳的玫瑰，她心心念念爱着墓地里沉睡着的诗人，然而却忽略了另一个对她痴痴以盼的暗恋者。一起为玫瑰和夜莺的执着爱恋而感叹，一起对伟大诗人荷马致敬吧！

荷马墓上的一朵玫瑰
［丹麦］安徒生

　　东方所有的歌曲都歌颂着夜莺对玫瑰花的爱情。在星星闪耀着的静夜里，这只有翼的歌手就为他芬芳的花儿唱一支情歌。

　　离士麦那①不远，在一株高大的梧桐树下，商人赶着一群驮着东西的骆驼。这群牲口骄傲地昂起它们的长脖子，笨重地在这神圣的土地上行进。我看到开满了花的玫瑰树所组成的篱笆。野鸽子在高大的树枝间飞翔。当太阳射到它们身上的时候，它们的翅膀发着光，像珍珠一样。

　　玫瑰树篱笆上有一朵花，一朵所有的鲜花中最美丽的花。夜莺对它唱出他的爱情的悲愁。但是这朵玫瑰一句话也不讲，它的叶子上连一颗作为同情的眼泪的露珠都没有。它只是面对着几块大石头垂下枝子。

　　"这儿躺着世界上一个最伟大的歌手！"玫瑰花说。"我在他的墓上散发出香气；当暴风雨袭来的时候，我的花瓣落到它身上，这位《伊利亚特》的歌唱者变成了这块土地中的尘土，我从这尘土中发芽和生长！我是荷马②墓上长出的一朵玫瑰。我是太神圣了，我不能为一个平凡的夜莺开出花来。"

于是夜莺就一直歌唱到死。

赶骆驼的商人带着驮着东西的牲口和黑奴走来了。他的小儿子看到了这只死鸟。他把这只小小的歌手埋到伟大的荷马的墓里。那朵玫瑰花在风中发着抖。黄昏到来了。玫瑰花紧紧地收敛起它的花瓣，做了一个梦。

它梦见一个美丽的、阳光普照的日子。一群异国人——佛兰克人——来参拜荷马的坟墓。在这些异国人之中有一位歌手；他来自北国，来自云块和北极光的故乡③。他摘下这朵玫瑰，把它夹在一本书里，然后把它带到世界的另一部分——他的辽远的祖国里来。这朵玫瑰在悲哀中萎谢了，静静地躺在这本小书里。他在家里把这本书打开，说："这是从荷马的墓上摘下的一朵玫瑰。"

这就是这朵花做的一个梦。她惊醒起来，在风中发抖。于是一颗露珠从她的花瓣上滚到这位歌手的墓上去。太阳升起来了，天气渐渐温暖起来，玫瑰花开得比以前还要美丽。她是生长在温暖的亚洲。这时有脚步声音响起来了。玫瑰花在梦里所见到的那群佛兰克人来了；在这些异国人中有一位北国的诗人：他摘下这朵玫瑰，在它新鲜的嘴唇上吻了一下，然后把它带到云块和北极光的故乡去。

这朵花的躯体像木乃伊一样，现在躺在他的《伊利亚特》里面。它像在做梦一样，听到他打开这本书，说："这是荷马墓上的一朵玫瑰。"

（选自《安徒生童话全集》，安徒生著，叶君健译，湖南少儿出版社，2013年5月）

注释：

① 士麦那（Smyrna）是土耳其西部的一个海口。

② 荷马（Homer）是公元前一千年希腊的一个伟大诗人。他的两部驰名的史诗《伊利亚特》(Iliad)和《奥德赛》(Odyssey)是描写希腊人远征特洛伊城（Troy）的故事。此城在小亚细亚的西北部。

③ 指丹麦、挪威和瑞典。

想想做做

安徒生的童话一直是以宣扬"真、善、美"为主题，这篇文章是不是也有体现呢？

玫瑰对伟大的诗人荷马，夜莺对玫瑰都爱得深沉，它们浓烈的情感在文中是如何体现的？玫瑰在夜莺力竭而死时，不管是心理还是行动上都有过变化，找一找文中是如何刻画这一过程的。文末那位来自北国的佛兰克诗人出现有何用意？

> **阅读指引**

《贝多芬百年祭》既是一篇纪念性散文，也是一篇音乐评论，发表于1927年，是萧伯纳的散文代表作之一。萧伯纳凭借自己精湛的艺术修养和独到的艺术品位，对音乐大师贝多芬的为人进行了入木三分的分析和中肯的评价。本文多用长句论述，论述严密、精确、细致，气势磅礴，读来酣畅淋漓。

贝多芬百年祭

[爱尔兰] 萧伯纳

一百年前，一位虽然听得见雷声但已聋得听不见大型交响乐队演奏自己乐曲的五十七岁的倔强的单身老人最后一次举拳向着咆哮的天空，然后去世了，还是和他生前一直那样地唐突神灵，蔑视天地。

他是反抗性的化身；他甚至在街上遇上一位大公和他的随从时也总不免把帽子向下按得紧紧地，然后从他们正中间大踏步地直穿而过。他有一种不听话的蒸汽轧路机的风度（大多数轧路机还恭顺地听使唤和不那么调皮）；他穿衣服之不讲究甚于田间的稻草人；事实上有一次他竟被当作流浪汉给抓了起来，因为警察不肯相信穿得这样破破烂烂的人竟会是一位大作曲家，更不能相信这副躯体竟能容得下纯音响世界最奔腾澎湃的灵魂。他的灵魂是伟大的；但如果我使用了最伟大的这种字眼，那就是说比亨德尔的灵魂还要伟大，贝多芬自己就会责怪我，而且谁又能自负为灵魂比巴赫的还伟大呢？但是说贝多芬的灵魂是最奔腾澎湃的那可没有一点问题。他的狂风怒涛一般的力量他自己能很容易控制住，可是常常并不愿去控制，这个和他狂呼大笑的滑稽诙谐之处是在别的作曲家作品里找不到的。毛头小伙子们现在一提起切分音就好像是一种使音乐节奏成为最强而有力的新方法；但是在听过第三里昂诺拉前奏曲之后，最狂热的爵士乐听起来也像"少女的祈祷"那样温和了，可以肯定地说我听过的任何黑人的集体狂欢都不会像贝多芬的第七交响乐最后的乐章那样可以引起最黑最黑的舞蹈家拼了命地跳下去，而也没有另外哪一个作曲家可以先以他的乐曲的阴柔之美使得听众完全溶化在缠绵悱恻的境界里，而后突然以铜号的猛烈声音吹向他们；带着嘲讽似的使他们觉得自己是真傻。除了贝多芬之外谁也管不住贝多芬；而疯劲上来之后，他总有意不去管住自己，于是也就成为管不住的人了。

这样地奔腾澎湃，这种有意的散乱无章，这种嘲讽，这样无顾忌的骄纵的不理睬传统的风尚——这些就是使得贝多芬不同于十七和十八世纪谨守法度的其他音乐天才的地方。他是造成法国革命的精神风暴中的一个巨浪。他不认任何人为师，他的同行里的先辈莫扎特从小就梳洗干净，穿着华丽，在王公贵族面前举止大方的。莫扎特小时候曾为了彭巴杜夫人发脾气说，"这个女人是谁，也不来亲亲我，连皇后都亲我呢"，这种事在贝多芬是不可想象的，因为甚至在他已老到像一头苍熊时，他仍然是一只未经驯服的熊崽子。莫扎特天性文雅，与当时的传统和社会很合拍，但也有灵魂的孤独。莫扎特和格鲁克之文雅就犹如路易十四宫廷之文雅。和他们比起来，从社会地位上说贝多芬就是个不羁的艺术家，一个不穿紧腿裤的激进共和主义者。海顿从不知道什么是嫉妒，曾称呼比他年轻的莫扎特是有史以来最伟大的作曲家，可他就是吃不消贝多芬。莫扎特是更有远见的，他听了贝多芬的演奏后说："有一天他是要出名的。"但是即使莫扎特活得长些，这两个人恐也难以相处下去。贝多芬对莫扎特有一种出于道德原因的恐怖。莫扎特在他的音乐中给贵族中的浪子唐璜加上了一圈迷人的圣光，然后像一个天生的戏剧家那样运用道德的灵活性又回过来给莎拉斯特罗（注：歌剧《魔笛》中代表光明的人物）加上了神人的光辉，给他口中的歌词谱上了前所未有的乐调。

　　贝多芬不是戏剧家，赋予道德以灵活性对他来说就是一种可厌恶的玩世不恭。他仍然认为莫扎特是大师中的大师（这不是一顶空洞的高帽子，它的的确确就是说莫扎特是个为作曲家们欣赏的作曲家，远远不是流行作曲家）；可是他是穿紧腿裤的宫廷侍从，而贝多芬却是个穿散腿裤的激进共和主义者；同样地海顿也是穿传统制服的侍从。在贝多芬和他们之间隔着一场法国大革命，划分开了十八世纪和十九世纪。但对贝多芬来说莫扎特可不如海顿，因为他把道德当儿戏，用迷人的音乐把罪恶谱成了像德行那样奇妙。如同每一个真正激进共和主义者都具有的，贝多芬身上的清教徒性格使他反对莫扎特，固然莫扎特曾向他启示了十九世纪音乐的各种创新的可能。因此贝多芬上溯到亨德尔，一位和贝多芬同样倔强的老单身汉，把他作为英雄。亨德尔瞧不上莫扎特崇拜的英雄格鲁克，虽然在亨德尔的《弥赛亚》里的田园乐是极为接近格鲁克在他的歌剧《奥菲阿》里那些向我们展示出天堂的原野的各个场面的。

　　因为有无线电广播，成百万对音乐还接触不多的人在他百年祭的今年将第一次听到贝多芬的音乐。充满着照例不加选择地加在大音乐家身上颂扬话的成百篇纪念文章将使人们抱有通常少有的期望。像贝多芬同时的人一样，虽然他们可以懂得格鲁克和海顿和莫扎特，但从贝多芬那里得到的不但是一种使他们困惑不解的意想不到的音乐，而且有时候简直是听不出音乐的由管弦乐器发出来的杂乱音响。要解释这也不难。十八世纪的音乐都是舞蹈音乐。舞蹈是由动作起来令人愉快的步子组成的对称样式；舞蹈音乐是不跳舞也听起来令人愉快的由声音组成的对称的样式。因此这些乐式虽然起初不过是像棋盘那样简单，但被展开了，复杂化了，用和声丰富起来了，最后变得类似波斯地毯，而设计像波斯地毯那种乐式的作曲家也就不再期望人们跟着这种音乐跳舞了。要有神巫打旋子的本领才能跟着莫扎特的交响乐跳舞。有一回我还真请了两位训练有素的青年舞蹈家跟着莫扎特的一阕前奏曲跳了一次，结果差点没把他们累垮了。就是音乐上原来使用的有关舞蹈的名词也慢慢地不用了，人们不再使用包括萨拉班德舞，巴万宫廷舞，加伏特舞和快步舞等等在内的组曲形式，而把自己的音乐创作表现为奏鸣曲和交响乐，里面各部分干脆叫作乐章，每一章都用意大利文记上速度，如快板、柔板、谐谑曲板、急板等等。但在任何时候，从巴赫的序曲到莫扎特的《天神交响乐》，音乐总呈现出一种对称的音响样式给我们一种舞蹈的乐趣来作为乐曲的形式和基础。

可是音乐的作用并不止于创造悦耳的乐式。它还能表达感情。你能去津津有味地欣赏一张波斯地毯或者听一曲巴赫的序曲，但乐趣只止于此；可是你听了《唐璜》前奏曲之后却不可能不发生一种复杂的心情，它使你心理有准备去面对将淹没那种精致但又是魔鬼式的欢乐的一场可怖的末日悲剧，听莫扎特的《天神交响乐》最后一章时你会觉得那和贝多芬的第七交响乐的最后乐章一样，都是狂欢的音乐，它用响亮的鼓声奏出如醉如狂的旋律，而从头到尾又交织着一开始就有的具有一种不寻常的悲伤之美的乐调，因之更加沁人心脾。莫扎特的这一乐章又自始至终是乐式设计的杰作。

但是贝多芬所做到了的一点，也是使得某些与他同时的伟人不得不把他当作一个疯人，有时清醒就出些洋相或者显示出格调不高的一点，在于他把音乐完全用作了表现心情的手段，并且完全不把设计乐式本身作为目的。不错，他一生非常保守地（顺便说一句，这也是激进共和主义者的特点）使用着旧的乐式；但是他加给它们以惊人的活力和激情，包括产生于思想高度的那种最高的激情，使得产生于感觉的激情显得仅仅是感官上的享受，于是他不仅打乱了旧乐式的对称，而且常常使人听不出在感情的风暴之下竟还有什么样式存在着了。他的《英雄交响乐》一开始使用了一个乐式（这是从莫扎特幼年时的一个前奏曲借来的），跟着又用了另外几个很漂亮的乐式；这些乐式被赋予了巨大的内在力量，所以到了乐章的中段，这些乐式就全被不客气地打散了；于是，从只追求乐式的音乐家看来，贝多芬是发了疯了，他抛出了同时使用音阶上所有单音的可怖的和弦。他这么做只是因为他觉得非如此不可，而且还要求你也觉得非如此不可呢。

以上就是贝多芬之谜的全部。他有能力设计最好的乐式；他能写出使你终身享受不尽的美丽的乐曲；他能挑出那些最干燥无味的旋律，把它们展开得那样引人，使你听上一百次也每回都能发现新东西：一句话，你可以拿所有用来形容以乐式见长的作曲家的话来形容他；但是他的病症，也就是不同于别人之处在于他那激动人心的本质，他能使我们激动，并把他那奔放的感情笼罩着我们。当贝里奥滋听到一位法国作曲家因为贝多芬的音乐使他听了很不舒服而说"我听了能使我入睡的音乐"，他非常生气。贝多芬的音乐是使你清醒的音乐；而当你想独自一个静一会儿的时候，你就怕听他的音乐。

懂了这个，你就从十八世纪前进了一步，也从旧式的跳舞乐队前进了一步（爵士乐，附带说一句，就是贝多芬化了的老式跳舞乐队），不但能懂得贝多芬的音乐而且也能懂得贝多芬以后的最有深度的音乐了。

(选自《外国散文鉴赏辞1—现当代卷》，王立新主编，上海辞书出版社，2010年4月）

想想做做

本文与其他纪念贝多芬的文章不同，因为它没有对贝多芬坎坷的一生做全面的铺陈，而是挑选了一件轶事，来凸显贝多芬的个性。说一说这件轶事，并分析贝多芬的个性。接着作者将贝多芬与莫扎特、海顿放在一起比较，比较的用意又是什么呢？

什么是"穿散腿裤的激进共和主义者"？是什么造成了贝多芬与众不同的性格？读完本文，你对这位扼住命运咽喉的巨人有新的认识吗？

第九单元　读书有味

没有阅读过名著的心灵是粗糙的,没有被感动过的情怀是枯涩的。读书吧,那是美丽我们容颜、丰富我们精神、提升我们境界的旅程!

阅读指引

经典不以时间为标准界定,也不以实用与否来判断,而是发现经典价值,提升阅读品质。下文作者着力将经典的魅力展现在我们眼前,待我们细细品读,看文章如何向我们展现经典重读的意义和价值。

经典重读
戴建业

一

《经典重读》是一篇编辑给我的命题作文。由于工作的关系自己天天在做"经典重读"的差事,原以为写这样的文章对我是轻车熟路,所以满口承应了下来，没想到操笔为文时才发现事情并非想象的那样简单。首先，"经典重读"是个很大的题目，远不是编辑规定的字数所能谈清楚的；其次，在这个年头还有谁愿意去"重读经典"？前者涉及写这篇文章的难度，作这种"大题小做"的文章往往吃力不讨好；后者事关写这篇文章的意义，在进入"读图时代"的今天谁还去翻阅发黄的"经典"，谁还去听"重读经典"的唠叨？

西方有位人文学者半是调侃半是无奈地说："所谓经典，就是人人重视而又人人不读的名著。"据说英国有百分之二十四的年轻人不知道莎士比亚是谁，中国学者还没有闲心作这种调查，我国年轻人中不知道屈原、杜甫为何方神仙的大概也为数不少。前不久我们给古代文学"推免生"面试时，发现中文系基地班这些自称喜欢古典文学的尖子生，竟然除上课的教材外，基本上没有原原本本地通读过一本古典文学名著！有的学完了明清小说甚至没有读过《红楼梦》！中文系的大学生尚且如此，非中文专业的大学生和一般的社会青年对古典名著的态度就更可想而知了。多数人将"古典"或"经典"与黄袍马褂之类的衣物和孔乙己之类的人物联系在一起，将它（他）们一并视为"落后"或"迂腐"的象征。

其实，不能用"进化"的价值尺度来衡量"古典"或"经典"。"古典"和"经典"的内涵与外延完全重叠，在英语中"古典"和"经典"是同一个词——classic，它的原意是指古希腊和罗马的文学名著，后来泛指古代经过历史检验和时间淘汰的不朽杰作，现当代无所谓"古典"或"经典"。"经典"的写作时代虽远离我们，但它们在艺术上并不"落后"于我们。就时代而言，"一代有一代的文学"，汉赋、唐诗、宋词、元曲，还有六朝的骈文和明清的小说，它们都成了今天不可企及的艺术典范；就作家而言，我们今天有哪个诗人能与屈原、陶渊明、李白、杜甫比肩？就作品而言，今天谁能写出《离骚》这样宏伟悲壮的诗篇？谁能写出《红楼梦》这样百科全书式的小说？我曾在《澄明之境·后记》中说：从经典作品中"不仅能见出我们民族文学艺术的承传，而且还可看到我们民族审美趣味的新变；它们不仅创造了永恒的艺术典范，而且表现了某一历史时期精神生活的主流，更体现了我们民族对生命体验的深度"。经典代表了民族乃至人类在精神和艺术上所达到的高度，它们不会像流行时装和应景小曲那样随着时间的流逝而过时，它们的精神价值和艺术价值超越了时代也超越了民族。

大家都明白如果天天吃"麦当劳"之类的快餐垃圾食品，我们的身体很快就将变得虚胖，肌肤就可能逐渐变得松弛，同样假如只是听听流行音乐看看网络小说之类的文化快餐，我们的心灵就将变得贫乏，精神就将变得荒芜，趣味就将变得低俗。只有登上泰山极顶，才能见到日出的壮丽景象；只有攀登过民族乃至人类精神高峰的人，才可能具有开阔的眼界和博大的胸怀。

二

阅读经典不能抱着过分实用的功利态度。中小学的应试教育使在校学生无法从容地品味经典，他们匆忙地记下老师或教辅上关于古典名篇一、二、三个特点，以便考试时给出"准确"答案以考取状元。报载美国中学生书包中装的世界文学或学术名著，我国中学生书包里装的都是教材参考资料和各类试题集，前年我看到这一则消息时心情沉重而又悲凉。随着研究生的大量扩招，随着本科生找工作越来越困难，大学教育也在向应试化的方向发展。中文系的学生只满足于阅读教材、作品选集和死背教师讲稿，既没有时间也没有兴趣通读整本经典文学名著，因为他们更关心的是写在纸上的考试成绩而不是藏在内心的文学修养。

　　由于带着狭隘的功利态度读书，就只知道将书中的文字变成甲乙丙丁的知识，这样即使去读古典文学名著也读不出什么味道来，读经典名著成了名副其实的苦差事。完全不带着功利目的读书对现代人来说是一种不切实际的奢侈，要是读经典名著一无"用处"，谁还有心去读经典呢？用庄子的话来说，读经典名著的"用处"是"无用之用"。只要我们不像古人那样老想着"书中自有黄金屋，书中自有颜如玉"，也不像今人那样总希望"书中自有好单位，书中自有高工资"，经典名著就会给我们带来无穷的乐趣，我们就可能把书中的文字化为滋润心田的清泉。陶渊明说他"好读书，不求甚解，每有会意，便欣然忘食"，读书读到会意时"欣然忘食"，说明书对他已经不是死的知识而是自己的精神食粮。陆游老来还记得自己小时读书的快乐："白发无情侵老境，青灯有味似儿时。"陶渊明的读书方法要在今天恐怕考不取大学生和研究生，而今天考取了大学生和研究生的青年，有几个体验过读书读到"欣然忘食"的境界？已经毕业的硕士和博士又有几人曾有"青灯有味似儿时"的回忆？

　　阅读文学经典不可能有立竿见影的效果，不可能马上给你带来考试高分，也不可能马上让你的工资连跳几级，但它可能使你的目光更为深远，使你的感情日益丰富，使你的举止更加高雅，使你的谈吐更为脱俗，当然也会使你笔下的语言更为优美，这就是俗话所说的"腹有诗书气自华"——只要你不在文学经典中寻求世俗的"好处"或"用处"，文学经典就会让你终身受用无穷。

三

　　我们之所以强调"经典"必须"重读"，这是由文学经典和我们读者自身两方面的特性决定的。从文学经典这方面说，它深广的意蕴和精微的艺术绝非浏览一两次就能领悟，这是一座永远也不可能穷尽的艺术宝藏，我们勘采的次数越多就探得越深；从我们读者自身来说，每个时代的读者有不同的审美趣味和价值取向，每个读者随着生活阅历的丰富和经历的变化，随着眼界的扩展和修养的提高，在阅读文学经典时会有不同的关注点和兴奋点，因此，不仅不同时代的读者会在经典中有不同的情感体验，就是同一个读者在不同的阶段也会对同一经典有不同的审美感受。宋黄庭坚在《书陶渊明诗后寄王吉老》一文中谈自己读陶渊明诗歌的体会时说："血气方刚时读此诗如嚼枯木，及绵历世事，知决定无所用智，每观此篇如渴饮水，如欲寐得啜茗，如饥啖汤饼。"初读经典名著也许了无趣味一无所得，换一种环境或换一种心境重读经典，我们可能如入金山满载而归，掩卷之后仍然口角生香回味无穷。那些一次性的文化快餐不值得我们浪费时间"重读"，恰如一次性的餐巾纸不必再洗重用一样，而那些文学经典则须反复细嚼慢咽才能体会出其中滋味，培根将书分为三类："书有可浅尝者，有可吞食者，少数则须咀嚼消化"，而这些须"咀嚼消化"的"少数"书就是经典。

英国人常说"一千个读者有一千个莎士比亚"，这是因为我们在书中所"发现"的意义和阅读后留下的"印象"，是经典"视界"与读者"视界"相互融合的结果。即使面对同一个作者和同一部经典，不同的读者有不同的期待视野，而不同的期待视野在阅读时就必然生成不同的"意义"，留下不同的"印象"。阅读一部相同的经典，浅者则见其浅，深者则得其深，鲁迅先生曾说不同的读者读《红楼梦》时会读出大相径庭的结果来："经学家看见《易》，道学家看见淫，才子看见缠绵，革命家看见排满，流言家看见宫闱秘事……"

这就向经典读者提出一个重要问题：要想在经典中见其大得其深，

我们就得将自己提升到一个更高的精神存在，同时也还得提高自己的文学修养。阅读经典就是与我们伟大的先知进行情感交流，假如我们自己鄙俗猥琐，我们哪有与这些先知对话的资格？浅薄之徒和庸俗之辈不会去阅读更不会去重读经典，经典对他永远是一种冰冷和异己的存在，只有那些既品行高尚又修养很深的读者，伟大的先知才会与他倾心交谈，经典才可能向他敞开心扉，他才会在经典中找到温暖和安慰，才会在经典中感受到审美的快乐并提升写作的技巧。另外，不管阅读哪种体裁的文学经典，我们一定要对这种体裁的特点有基本的了解。不抽烟的人什么烟都是一个味，不饮茶的人什么茶都是苦的，对文学体裁完全外行的人当然也品不出经典的味道。同时，我们也应反复大量阅读文学经典，读得越多，读得越细，我们对文学艺术的审美就越来越敏感，越来越细腻。刘勰在《文心雕龙》中早就说过："操千曲而后晓声，观千剑而后识器，故圆照之象，务先博观。"长期饮茶就会成为品茶的行家，坚持不懈地阅读经典和写作实践，我们也一定会成为优秀作家或著名学者。

（选自《假如有人欺骗了你·戴建业博文随笔集》，戴建业著，海南出版社，2015年6月）

想想做做

身边总有人语重心长地对我们说："要多读经典呀！"那么本文作者是如何定义经典的？他眼中的经典与你所认为的经典可有不同？

慢慢品读文章，你会发现文中所举古人回味读书的例子，确实能够发人深省，是啊，我们可曾体验过为读书"欣然忘食"的时候？那么既然要阅读经典，我们是否该抱着某种目的去阅读呢？文中是怎么建议的呢？此外，本文的题目为何为《重读经典》而不是《读经典》，"重读"经典的意义何在呢？

读完本文你可否按照作者的标准回顾自己读过的书，看看是否有称得上"经典"的？如果有，现在找到"重读"它们的理由和意义了吗？

> **阅读指引**

一篇《海的女儿》，八岁时，伤感于美人鱼变成水泡；十八岁时，认为是爱情的童话；二十八岁时，读出妈妈对孩子的爱；三十八岁时，热衷探讨写作技巧；四十八岁时，读出"是一篇写灵魂的故事"。不同的年龄段，读出了不同的意味，实质上，也是告诉我们，阅读贵在"常读常新"。

常读常新的人鱼公主
毕淑敏

我在成年之后，还常常读童话。每当烦心的时候，从书架上随手扯出的书，必是童话。比如安徒生的《海的女儿》，我就读过多遍，它也被翻译成《人鱼公主》。比较起来，我更喜欢《人鱼公主》这个名字。海的女儿，好像太阔大太神圣了些。人鱼呢，就显得神秘而灵动，还有一点点怪异。

大约八岁的时候，第一次读到《人鱼公主》的故事。读完后泪流满面，抽噎得不能自已。觉得那么可爱和美丽的公主，居然变成了大海上的水泡，真是倒霉极了。从此在很长一段时间内，看到了湖面上河面上甚至脸盆里的水泡就有些发呆（那时没有机会见到大海，只有在这些小地方寄托自己的哀思），心中疑惑地想，这一个水泡，是不是善良的人鱼公主变成的呢？看到风把小水泡吹破，更是万分伤感。读的过程中，最焦急的并不是人鱼公主的爱情，而是最痛她的哑。认定她无法说出话来，是一生未能有好结局的最主要的根源。突发奇想，如果有一个高明

的医生，拿出一剂神药，给人鱼公主吃下，以对抗女巫的魔法，事情就完全是另外的结局了。而且还想出补救的办法，觉得人鱼公主应该要求上学去，学会写字。就算她原来住在海底，和陆地上的国家用的文字不同，以她那样的聪慧，学会普通的表达，也该用不了多长时间吧？比如我自己，不过是个人类的普通孩子，学了一二年级，就可以看童话了，以人鱼公主的天分，应该很快就能用文字把自己的身世写给王子看，王子看到了，不就真相大白了吗！

　　大约十八岁的时候，又一次比较认真地读了《人鱼公主》。也许是情窦初开，这一次很容易地就读出了爱情。喔喔，原来，《人鱼公主》是一篇讲爱情的童话啊。你看你看，她之所以能忍受那么惨烈的痛苦，是为了自己所爱的人。她忍受了非人的折磨，在刀尖样的甲板上跳舞，她是宁肯自己死，也不要让自己所爱的人死。这是一种多么无私和高尚的不求回报的爱啊！心里也在琢磨，那个王子真的可爱吗？除了长得英俊，有一双大眼睛之外，好像看不出有什么太大的本领啊。游泳的技术也不怎么样，在风浪中要不是人鱼公主舍身相救，他定是溺水必死无疑的了。他也没啥特异功能，对自己的救命恩人一点精神方面的感应也没有，反倒让一个神殿里的女子，坐享其成。当然啦，那个女孩子不知道内情，也就不怪她。但王子怎么可以这样的糊涂呢？况且，人鱼公主看他的眼神，一定是含情脉脉，他怎么就一点"放电"的感觉也没有呢？好呆！心里一边替人鱼公主强烈地抱着不平，一边想，哼！倘若我是人鱼公主，一定要在脱掉鱼尾变出双脚之前，设几个小计谋，好好地考验一下王子，看他明不明白我的心？因为从鱼变成人这件事，是单向隧道，过去了就回不来的。要把自己的一生托付出去，实在举足轻重。不过，真到了故事中所说的那种情况——由于王子的不知情，没有娶人鱼公主，公主的姊妹们从女巫那儿拿了尖刀，要人鱼公主把尖刀刺进王子的胸膛，让王子的鲜血溅到自己的双脚上，才能重新恢复鱼尾……局面可就难办了。思来想去，只有赞同人鱼公主对待爱情的方法，宁可自己痛楚，也要把幸福留给自己所爱的人……

到了二十八岁的时候，我已经做了妈妈。这时来读《人鱼公主》，竟深深地关切起人鱼公主的家人来了。她的母亲在生了六个女儿之后去世了，我猜这个女人临死之前，一定非常放心不下她的女儿，不论是最大的还是最小的。她一定是再三再四地交代给公主的祖母——老皇后，要照料好自己的孩子，特别是最小的女儿。老皇后心疼隔辈人，不单在饮食起居方面无微不至地看顾孩子们，而且还给她们讲海面上人类的故事。可以说，老皇后一点也不保守，甚至是学识渊博呢。当人鱼公主满十五岁的时候，老皇后在她的尾巴上镶了八颗牡蛎，这是高贵身份的标志和郑重的成人典礼啊。当人鱼公主遇到了危难的时候，老皇后的一头白发都掉光了，她不顾年迈体弱，升到海面上，看望自己的孙女……我强烈地感受到了这位老奶奶的慈悲心肠和对人鱼公主的精神哺育。人鱼公主的勇气和聪慧，包括无比善良的玲珑之心，都不是从天上掉下来的，诸多得益于她的祖母啊。

到了三十八岁的时候，因为我也开始写小说，读《人鱼公主》的时候，不由自主地探讨起安徒生的写作技巧来了。我有点纳闷儿，安徒生在写作之前，有没有一个详尽的提纲呢？我的结论是——大概没有。似乎能看到安徒生的某种随心所欲，信马由缰。当然了，大的轮廓走向他是有的，这个缠绵悱恻一波三折既有血泪也有波浪的故事，一定是在他的大脑里酝酿许久了。但是，连续读上几遍之后，感到结尾处好像有点画蛇添足。试想当年：安徒生很投入地写啊写，把这么好的一个故事快写完了，突然想起，咦，我这是给孩子们写的一个童话啊，怎么好像和孩子们没多少关系了？不行，我得把放开的思绪拉回来。他这样想着，就把一个担子，压到了孩子们的头上。他在故事里说：你喜欢人鱼公主吗？猜到小孩子一定说——喜欢。然后他接着说，人鱼公主变成了水泡，你难过吗？断定大家一定说——难过。那么好吧，安徒生顺理成章地说，人鱼公主变成的水泡，升到天空中去了，她在空中听到一个低低的声音告诉她，三百年之后，她就可以为自己造一个不朽灵魂了。三百年，当然是一个很久很久的时间了。幸好还有补救的办法，那就是——如果人鱼公主在空中飞翔的时候，看到一个能让父母高兴的小孩子，那么她获得不朽灵魂的时间就会缩短。如果她看到一个顽皮又品行不好的孩子，就会伤心地落下泪来，这样，她受苦受难的时间就会延长……我不知道安徒生是否得意这个结尾，反正，我有点迟疑。干吗把救赎工作，交到每一个读过人鱼公主故事的小孩子身上啊？是不是太沉重了？

现在，我四十八岁了。为了写这篇文章，又读了几遍《人鱼公主》。这一次，我心平气和，仿佛天眼洞开，有了一番新的感悟。这是一篇写灵魂的故事。无论海底的世界怎样瑰丽丰饶，因为没有灵魂，所以人鱼公主毅然离开了自己的亲人。她本来把希望寄托在一个爱她能胜过爱任何人的王子身上，那么王子就可以把自己的灵魂分给她，她就从王子手里得到了灵魂。为了这份与灵魂相关联的爱情，人鱼公主付出了自己所能付出的一切，她的勇敢、善良、舍身为人……都在命运燧石的敲打下，大放异彩。但是，阴差阳错啊，她还是无法得到一个灵魂。人鱼公主是顽强和坚定的，她选定了自己的道路就绝不回头，终于，她得到了自己铸造一个灵魂的机会。在一个接一个严峻的考验之后，在肉体和精神的磨砺煎熬之后，人鱼公主谁都不再依靠，紧紧依赖着自己的精神，踏上了寻找不朽灵魂的漫漫旅途。

这个悲壮而凄美地寻找灵魂的故事，是如此动人心弦，常读常新。有时想，当我五十八岁……六十八岁……一百零八岁（但愿能够）的时候，不知又读出了怎样的深长？

（选自《毕淑敏散文》，毕淑敏著，中央编译出版社，2006年3月）

想想做做

本文突出的写作特点是巧用年龄阶段组织材料。你觉得这种方法好在哪里？请从结构和内容方面进行简要分析，写一段小评论。

四十八岁时，作者读出《人鱼公主》"是一篇写灵魂的故事"。你认为这里的"灵魂"指什么？请结合文中你感受最深的词句作一点分析。

有机会的话，找出《安徒生童话》，重新读读，看看有没有新的发现。

> **阅读指引**

有段时间，网络上流传中美两国教师教授《灰姑娘》的课堂对比，有人说体现了中美教育方式的不同，有人说表现了不同的思维方式。著名作家梁晓声的这篇文章记录的也是类似的课堂，思考的却是因教学发生冲突背后关于"善"的情怀。

善的情怀
梁晓声

我有几名学生，毕业后教在京工作的外国人的小孩子汉语，常向我讲述他们工作中发生的事，使我沉思不已。

其中一名学生，在给外国的小孩子们讲完《水晶鞋》的故事后问他们，成了王后的灰姑娘，该怎样对待那人品恶劣的母女三人呢？外国孩子七言八语，想出了种种惩罚和报复的方式。这使他们格外开心，直至下课还意犹未尽。

但是外国的家长们纷纷提出严肃的批评，说那样给孩子上课是不可以的。

我的学生很郁闷，打电话请我解惑。

我一听就明白双方在什么问题上发生矛盾冲突了。

我的学生第二天在课堂上对外国的孩子们谈了她自己的一番看法。她说，人性是有先天缺陷的，比如自私、嫉妒、报复心理等等。所以人要自我教育，以防止自己人性的先天缺陷一味发展，最后堕落为人性的恶。《水晶鞋》中人品恶劣的母女三人，最终因为自己的所作所为感到了内疚和羞愧，所以她们在可以教育之列，而教育她们的方式一般应该是宽恕。如果做了王后的灰姑娘利用自己权势派兵将母女三人统统抓起来，投入监狱，证明灰姑娘自己的人性在从弱者成为强者之后，也由善变恶，受恶驱使了。当一个人变得强势了的时候，他或她就应该更具有宽恕之心，而不是任由强烈的报复之心驱使自己的行为……

我的学生这样讲了以后，那些外国家长们满意了。

《丑小鸭》这篇安徒生的童话，在我的学生讲给她的学生们听了以后，又有外国家长们不满意了。

他们的问题是——如果童话里那只丑小鸭渐长渐大，最终还是命中注定地长成了一只普通的家鸭，而不是天鹅，那么它该拿自己怎么办呢？它的自卑感不是会更加强烈了吗？它还能正常地活下去吗？

我个人觉得以上问题提得何等的好啊！因为世上的鸭子从来就比天鹅多。童话中以天鹅象征高贵优雅，以鸭子象征平庸无奇。将鸭子和天鹅来拟人，普通的人一向就比不普通的人多。普通并不意味着平庸。一个人在小时候向往不普通的人生，这是自然而然的。但在自己成为大人以后，却发现自己的人生与"不普通"三个字根本无缘，那么便有了一个如何面对普通人生的心理问题。外国的家长们，之所以替自己的孩子提出问题，其实说明他们颇为重视"普通人之人生观"的教育而已。也同时说明，即使一篇经典的童话，包括经典小说等，如果不进行更理性的诠释，也都有可能被误读。

我的学生明白了外国家长们的意图，于是隔日在课堂上鼓励她的学生们改编《丑小鸭》，其前提是，长大了的丑小鸭并没有变成美丽的天鹅，倒是确定无疑地成为一只鸭子。它是从主人捡来的一只野鸭蛋里孵出来的，从此以后也只能与比野鸭更普通的家鸭为伍了……

使老师也就是我的学生没有料到的是，这些外国的小孩子们表现出了和讨论《水晶鞋》同样高涨的学习热情，他们为鸭子设想了多种多样的命运。有的设想它获得了宝贵的友谊，那只起先处处看它不顺眼的老鸭子成为它的启蒙老师，交给了它许多为"鸭"处世的经验，使它成为一只善于与那一户农家饲养的其他家畜家禽和睦相处的鸭子，一只对其他家畜家禽富有同情心的鸭子，一只在其他家畜家禽之间产生矛盾冲突时，勇于表明正义立场同时又极力主张和平的鸭子。总而言之，它成为一只不仅奉献鸭蛋也备受尊敬的鸭子……还有的孩子是这么设想的——使它成为一只可敬的鸭子的原因并不是老鸭子的教诲，而是一只年轻的公鸭对它的真爱的影响。而那只老鸭却依然瞧它不顺眼，坚决反对儿子和它的爱情。老鸭一再督促儿子去追求一只美丽的白天鹅。最终当然是爱情战胜了专制的父权……

外国的孩子也罢，中国的孩子也罢，世界上的所有孩子原本都是心地善良的。因为善良的想法之于恶毒的想法更能使孩子的心灵感到愉悦。而孩子们的想象力无论多么超常，本质上也是平凡的，他们的想象力的方向，大抵总是要归于善的。须知这世界上的一切大思想家们的思想，都是生长在善的情怀中的。

（选自《上蹿下跳的人们》，梁晓声著，文化艺术出版社，2009年1月）

想想做做

读过文章后,你认为《水晶鞋》课后,"外国的家长们纷纷提出严肃的批评,说那样给孩子上课是不可以的"原因是什么?在《丑小鸭》课后,外国家长们提出问题的原因又是什么?"外国家长们的意图"究竟是什么?

作者认为,即使一篇经典的童话,包括经典小说等,如果不进行更理性的诠释,也都有可能被误读。"善的想法之于恶毒的想法更能使孩子的心灵感到愉悦",请结合全文,找出文中的例子说说你对这句话的理解。

> **阅读指引**
>
> 英国作家毛姆不仅是小说家、戏剧家、散文家，还是一位很有个性的"读书家"。他不仅读了无数的书，对所读的书还有一套自己独到的看法。毛姆认为：读书应该是一种享受，而不是为了对付考试，或者为了获得资料，或只是为了增进知识才读它们。你同意他的看法吗？

读书是一种享受

[英国] 毛　姆

既然有这么多人好像很希望得到我提供的指导，那么我根据自己有趣而有益的经验，在此简要地提出一些建议，他们或许是愿意听的。

首先，我要强调的是，读书应该是一种享受。不错，有时为了对付考试，或者为了获得资料，有些书我们不得不读，但读那种书是不可能得到享受的。我们只是为增进知识才读它们，所希望的也只是它们能满足我们的需要，至多希望它们不至于沉闷得难以卒读。我们读那种书是不得不读，而不是喜欢读。这当然不是我现在要谈的读书。我要谈的读书，它既不能帮你获得学位，也不能帮你谋生；既不会教你怎样驾船，也不会教你怎样修机器，却可以使你生活得更充实。只是，要想得到这样的好处，你必须喜欢读才行。

我这里所说的"你"，是指在业余时间里想读些书而且觉得有些书不读可惜的成年人，不是指本来就钻在书堆里的"书虫"。"书虫"们尽可以想读什么就读什么。他们的好奇心总是使他们踏上书丛中荒僻的小路，沿着这样的小路四处寻觅被人遗忘的"珍本"，并为此觉得其乐无穷。我却只想谈些名著，就是那些经过时间考验而已被公认为一流的著作。

一般认为这样的名著应该是人人都读过的，令人遗憾的是真正读过的人其实很少。有些名著是著名批评家们一致公认的，文学史家们也长篇累牍地予以论述，但现在的一般读者却没有时间，也没有兴趣去读了。它们对文学研究者来说是重要的，它们原来的诱人之处已不再诱人，因此现在要读它们，是很需要有点毅力的。举例说吧：我读过乔治·艾略特的《亚当·比德》，但我没法从心底里说，我读这本书是种享受。我读它多半是出于一种责任心，坚持读完后，才不由得松了口气。

关于这类书，我不想说什么。每个人自己就是最好的批评家。不管学者们怎么评价一本书，不管他们怎样异口同声地竭力颂扬，除非这本书使你感兴趣，否则它就与你毫不相干。别忘了批评家也会出错，批评史上许多明显的错误都出自著名批评家之手。你在读，你就是你所读的书的最后评判者，其价值如何就由你定。这道理同样适用于我向你推荐的书。

我们各人的口味不可能完全一样，只是大致相同而已。因此，如果认为合我口味的书也一定合你的口味，那是毫无根据的。不过，我读了这些书后，觉得心里充实了许多；要是没读的话，恐怕我就不是今天的我了。因此我对你说，如果你或者别人看了我在这里写的，于是便去读我推荐的书而读不下去的话，那就把它放下。既然它不能使你觉得是一种享受，那它对你就毫无用处。没有一个人有这样的义务，一定要读诗歌、小说或者任何纯文学作品。他只是为了一种乐趣才去读这些东西的。谁又能要求，使某人觉得有趣的东西，别人也一定要觉得有趣？

请不要认为，享受就是不道德。享受本身是件好事，享受就是享受，只是它会造成不同后果，所以有些方式的享受，对有理智的人来说是不可取的。享受也不一定是庸俗的和满足肉欲的。过去的有识之士就已发现，理性的享受和愉悦，是最完美、最持久的。

养成读书的习惯确实使人受用无穷。很少有什么娱乐，能让你在过了中年之后还会从中感到满足，除了玩单人纸牌、解象棋残局和填字谜之外，几乎没有什么游戏，你可以单独玩而不需要同伴。读书就没有这种不便；也许除了做针线活——可那是不大会让你安下心来的——没有哪一种活动可以那样容易地随时开始，随便持续多久，同时又干着别的事，而且随时可以停止。

今天，我们很幸运地有公共图书馆和廉价版图书，可以说没有哪种娱乐比读书更便宜了。养成读书习惯，也就是给自己营造一个几乎可以逃避生活中一切愁苦的庇护所。我说几乎可以，是因为我不想夸大其词，宣称读书可以解除饥饿的痛苦和失恋的悲伤；但是，几本引人入胜的侦探小说再加一只热水袋，确实可以使任何人对最严重的感冒满不在乎。反之，如果有人硬要他去读他讨厌的书，又有谁能养成那种为读书而读书的习惯呢？

为了方便起见，我将按年代顺序来谈我要谈的书，不过，要是你有意读这些书的话，我也没有理由一定要你照着这个顺序读。我想，你最好还是随你自己的兴趣来读，我甚至都不认为你一定要读完一本再读另一本。我自己就喜欢同时读四五本书。因为我们的心情毕竟天天都在变化，即便在一天里，也不是每小时都热切地想读某本书的。我们必须适应这样的情况。

我当然采取了最适合我自己的办法。早晨开始工作前，我总是读一会儿科学或者哲学方面的著作，因为读这类书需要头脑清醒、思想集中，这有助于我一天的工作。等工作做完后，我觉得很轻松，就不想再进行紧张的脑力活动了，这时我便读历史、散文、评论或者传记；晚上，我看小说。此外，我手边总有一本诗集，兴之所至就读上一段，而在我床头，则放着一本既可以随便从哪里开始读，又可以随便读到哪里都能放得下的书。可惜的是，这样的书非常少见。

（选自《毛姆读书随笔》，毛姆著，刘文荣译，上海三联书店，1999年）

> **想想做做**

从全文看，作者对读书提出主张：喜欢读，养成习惯读，带着责任心读。这几者之间似乎有点矛盾。比如作者说："养成读书的习惯，就是给自己营造一个几乎可以逃避生活中一切愁苦的庇护所。"比如作者还坦言："我读过乔治·艾略特的《亚当·比德》，但我没法从心底里说，我读完这本书是种享受。我读它多半是出于一种责任心，坚持读完后，才不由得松了口气。"你怎么理解这几句话？

《毛姆读书随笔》这本书是毛姆多年读书随笔的精华，谈阅读，谈文学，谈哲学，品评作家名著，有诙谐调侃，有真诚直言，赞美时无遮无掩，犀利时毫不留情。建议找来读一读。

> **阅读指引**

什么是经典作品？为什么要读经典作品？意大利著名作家卡尔维诺以精彩细腻的笔触给经典作品下了十四个似是而非的定义，最后又把结论最终导向了虚无："唯一可以列举出来讨他们欢心的理由是，读经典总比不读好。"但在论证过程中确实充满对经典作品极为细致的辨析。细细品读，你会有所发现。

为什么要读经典作品
［意大利］卡尔维诺

让我们先提出一些定义。

一、经典作品是那些你经常听人家说"我正在重读……"而不是"我正在读……"的书。

至少对那些被视为"博学"的人是如此；它不适用于年轻人，因为他们处于这样一种年龄：他们接触世界和接触成为世界的一部分的经典作品之所以重要，恰恰是因为这是他们的最初接触。

代表反复的"重"，放在动词"读"之前，对某些耻于承认未读过某部名著的人来说，可能代表着一种小小的虚伪。为了让他们放心，只要指出这点就够了，也即无论一个人在性格形成期阅读多么广泛，总还会有众多的重要作品未读。

任何人如果读过希罗多德和修昔底德的全部作品，请举手。圣西门又如何？还有雷斯枢机主教？即使是十九世纪那些伟大的系列小说，通常也是提及多于读过。在法国，他们开始在学校读巴尔扎克，而从各种版本的销量来判断，人们显然在学生时代结束后还在继续读他。但是，如果在意大利对巴尔扎克的受欢迎程度作一次正式调查，他的排名恐怕会很低。狄更斯在意大利的崇拜者是一小撮精英，他们一见面就开始回忆各种人物和片断，仿佛在谈论他们在现实生活中认识的人。米歇尔·布托多年前在美国教书时，人们老是向他问起左拉，令他烦不胜烦，因为他从未读过左拉，于是他下决心读整个《鲁贡玛卡家族》系列。他发现，它与他想象中的完全是两回事：它竟是寓言般的、神话学式的系谱学和天体演化学，他后来曾在一篇精彩的文章中描述这个体系。

上述例子表明，在一个人完全成年时首次读一部伟大作品，是一种极大的乐趣，这种乐趣跟青少年时代非常不同（至于是否有更大乐趣则很难说）。在青少年时代，每一次阅读就像每一次经验，都会增添独特的滋味和意义；而在成熟的年龄，一个人会欣赏（或者说应该欣赏）更多的细节、层次和含义。因此，我们不妨尝试以其他方式：

二、经典作品是这样一些书，它们对读过并喜爱它们的人构成一种宝贵的经验；但是对那些保留这个机会，等到享受它们的最佳状态来临时才阅读它们的人，它们也仍然是一种丰富的经验。

因为实际情况是，我们年轻时所读的东西，往往价值不大，这又是因为我们没耐性、精神不能集中、缺乏阅读技能，或因为我们缺乏人生经验。这种青少年的阅读可能（也许同时）具有形成性格的作用，理由是它赋予我们未来的经验一种形式或形状，为这些经验提供模式，提供处理这些经验的手段，比较的措辞，把这些经验加以归类的方法，价值的衡量标准，美的范例：这一切都继续在我们身上起作用，哪怕我们已差不多忘记或完全忘记我们年轻时所读的那本书。当我们在成熟时期重读这本书，我们就会重新发现那些现已构成我们内部机制的一部分的恒定事物，尽管我们已回忆不起它们从哪里来。这种作品有一个特殊效力，就是它本身可能会被忘记，却把种子留在我们身上。我们现在可以给出这样的定义：

三、经典作品是一些产生某种特殊影响的书，它们要么自己以遗忘的方式给我们的想象力打下印记，要么乔装成个人或集体的无意识隐藏在深层记忆中。

基于这个理由，一个人的成年生活应有一段时间用于重新发现我们青少年时代读过的最重要作品。即使这些书依然如故（其实它们也随着历史角度的转换而改变），我们肯定已经改变了，因此后来这次接触也就是全新的。

所以，我们用动词"读"或动词"重读"也就不真的那么重要。事实上我们可以说：

四、一部经典作品是一本每次重读都好像初读那样带来发现的书。

五、一部经典作品是一本即使我们初读也好像是在重温我们以前读过的东西的书。

上述第四个定义可视为如下定义的必然结果：

六、一部经典作品是一本从不会耗尽它要向读者说的一切东西的书。

而第五个定义则隐含如下更复杂的方程式：

七、经典作品是这样一些书，它们带着以前的解释的特殊气氛走向我们，背后拖着它们经过文化或多种文化（或只是多种语言和风俗习惯）时留下的足迹。

这同时适用于古代和现代经典。如果我读《奥德赛》，我是在读荷马的文本，但我也不能忘记尤利西斯的历险在几个世纪以来所意味的一切事情，而我不能不怀疑这些意味究竟是隐含于原著文本中，还是后来逐渐增添、变形或扩充的。如果我读卡夫卡，我就会一边认可一边抗拒"卡夫卡式的"这个形容词的合法性，因为我们老是听见它被用于指称可以说任何事情。如果我读屠格涅夫的《父与子》或陀思妥耶夫斯基的《恶魔》，我就不能不思索这些书中的人物是如何继续一路转世投胎，一直到我们这个时代。

读一部经典作品还一定会令我们感到意外，当我们拿它与我们以前所想象的它比较。这就是为什么我们总要一再推荐读第一手文本，尽量避免二手书目、评论和其他解释。中学和大学都应加强这样一个想法，也即任何一本讨论另一本书的书，所说的都永远比不上被讨论的书；然而他们竭尽全力要让学生相信的，事实上恰恰相反。这里存在一种流行很广的价值的逆转，即是说，导言、批评机器和书目被用得像烟幕，遮蔽了文本在没有中间人的情况下必须说和只能说的东西——而中间人总是宣称他们所知比文本自身还多。因此，我们可以总结：

八、一部经典作品是这样一部作品，它不断让周围制造一团批评话语的尘云，却总是把那些微粒抖掉。

一部经典作品不一定要教一些我们不知道的东西；有时候我们在一部经典作品中发现我们已知道或总以为我们已知道的东西，却没有料到那个经典文本早就说了（或那个想法与那个文本有一种特殊联系）。这种发现同时也是非常令人满足的意外，例如当我们弄清楚一个想法的来源，或它与某个文本的联系，或谁先说了，我们总会有这种感觉。综上所述，我们可以得出如下定义：

九、经典作品是这样一些书，我们越是道听途说，以为我们懂了，当我们实际读它们，我们就越是觉得它们独特、意想不到和新颖。

当然，发生这种情况通常是因为一部经典作品的文本"起到"一部经典作品的作用，即是说，它与读者建立一种个人关系。如果没有火花，这种做法就没有意义：出于职责或敬意读经典作品是没用的，我们只应仅仅因为喜爱而读它们。除了在学校：无论你愿不愿意，学校都要教你读一些经典作品，在这些作品当中（或通过把它们作为一个基准）你以后将辨别"你的"经典作品。学校有责任向你提供这些工具，使你可以做出你自己的决定；但是，只有那些你在学校教育之后或之外选择的东西才有价值。

只有在非强制的阅读中，你才会碰到将成为"你的"书的书。我认识一位出色的艺术史专家，一个极其广博的人，在他读过的所有著作中，他最喜欢《匹克威克外传》，他在任何讨论期间，都会引用狄更斯这本书的片断，并把他生命中每一个事件与匹克威克的生平联系起来。渐渐地，他本人、宇宙及其基本原理，都在一种完全认同的过程中，以《匹克威克外传》的面目呈现。如果我们沿着这条路走下去，我们就会形成对一部经典作品的想法，它既令人仰止又要求极高：

十、一部经典作品是这样一个名称，它用于形容任何一本表现整个宇宙的书，一本与古代护身符不相上下的书。

这样一个定义，使我们进一步接近关于那本无所不包的书的想法，马拉梅梦寐以求的那种书。但是一部经典作品也同样可以建立一种不是认同而是反对或对立的强有力关系。卢梭的所有思想和行动对我都十分亲切，但是它们在我身上催发一种要抗拒他、要批评他、要与他辩论的无可抑制的迫切感。当然，这跟我觉得他的人格与我的性情难以相容这一事实有关，但是，如果这么简单的话，则我避免读他就行了；事实是，我不能不把他看成我的作者之一。所以，我要说：

十一、"你的"经典作品是这样一本书，它使你不能对它保持不闻不问，它帮助你在与它的关系中甚至在反对它的过程中确立你自己。

我不相信需要为我使用"经典"这个名称辩解，我这里不用古代、风格和权威等字眼来区分。（关于这个名称的上述种种意义的历史，弗朗哥·福尔蒂尼为《伊诺第百科全书》第三册撰写的"经典"条目有极详尽的阐述。）基于我这个看法，一部经典作品的不同之处，也许仅仅是我们从一部不管是古代还是现代、但在一种文化延续性之中有它自己的位置的作品那里所感到的某种共鸣。我们可以说：

十二、一部经典作品是一部早于其他经典作品的作品；但是那些先读过其他经典作品的人，一下子就认出它在众多经典作品的系谱图中的位置。

至此，我再也不能搁置一个关键问题，也即如何协调阅读经典与阅读其他一切不是经典的文本之间的关系。这个问题与其他问题有关，例如："为什么要读经典作品，而不是读那些使我们对自己的时代有更深了解的作品？"和"我们哪里有时间和闲情去读经典作品？我们已被有关现在的各类印刷品的洪水淹没了。"

十三、一部经典作品是这样一部作品，它把现在的噪音调校成一种背景轻音，而这种背景轻音是经典作品的存在不可或缺的。

十四、一部经典作品是这样一部作品，哪怕与之格格不入的现在占统治地位，它也坚持成为一种背景噪音。

事实仍然是读经典作品似乎与我们的生活步调不一致，我们的生活步调无法忍受把大段大段的时间或空间让给人本主义者的悠闲；也与我们文化中的精英主义不一致，这种精英主义永远也制订不出一份经典作品的目录来配合我们的时代。

这反而恰恰是莱奥帕尔迪的生活的环境：住在父亲的城堡，他得利用父亲莫纳尔多那个令人生畏的藏书室，实行他对希腊和拉丁古籍的崇拜，并给藏书室增添了到那个时代为止的全部意大利文学，以及所有法国文学——除了唱片小说和最新出版的作品，它们数量极少，完全是为了让妹妹消遣（"你的司汤达"是他跟保利娜谈起这位法国小说家时的用语）。莱奥帕尔迪甚至端起绝不算"新近"的文本，来满足他对科学和历史著作的极端热情，读布封的关于鸟类的习惯的著作，读丰特奈尔关于弗雷德里克·勒依斯的木乃伊的著作，以及罗宾森的关于哥伦布的著作。

今天，像青年莱奥帕尔迪那样接受古典作品的熏陶，已难以想象，尤其是他父亲莫纳尔多伯爵的藏书室已经崩溃。说崩溃就是说那些古书已所剩无几，也指新书已扩散到所有现代文学和文化里去。现在可以做的，就是让我们每个人都发明我们理想的经典藏书室；而我想说，其中一半应该包括我们读过并对我们有所裨益的书，另一些应该是我们打算读并假设对我们有所裨益的书。我们还应该把一部分空间让给意外之书和偶然发现之书。

我注意到，莱奥帕尔迪是我唯一提到的来自意大利文学的名字。这是那个藏书崩溃的结果。现在我应重写整篇文章，使它明白表示，经典作品帮助我们理解我们是谁和我们所到达的位置，进而明白意大利经典作品对我们意大利人是不可或缺的，否则我们就无法比较外国的经典作品；同样地，外国经典作品也是不可或缺的，否则我们就无法比较意大利的经典作品。

接着，我还真的应该第三次重写这篇文章，以免人们相信之所以要读经典作品是以为它有某种用途。唯一可以列举出来讨他们欢心的理由是，读经典作品总比不读好。

而如果有谁反对说，它们不值得那么费劲，我想援引纪奥伦（不是一个经典作家，至少还不是一个经典作家，却是一个现正被译成意大利文的现代思想家）："当毒药正在准备中的时候，苏格拉底正在用长笛练习一支曲调。'这有什么用呢？'有人问他。'至少我死前可以学习这支曲调。'"

（选自《为什么读经典？》，卡尔维诺著，黄灿然、李桂蜜译，译林出版社，2006年8月）

想想做做

伊塔洛·卡尔维诺（Italo Calvino，1923—1985），意大利新闻工作者、短篇小说家、作家，他的奇特和充满想象的寓言作品使他成为二十世纪最重要的意大利小说家之一。

卡尔维诺有一句名言：阅读就像在丛林中前进。上文给经典作品下了十四个似是而非的定义，请边读边勾画出相关定义，把它们串联起来，看看彼此内在的联系。最好在读的过程中，把自己"在丛林中前进"的感觉随手记录下来。

第十单元　谈古论今

旁征博引，纵横比照。贯穿古今中外，游走天地之间，看似漫不经心，却匠心独运。

阅读指引

古人有"宁可食无肉，不可居无竹"，竹子意味着气节和操守，"竹林七贤"继承了建安文学的精髓，用自己的方式践行理想。我们一起透过历史的尘埃看看在乱世中他们如何保持竹子的气节，悠然自得地诗意生活。

竹林的精神面貌
〔中国香港〕董　桥

（一）

阮籍是三国时代魏国文学家、思想家，当过步兵校尉，蔑视礼教，

白眼看待礼俗之士，后期才变为"口不臧否人物"，以醉酒保全自己于乱世。他认为天地生于自然，万物生于天地，主张"自然"应和封建等级制度相结合，做到"在上而不凌乎下，处卑而不犯乎贵"。擅写五言诗，嗟生忧时，苦闷彷徨，词语多隐约。他的侄儿阮咸狂放不拘礼法，善弹琵琶，姓名遂成那种拨弦乐器的名字，简称"阮"，所谓"拂琴拨阮"，用拨子或假指甲弹奏。嵇康也是魏的名人，文学音乐都通晓，与宗室通婚，崇尚老子庄子，讲求养生服食之道，也不满当时掌握政权的司马集团，遭钟会构陷，为司马昭所杀。他一生厌恶烦琐礼教，主张回归自然，鲁迅称赞他"思想新颖，往往与古时旧说反对"。当时统治者推行礼乐教化思想，他偏偏断言音乐本身并无哀乐可言。以弹《广陵散》著名。我有一部鲁迅手抄的线装《嵇康集》，是一九五六年文学古籍刊行社为纪念鲁迅逝世二十周年而影印出版的。这是鲁迅校勘各种版本而完成的稿本，从一九一三年做到一九二四年，是鲁迅大费精神的一项治学工作，自称"中散遗文，世间已无更善于此者"。读此书还可欣赏鲁迅的小楷，漂亮得很。刘伶政治上信仰无为而治，无能罢免。一生宣扬纵酒放诞生活，蔑视礼法。向秀是魏晋之际的文学家、哲学家，字子期，为《庄子》作注，未竟而卒。他主张自然与名教统一，儒道合一，追求逍遥，擅诗赋。山涛字巨源，也好老庄学说，本与嵇康交游，做官后想引嵇康出仕，嵇康致书绝交。王戎好清谈，贪吝好货，广收八方园田，积钱无数，每执牙筹昼夜计算，为时人所讥，说他平庸。

（二）

以上七位名士常常在竹林相聚，谈玄论道，临流沐风，在琴声阮声中饮酒吟唱，悠然自得，结成"竹林七贤"。

（三）

我念初中的时候，有一位教国文的钟老师课余跟我讲过竹林七贤的故事，给我看过一小幅石印的七贤图。我偏爱竹林，却觉得那七位名士偶然结伴在林中聚一聚，竟让人封为竹林七贤，反而显得造作了。幸好他们都崇尚自然，蔑视礼教，借郊野景象烘托其狂放的人生观，倒不失为上乘的养生之道。我于是习惯把描画竹林七贤的画作和文玩视为独具哲学寓意的艺术境界，相信这些作品应该捕捉特定时期里中国士大夫的精神面貌。南京博物馆所藏南朝《竹林七贤与荣启期》青砖模印线条杰作固然是上上妙品，最近看到的刘旦宅先生的《竹林七贤卷》影印本，布局和意境也都有许多突破和独到之处。中国士大夫始终面对散发山林和晋身庙堂的矛盾，刘先生笔下的嵇康抚琴远望稳步走来的山涛，一个是满脸不屈于权贵的孤傲气度，一个是道貌岸然的庄重举止，隐约勾出了嵇康后来修书绝交的伏笔。七贤的相貌也许都非常平凡，画家深刻的政治哲学意识才可以化竹林中的腐朽为神奇。我收藏一件清中期竹林七贤图竹雕香筒，刻工虽精，人物虽好，却到不了刘先生的境界。可惜。

[选自《英华沉浮录（二）》，董桥著，海豚出版社，2012年]

想想做做

文章写的是竹林七贤，为什么阮籍和嵇康部分着墨最多，其他部分则略写？文末"刘先生的境界"应该是什么样的？竹林七贤真正被人传颂的原因是什么？

第一段中突然插入鲁迅手抄的线装《嵇康集》部分有什么意图？与作者"认识"竹林七贤的过程有什么关联？

> **阅读指引**
>
> 谈到中国传统文化时,不得不讨论"士"这个阶层,他们有自己固有的处世原则,"士节"是什么?这一特殊的阶层如何与传统文化相勾连,在动荡的历史中传承、传承?让我们跟随民族文化研究专家王学泰,去感触那些风起云涌的变迁。

说士节

王学泰

"士节"这个词有点"古",现在很少有人用了,所以在此文的开头不能不对它做些解释。最初"士"就是成年男子的通称,周代至春秋时期多指贵族最低的一个阶层,后来遂指有一定的社会管理知识能够进入官僚阶层的人们,再后来则指读书人。二十世纪二十年代,教育总长章士钊著文说,晏婴的"二桃杀三士"是用两个桃子杀了三个读书人,把"士"解释成为"读书人";这是没有考虑到"士"之所指是有个发展变化过程的,遂为鲁迅所笑。"节"指节操,"士节"也就是"士"所应该有的节操,这里的"节操"包括操守和尊严。朱自清曾说:"在专制时代的种种社会条件之下,集体的行动是不容易表现出来的,于是士人的立身处世就偏向了'节'这个标准,在朝的要做忠臣,这种忠节或是表现在冒犯君主尊严的直谏上,有时因此牺牲性命,或是表现在不做新朝的官,甚至以身殉国上。"(《论气节》)朱先生只是讲了士节的外在表现,忽略了士节也是士人的内在需求。用现代语言来说,士节实际上是士人的角色意识的表现,士人在严守士节中感到自己是真正的士。

一、士节的基础

作为角色意识的士节形成于贵族社会,"士"在那个社会里是指军人和下层官吏,社会要求他们必须自尊自爱和遵守某些原则,社会也为此创造了必要的条件,那时士遵守士节是极其自然的。春秋以来,礼崩乐坏,等级流动,士人存在的外部条件发生了变化,士对如何保持自己的尊严与操守感到茫然,但士节还是保存了下来,只是此后士节的张扬不是靠制度,而是靠统治者的宽容、尊重,和士人自我意识的坚挺了。

《吕氏春秋》专门有一节讲"士节"。《吕氏春秋》是战国末期集合各个学派的精英写的一部著作,"士节"大约是纵横家的作品,文章写得铺排夸饰:

士之为人,当理不避难,临患忘利,遗生行义,视死如归。有如此者,国君不得而友,天子不得而臣。大者定天下,其次定一国,必由如此人者也。

文中强调"士"的操守的坚定、人格的独立,并夸大士的能力和作用,强调了他们的"独立"和尊严。但这种强调本身就缺乏底气,因为已经没有了制度的保障。当时天下纷纷,你争我夺,强者渴望统一天下、传之万世;弱者也在争取一席之地,至少也要保守社稷,使祖宗的香火不致断绝。而士是各国争夺天下的助手,一些士人还制造了"得士者昌,失士者亡"的舆论,一时哄传。《吕氏

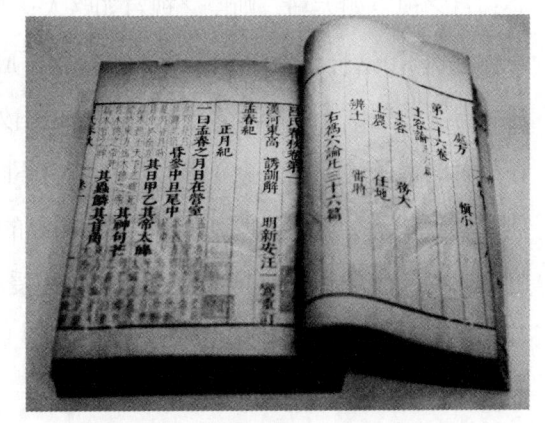

春秋》中的这段很像广告的妙文，也是"舆论"中的一部分，其目的是要高价出卖给识货者，也就是后来所说的"学成文武艺，货与帝王家"。当时诸国的国君因为是世代相传，退化者多，面对纷乱列国形势则不知怎么办才好，于是竞相从各国引进士。于是，需求者众，"士"自然会以为奇货可居，不必对统治者低三下四，"说大人则藐之"，士仿佛坚挺起来了，但这离真正的独立性还很遥远。

不过我们也应看到，那时毕竟离贵族社会相去不远，每个阶层的人们对属于自己操守的记忆，尚未完全丧失，有的还能严格遵守，所以才会有"宋襄公不杀二毛""二桃杀三士""专诸刺王僚""荆轲刺秦王"等被后世聪明人视为"愚蠢"的事件发生。也因为君臣之隔尚不太悬绝，上下之间也还保留了一些相对关系，没有单方面的奉献。还应该看到，当时学派蜂起，各个学派的代表人物游走于诸侯之间，在游说人君和宣传自己的政治主张时，他们逐渐认识到自己的力量和利益，于是在许多学者看来，君臣本质上是一种合作关系，他们之间互有权利义务。孔子说"君使臣以礼，臣事君以忠"，主张君臣要共同遵守礼的规范。虽然这个"礼"不单纯是揖让进退之节，但确实包含着君主对臣工的人格和利益的尊重；孟子说得更清楚明确："君之视臣如手足，则臣视君如腹心；君之视臣如犬马，则臣之视君如路人；君之视臣如土芥，则臣之视君如寇仇。"这样，当时的士人不仅争得了应该属于自己的利益，而且还赢得了一些做人的尊严。士人们的进退出处也都有自己的标准，这些在当时的诸子（除了法家）著作中也都有不同程度的表现。吮痈舐痔之徒不能说没有，但他们受到社会舆论一致的蔑视和鄙弃则是不言而喻的。此时传统的保护士节的制度和措施也受到有远见的统治者的尊重，其中《礼记·曲礼》中说的"刑不上大夫"就是重要的一条。这也是使士人保持"节"的一个外部条件。

古代刑事惩罚主要是"身体刑"(近代则主要是限制人身自由),其中最轻的是"髡"(剃发),最重的是"辟"(杀头)。这些惩罚严重地摧毁着人的尊严和自信。司马迁在《报任安书》中说到士大夫"受辱"的若干层次时,是把重点放在身体所受的伤害上:"其次诎体受辱,其次易服受辱,其次关木索、被箠楚受辱,其次剔毛发、婴金铁受辱,其次毁肌肤、断肢体受辱,最下腐刑极矣。"被摧毁了自尊心的和被摧残了肢体的士人,怎么能够承担起社会赋予他的职责呢?司马迁在讲了一系列的"受辱"之后,也谈到了《礼记》的"刑不上大夫"之说,他认为"此言士节不可不勉励也"。统治者提倡"士节",似乎不能完全从特权角度理解,其目的在于使士大夫保持其精神追求,也是他们从事其职业的保证。当时士大夫是社会的管理者,用现在的话说,他们掌握着"公权力";倘若士节被摧毁,使其没有了操守,可以无所不为,这样"公权力"就会成为谋取私利的工具,那么本来的社会中坚就成为社会蠹虫。另外还应看到由于社会舆论的鼓励,培养了一批有廉耻、识去就、守信义、重然诺的官员,这对最高统治者的绝对权力也是一个制约。

先秦诸子大多看重士节,有的还张扬士节,孟子所说的"大丈夫"品格就是一例,他们对于君王权力的扩张有不同程度的抗拒。儒、墨诸子是以"帝王师"自视的(使后世有道统与治统之争),道家特别是庄子视权位如腐鼠敝屣,不值一顾(后世遂有与君主不合作的士人)。他们的为人也多有品、有守、有趣。惟有法家把权力绝对化,漠视众生,面目可憎。他们造就了对君主奴颜婢膝、对臣民冷酷无情的酷吏。后世所说的"三纲"的首倡者实际上是法家,韩非说:"臣事君,子事父,妻事夫,三者顺则天下治,三者逆则天下乱。"法家认为统治者应该拥有无限的权力,臣民只是他的驯服工具,应该绝对服从,否则不应在世上存在。商鞅、韩非的"理论"只考虑最高统治者的利益和权力,从不为其他阶层的人着想。他们设计的"理想国"中，君王以下，只有替君王卖命的战士和为君王生产食物的农夫（所谓"耕战之士"），其他的都是虮虱或蠢虫，都在应予消灭之列。这些法家代表人物也真是"大公无私"，在他们设计的理想国中甚至都没有给自己留下一个位置，难怪商鞅、韩非死在了实践法家"理想"的秦国。这种现象用文言说是"作法自毙"，用老百姓的话说，就是"活该"。他们的死不具有"悲剧意义"！此外，还应该看到，法家代表人物所制订的治国方略，也剥夺掉了后世广大士人保持自尊和节操的外部条件！

这个法家的理想国，被称作"虎狼之国"的秦，统一了天下（其实当时有可能统一中国的还有齐国和楚国，但历史选择了文化最落后的秦国，这才是历史的悲剧。恩格斯曾指出，冷兵器时期，往往是彪悍野蛮民族战胜先进的文明民族。秦统一中国，在文化上其主要倾向是倒退）。秦野蛮的文化专制政策对后世起了非常坏的示范作用，"百代皆行秦政制"，秦实现大一统后，士人的依附者只有皇帝一家了。士的出路被皇帝垄断，他们在惟一的主顾面前再也硬不起来了，"用之则为虎，不用则为鼠"，士人保持节操的外部条件基本上消失了，士人变成了非得依附在某张"皮"上不可的"毛"。这时"士节"要表示出的相对独立性，往往是要依赖统治者对士的尊重的程度和士人自身的内在力量。

刘邦是个来自农村的痞子，没有多少教养，好轻侮人，当着士人的面让两个侍女给他洗脚，在儒生的帽子里撒尿……当谋士郦食其求见时，他说不见"儒人"，郦食其说"我乃高阳酒徒也"！意谓我只是个高阳的酒鬼，与你这个沛县的痞子差不了多少！刘邦见来者不善，明白了这是光棍见光棍，赶紧以礼待之。刘邦的儿子惠帝就比较尊重士人，能赢得胜朝遗贤"四皓"上门。但从历史的总趋势来说，专制越来越加强，士人所受到的尊重就越来越差，循此而递减。例如古代大臣与君主之间可以从容地坐而论道；唐代的宰相在皇帝面前还有座位；到了宋初，宰相的座位就被撤掉了；明清两代，士人地位跌到了低谷。明代的诏狱、廷杖，清代的跪见奏对制度和申斥制度，都是在残酷地摧毁着士人的尊严。士节所依存的外部条件几乎消失殆尽了。

二、廷杖与廷跪

一个朝代开国皇帝很重要，他的性格和统治风格对于本朝影响很大。宋代开国皇帝赵匡胤为人比较仁厚，他定下三条要子孙遵守：一不杀柴氏子孙（赵的皇位来自柴氏）；二不杀士大夫；三不杀上书言事人。宋朝历代皇帝都能恪守。虽然总的来看，宋朝的专制较之前代仍然有所加强，但由于"不杀头"的政策，这一朝的政见、思想、学派还是呈多元的趋势的。

明的开国皇帝朱元璋与赵匡胤正相反，他为人苛酷寡恩，滥杀功臣，用刑酷而滥；又由于其出身卑微，对士大夫有一种发自内心的嫉恨，但又很难说出口，于是找各种岔子在精神上与生理上侮辱士人。明代对士大夫的两大酷政——诏狱和廷杖，都始于朱元璋。所谓"诏狱"，就是皇帝直接审理、处置官吏，不必经过司法部门和司法程序；所谓"廷杖"，就是皇帝在朝上令锦衣卫当庭打官吏板子。朱元璋晚年疑心特重，喜怒无定，官员的赏罚没有一点章法，完全是凭一时的好恶。言官直臣王朴，因一事与朱元璋辩论是非，朱说不过他，把他推到市上问斩。正要开刀，朱元璋又

召他回朝，问王朴："汝其改乎?"王朴正气凛然地回答说："陛下不以臣不肖，擢官御史，奈何摧辱至此，使臣无罪，安得戮之？有罪，又安得用之？"这个坐在皇帝位上的朱元璋希望王朴求饶认错，自己出了气，又保全了皇帝的威严；而耿直的王朴这种掷地有声的回答和严正的逻辑，把朱元璋气坏了，立刻催促把他推出去杀了。另一个直臣茹太素也敢于与朱元璋争，朱既觉得他有用，又恨他不能卑躬屈膝，有时甚至让他戴着脚镣办公，最后还是把他杀了。廷杖也是从茹太素开始的。廷杖之惨，清初的胡承谱所著《续只麈谈·廷杖故事》里说得十分具体："凡杖者以绳缚两腕……缚囚定，左右厉声唱：'喝阁棍。'则人持棍出，阁于囚股上。喝：'打！'则行杖，杖之三，令：'着实打！'或伺上不测，喝曰：'用心打！'而囚无生理矣。五杖易一人，喝如前。喊声动地，闻者股栗。凡杖，以布承囚，四人舁之；杖毕，以布掷地，几绝者，十之八九。列校行杖之轻重，必察二官之话言，辨其颜色；而黠者则又视其足。足如箕张，囚犹可生；靴尖一敛，囚无生理矣。"从这个记载中，可以想见"廷杖"时的氛围和对受杖者人格的摧残。

　　清代取消了"廷杖"，但君臣之间关系更加悬绝，特别是与汉族臣工的关系。终清之世，皇帝对于汉族臣工的防范一直很严，特别是对身边的汉族大臣。其防范的方法之一就是打压。大臣在皇帝面前上奏或回话，都要跪着，不管多大年龄。清代笔记中记载内阁、军机大臣、六部九卿的堂官预备奏事时，都要先想好了如何用最简单的语言就把事说清楚了，话说得啰唆了，跪的时间就长，膝盖受不了。年龄大的军机大臣在上朝时都要在膝盖上套上护膝，免得在回话时膝盖受不了而"失仪"。君臣一个高高在上，坐在龙椅上，一个跪在殿下。哪里像现今一些以康雍乾三朝为题材的电视剧描写的那样：君臣之间，同榻而坐，言笑晏晏，亲密无间。编剧认定这三朝皇帝是胸襟开阔、特别大度的，这纯粹是臆想和杜撰。清代皇帝之所以对大臣如此贬抑，除了专制主义的发展达到最高峰以外，也因为统治者以数十万少数族人，统治着以数亿计的人口和文化先进的汉族，防备之心太甚。皇帝们口头上虽然常说"满汉一体"，实际上偏见和歧视时时压在心头。他们特别小心眼，这从那个时期的文字狱也可以看出一二，例如雍正在《大义觉迷录》中与"罪犯"士人曾静的没完没了的"辩论"，最后曾静被"感化"了，愿意到各地现身说法，宣扬皇清的恩德和雍正的仁爱。雍正还在诏书上向臣民推荐曾静"认罪书"，要臣民认真学习，而且诏告子孙，要保障曾静的安全。然而乾隆一继位就把曾静杀了，说诽谤我没有关系，谤及先皇是不可原谅的。从这个案子可见雍正、乾隆父子可笑的表演。"奉旨申斥"是另一种羞辱大臣的方法，皇帝要羞辱谁，可派太监当朝"申斥"他，被"申斥"者要跪在殿下敬聆。清代的太监都是粗人，他不管娘老子地在那个倒霉大臣耳根子旁痛骂一阵，因为太监是代表皇帝骂的，不能质疑、反驳，更不能回骂，被骂者有时被骂哭了。当然，如果被"申斥"者使了钱，太监在耳根子那里随便说两句也就完了。

一个"廷杖"，一个"奉旨申斥"，把"庄严"的朝堂弄得与市井差不太多了。

三、士节的涨落

秦代以后，士节的外部条件总倾向是越来越恶劣，士人在皇帝眼中越来越像奴仆，他们用刑罚和名利双向消解着士节。士节是士人的灵魂，那些自尊自重的士人，很有抵御能力，没有被收买也未被吓倒。这在两汉很突出，给后世起了很好的示范作用。汉代被尊称为"关西夫子"的杨震，其任荆州刺史时，有人夜中赠金十斤，杨震坚决拒绝，赠者说，"在这深夜里没人知道"。杨震回答说："天知，神知，我知，子知，何谓无知？"这就是后代常说的"四知金"。这个事情不大，却被后世视为士大夫严于自律的表率而津津乐道。两汉还有的士人竟敢触动皇权专制制度下最为敏感的问题——帝位问题，他们看到国家和人民遭受的苦难，遂遵循原始儒家的"天下乃天下之天下，非一人之天下""惟有德居之"和"更受命"的理论，提出汉德已尽，要求皇帝下诏"求索贤人，禅以帝位"。这种做法简直就是与虎谋皮，历代臣子们都会视为大逆不道的事情，而汉代一些士人竟敢于上书要皇帝遵循儒家的"革命"理论去实践。如眭弘、谷永、盖宽饶等，都是敢于言人之不敢言，在重大的政治问题上表现出坚挺的士节。至于东汉末年的"党锢之争"中，广大士人面对宦官的镇压与迫害，抱着临难勿苟免的精神，前赴后继，宁死不屈。史家范晔在《后汉书·党锢列传》中，说这些士人"激素行以耻威权，立廉尚以振贵势，使天下之士奋迅感慨，波荡而从之。幽深牢、破室族而不顾，至于子伏其死而母欢其义，壮矣哉！""党人"坚持自己的节操与理想，对抗"威权""贵势"，置倾家荡产和破室灭族于不顾，这也鼓舞了广大太学生和在野的士人，声震天下，整个天下都在热血沸腾！两汉之所以士节高涨，这与汉朝初年士人总结秦二世而亡的历史教训，否定了秦朝的绝对专制，以及士人有意识地师法先秦密切相关，另外汉代皇帝经常提倡与褒奖气节，于此也有一定的效用。

　　三国魏晋南北朝期间，虽然也有较安定的时候，但社会动乱是主流；士人也像普通人一样把保持生命视为第一要务，诸葛亮说的"苟全性命于乱世，不求闻达于诸侯"颇有代表性。当生命稍有保障时，便是抓紧时间享乐。乱世与求生的交织促进人性的觉醒，士人感觉到"本我"更重要，所以属于角色意识的"士节"被淡化了。

　　唐宋时期的"士节"则凸显在与异族的武装斗争中。为君主尽忠不仅是在实践臣的义务，也是与春秋大义中的"攘夷"联系在一起的。最早的榜样就是唐代安史之乱中壮烈牺牲的常山太守颜杲卿和睢阳太守张巡，他们在无外援的情况下坚持苦斗和惨烈牺牲的精神，把许多士人从盛唐的浪漫生活中惊醒。从此士节与民族斗争联系了起来。

"士节"本是随着受到尊重程度的高低而涨落的，奇怪的却是明代士的尊严被打落到谷底，然而这一代重视"士节"者却不少见。许多士大夫把皇帝家的事情当作自己家里的事情一样去办，甚至不惜牺牲性命。嘉靖初的"议大礼"事件就是一例，台湾柏杨先生的《中国人史纲》里对此有很精彩的描写。一些反对派的臣工聚集在朝门，撼门大哭，声震于廷。有些大臣被廷杖，首席大学士杨廷和被罢官，其子状元杨慎被贬到云南二三十年。看起来士很有"节"，但实际上，他们以死相争的不过就是嘉靖皇帝如何称呼他的生身父亲的问题，与国家的命运和民生的苦乐没有任何关系。

有明一代，士大夫因为抨击宦官当政、揭露奸臣当道、批评皇帝昏庸，而被廷杖、被杀戮、被贬斥的不知凡几。他们前赴后继、勇于献身，甚至牵连家人九族。在明亡过程中，无论在朝还是在野的士大夫争相殉节、慷慨赴死，其人数之众多、其自觉、其酷烈，也为历代所少见。这使人感到很奇怪，为什么操守没有随着尊严的稀缺而低落呢？原因很多，其中最重要的是意识形态的作用，即理学对明代士大夫的全面渗透。理学产生于宋代，真正畅行的是明代。明代开国文臣很多是理学家，从朱元璋起，皇帝也在不断地提倡。理学主张"存天理，灭人欲"，它否定了先秦时期士人们就已认识到的个人的权利意识，强调士人对国家和君主的绝对忠诚，而且在士大夫中形成了一个对君王绝对忠诚的舆论，把能不能尽忠尽节、能不能无条件地为君王去死，看成是士大夫的基本道德规范，在思想上剥夺了士大夫一切属于个人的东西。这使得本来通达中庸、不走偏锋的儒家思想变成了走极端的邪教（应该把走极端看成邪教的特征，谓予不信，可周览一下给人类带来巨大伤害、把平常人弄得五迷三道的教派，大多是邪教），把重理性、重人情的儒生弄成了痴迷症患者。明末王夫之的观点很有代表性，他特别强调君王的权力，是一个绝对专制的鼓吹者（在这一点上，他与黄宗羲、顾炎武有根本区别），在其著作《读通鉴论》中，曾就唐代宰相张说为了涵养士大夫的廉耻而反对刑杖士大夫的意见驳斥说，这是"士大夫自护其类，以抗上避害"，并说这种做法是乱了"天下之公理"，使得"君臣之道丧"，从而导致了廷杖诏狱之祸，"燎原而不可扑矣"。这种说法不仅宣扬君权至上，而且剥夺了士人为争取自己的权力和利益而做的努力。王船山的看法在当时的"正人"中颇有市场。这种"理"给历史带来的祸患很大，清代戴震说的"以理杀人"，也就是对这种只讲君王权利的"片面道理"的控诉。因此明代有的士大夫尽忠殉节，给当时和后世的外御强权、内抗强暴做出了示范，提供了榜样；有的则如《红楼梦》中贾宝玉所说的是"浊气一冲"，以为是慷慨赴死，实际上是给后人留下了笑柄。这时的"士节"高涨其实是一种畸形的士节，看似轰轰烈烈，实际上于事无补。有的甚至不能体现士的尊严。正像当时俗谚中所说，"平日袖手谈心性，临难一死报君王"。

到了清代，统治者提倡理学虽然也是不遗余力，特别是在康熙、雍正两朝，但由于它毕竟是少数民族建立的王朝，君臣之间的隔阂外又增加了满汉之间的隔膜，所以清代争着抢着做忠臣的现象不多。那些高官心里明白得很，知道自己是局外之人，皇帝不是自己的亲娘老子；倒是一些没有功名、没有受过什么皇恩雨露的普通读书人，不知山高水深，把皇帝看成亲爹娘上书撒娇，反被杀头发配（文字狱的受难者多是这类人），鲁迅称之为"隔膜"。乾隆皇帝把明代投降了大清的官员都编入

《贰臣传》，但是他也不喜欢当世有忠臣。他认为自己是"天纵之圣"、是"有道明君"，在明君之下只能有"良臣""能臣"去努力做事，而不能有"忠臣"尽忠。昏君之下，国乱之时才显忠臣，而现在是明君当道，这样即使有个别的士大夫想尽忠也不可得，因为尽忠就等于批评皇帝昏聩。

没有了忠臣，"士节"也无由表现，清代是士节的全面低落时期。士风的颓靡完全暴露出来，这在小说《儒林外史》中有深刻而生动的描绘。但这不能全怪清代，而是两千多年来专制制度发展演变的结果。没有士节的士大夫是卑琐的，他们之间热衷于官场的可以抠抠八股文；惑于名场的弄弄诗文；朴学考据也恰成为官场、名场的点缀。没有士节的士大夫只能沉醉于卑琐无聊之中，决不会出大才。龚自珍就激愤地感慨社会的平庸，官场里没有了"才相""才史""才将"；学校里没有了"才士"；民间没有了"才民""才工""才商"；甚至街巷中也没有了"才偷"，江湖中没有了"才盗"，一片浑浑噩噩。如果有一位"才士""才民"出现，那么就会成为成百上千的"不才"之人诋毁的对象，众起地来束缚他、围攻他，直到灭了他为止。龚自珍还说，消灭有才者，不是用刀锯，不是用水火；一些人的学说文章、道德舆论、音容笑貌，都是杀人的刀斧。这段话说得真是深刻。

士节的低迷，也很少有忠烈之臣。清末许多官僚以忠烈自诩，可是清朝亡了，他们没有一个以身相殉的，只是搬了自己多年辛勤搜刮来的金银珠宝住到天津或上海的租界里，以"大清遗民"自居，过着优哉游哉的闲散生活，有的还要从清室那里领点儿津贴。

四、从士节到公民意识

当然，清末也不是完全没有坚持士节的士人了，最典型的如为变法自觉献身的谭嗣同，和稍后一些的自立军领袖唐才常，以及清末许多献身于反清的烈士如徐锡麟、秋瑾、邹容等等，都是"敢将热血写春秋"的英雄。说他们没有"士节"，恐怕读者难于接受。但这些人士已经有意识地在摆脱传统了，连谭嗣同这样的改良派人物，也曾在变法中酝酿结束专制统治。他们的思想中还有力图摆脱君臣关系的束缚，并主动接受西方的共和思想的一面。所以他们表现出的高尚的节操和轰轰烈烈的献身精神，已经不能用"士节"来概括和解释了；虽然人们在叙说他们的事迹和勇气时，用的还是歌颂士节的语言，如"望门投止""党人""张俭""杜根"之类，但其内容却是历史上不曾有过的。

自海寇西来，欧风东渐，传统的宗法制度开始解体，士农工商这种传统的社会分层也已动摇，这样有别于士人的新型知识分子逐渐出现。尽管新产生的知识分子还是带着士人的深刻烙印，但他们已经不是依附在皇权专制制度上讨生活的官员或准官员了，不再是依附在专制国家这张"皮"上的"毛"了。他们是国人中最早意识到自己是国家和社会中一分子的人们，也是最早思考自己权利和义务的人们，是有了初步独立公民意识的人们。

（选自《重读江湖》，王学泰著，福建人民出版社，2004年5月）

想想做做

读了这篇文章，你能不能结合你的历史知识，想想为何首先在贵族社会产生"士"的角色意识？为什么说"士"是各国争夺天下的助手？而在三国魏晋南北朝期间，"士节"为什么又被淡化了？"士节"能够得以传承依赖的是什么呢？

作者是按照什么顺序叙述"士节"变迁的?"士节"变化与封建政治制度有什么相关性?统治者对"士节"态度的变化是由什么决定的?公民意识与"士节"有什么关系?为什么要在文章的最后一部分讲公民意识?从中可看出作者在这里有什么希冀?

> **阅读指引**

吃喝是每个人绕不开的话题，随着社会的发展，吃的范围和花样也越来越多。我们知道"民以食为天"，当然也应知道饮食之中有历史、有文化，让我们跟随汪曾祺先生一起探索一下，宋朝除了传之于世的宋词，关于"吃喝"话题留下了什么？

宋朝人的吃喝
汪曾祺

唐宋人似乎不怎么讲究大吃大喝。杜甫的《丽人行》里列叙了一些珍馐，但多系夸张想象之辞。五代顾闳中所绘《韩熙载夜宴图》主人客人面前案上所列的食物不过八品，四个高足的浅碗，四个小碟子。有一碗是白色的圆球形的东西，有点像外面滚了米粒的蓑衣丸子。有一碗颜色是鲜红的，很惹眼，用放大镜细看，不过是几个带蒂的柿子！其余的看不清是什么。苏东坡是个有名的馋人，但他爱吃的好像只是猪肉。他称赞"黄州好猪肉"，但还是"富者不解吃，贫者不解煮"。他爱吃猪头，也不过是煮得稀烂，最后浇一勺杏酪。——杏酪想必是酸里咕叽的，可以解腻。有人"忽出新意"以山羊肉为玉糁羹，他觉得好吃得不得了。这是一种什么东西？大概只是山羊肉加碎米煮成的糊糊罢了。当然，想象起来也不难吃。

宋朝人的吃喝好像比较简单而清淡。连有皇帝参加的御宴也并不丰盛。御宴有定制，每一盏酒都要有歌舞杂技，似乎这是主要的，吃喝在其次。幽兰居士《东京梦华录》载《宰执亲王宗室百官入内上寿》，使臣诸卿只是"每分列环饼、油饼、枣塔为看盘，次列果子。惟大辽加之猪羊鸡鹅兔连骨熟肉为看盘，皆以小绳束之。又生葱韭蒜醋各一碟。三五人共列浆水一桶，立杓数枚"。"看盘"只是摆样子的，不能吃的。"凡御宴至第三盏，方有下酒肉、咸豉、爆肉、双下驼峰角子。"第四盏下酒是子骨头、索粉、白肉胡饼；第五盏是群仙、天花饼、太平毕罗、干饭、缕肉羹、莲花肉饼；第六盏假鼋鱼、密浮酥捺花；第七盏排炊羊、胡饼、炙金肠；第八盏假沙鱼、独下馒头、肚羹；第九盏水饭、簇下饭。如此而已。

宋朝市面上的吃食似乎很便宜。《东京梦华录》云："吾辈入店，则用一等玻璃浅碗，谓之'碧碗'，亦谓之'造羹'，菜蔬精细，谓之'造虀'，每碗十文。"《会仙楼》条载："止两人对坐饮酒……即银近百两矣。"初看吓人一跳。细看，这是指餐具的价值——宋人餐具多用银。

几乎所有记两宋风俗的书无不记"市食"。钱塘吴自牧《梦粱录》《分茶酒店》最为详备。宋朝的肴馔好像多是"快餐"，是现成的。中国古代人流行吃羹。"三日入厨下，洗手做羹汤"，不说是洗手炒肉丝。《水浒传》林冲的徒弟说自己"安排得好菜蔬，端整得好汁水"，"汁水"也就是羹。《东京梦华录》云"旧只用匙今皆用筯矣"，可见本都是可喝的汤水。其次是各种爊菜，爊鸡、爊鸭、爊鹅。再次是半干的肉脯和全干的肉。几本书里都提到"影戏"，我觉得这就是四川的灯影牛肉一类的东西。炒菜也有，如炒蟹，但极少。

宋朝人饮酒和后来有些不同的，是总要有些鲜果干果，如柑、梨、蔗、柿、炒栗子、新银杏，以及莴苣、"姜油多"之类的菜蔬和玛瑙饧、泽州饧之类的糖稀。《水浒传》所谓"铺下果子按酒"，即指此类东西。

宋朝的面食品类甚多。我们现在叫作主食，宋人却叫"从食"。面食主要是饼。《水浒》动辄说"回些面来打饼"。饼有门油、菊花、宽焦、侧厚、油锅、新样满麻……《东京梦华录》载武成王庙海州张家、皇建院前郑家最盛，每家有五十余炉。五十几个炉子一起烙饼，真是好家伙！

遍检《东京梦华录》《都城纪胜》《西湖老人繁胜录》《梦粱录》《武林旧事》，都没有发现宋朝人吃海参、鱼翅、燕窝的记载。吃这种滋补性的高蛋白的海味，大概从明朝才开始。这大概和明朝人的纵欲有关系，记得鲁迅好像曾经说过。

宋朝人好像实行的是"分食制"。《东京梦华录》云"用一等玻璃浅碗……每碗十文"，可证。《韩熙载夜宴图》上画的也是各人一份，不像后来大家合坐一桌，大盘大碗，筷子勺子一起来。这一点是颇合卫生的，因不易传染肝炎。

一九八七年一月十八日

（选自《作家》，1987年第6期）

想想做做

作者认为宋朝人的吃喝好像比较简单而清淡的依据是什么？作者从哪些途径获得信息并下结论的？既然是写吃喝，为什么要补充宋朝丰富的面食部分的内容？

为什么提到明朝开始的滋补食品？作者对宋朝人吃喝简单而清淡持怎么样的态度？结合对汪曾祺以及宋朝文化的了解，进一步思考，为什么作者会有此态度？

> 阅读指引

方言，是地方文化的重要内容，与其说更具有乡土气息，不如说是让人听着更亲切，表达情感更加妥帖。当然我们每个地区的方言都有自己独特的禁忌，你有没有想过那些禁忌是如何产生的呢？现在请易中天跟我们讲讲那些关于方言禁忌的事。

趣说方言禁忌
易中天

全国各地说话都有忌讳。

北方忌醋。因为"醋"与"错"音近。吃饭的时候，问人家"吃不吃醋"，就更是会引起误会。结果北方一些地区（如山西）便干脆管醋叫"忌讳"。粤语忌肝，因为"肝"和"干"同音，结果猪肝叫猪润，鸡肝叫鸡润，豆腐干叫豆润。吴语忌药，结果吃药叫"吃茶"，真正的茶则叫"茶叶茶"。上海话甚至忌"鹅"，因为"鹅"与"我"同音，弄不好"杀鹅"就成了"杀我"，所以上海人把鹅叫作"白乌龟"。

吃人的老虎当然也忌讳。于是北方叫"大虫"，温州叫"大猫"，长沙则把腐乳叫"猫乳"，把府正街叫"猫正街"，好像老虎一改了名，就不再张牙舞爪，全变成"乖乖猫"了。

"蚀本"的"蚀"当然也说不得，这在全国各地都视为禁忌。"蚀本"也叫"折本"，折，读如舌。所以舌头也不能说，得叫"口条"，苏州话则叫"门腔"。广州人、温州人和梅县人不但不肯"折"（蚀），还想有赚，便叫"猪利""猪口赚"和"猪利钱"。南昌人更绝，干脆叫"损毁才"（四川人也这么叫）。结果，猪舌头、牛舌头都不叫舌头，只有战争中抓过来问情报的俘虏才叫"舌头"。谁要是当了"舌头"，那就没好果子吃了。

社会方言中也有忌讳。

店家忌"关门"（破产倒闭）。于是吴语便把晚上关门暂停营业叫作"打烊"。烊的意思是熔化金属。店家白天收的都是碎银子，晚上得把它们熔化了铸成大元宝，当然要"打烊"了。所以"打烊"不仅不是"关门"，简直就是"招财进宝"。即便当真破了产，也不能叫"关门"，得叫"歇业"，意思是先歇会儿，回头再来。

船家忌"翻"、忌"沉"、忌"滞"、忌"住"、忌"搁浅"，因此"帆"得叫"篷"，"幡布"得叫"抹布"或"云转布"；"盛饭"得叫"装饭""添饭"。"箸"因为在不同的方言中与"沉""滞""住"音近，就变成了"筷子"。此外，吃饭的时候，不能把鱼翻过来，也不能把筷子搁在碗边上，稍有不慎，便犯了忌讳。

戏班则忌"散"，但凡谐音"散"的，都得改别的词，比如雨伞就得叫雨盖、雨挡、雨拦、雨遮。有一回新凤霞在后台说："我先歇歇！刚跑到这儿，浑身都是汗，累得都散了架子了。"话音还没落，把头李小眼就大吼一声"忌讳"。接着又说，"你还是在戏班长大的，怎么这么外行哪？这个字是戏班儿的忌讳，你不知道哇？你怎么不说是拆了架、碎了架？"拆了架、碎了架是个人的事，散了架可是戏班里最大的灾难，所以新凤霞非挨一顿臭骂不可。

数字也有忌讳，不过忌讳"四"的似乎只有广东人，北方人不怎么忌。北方人送礼，常常是四样，叫"四彩礼"，他们的酒席上，也常常是四凉四热，还要吃"四喜丸子"。

六八九是南方北方都喜欢的，因为六谐音禄，八谐音发，九谐音久。当然,也有例外,比如姓王又排行第八的,就最好不要叫他"八爷"。"八婆"也不能叫。在粤语中,"八婆"是指那些神神叨叨令人讨厌的女人,相当于北京的"事儿妈"。如果这女人是姑娘家,就叫八妹。八婆或八妹肯定是不会让你"发"的。

(选自《国学》杂志,2009年第6期)

想想做做

易中天用独有的诙谐幽默的语言,给我们上了一堂有关方言禁忌的课。想一下:除了读音上的相似,什么情况还可能产生禁忌?从"打烊"一词的变化上看社会方言的背后隐含着什么呢?

作者是按照什么顺序介绍方言的?为什么后介绍社会方言的禁忌?区域和社会方言的禁忌有什么关联?

阅读指引

每四年一次的足球世界杯举行期间几乎都是全球狂欢期,足球的魅力早已跨越了国界、种族、性别、年龄,如果你想了解有关足球的趣事,阅读此文定是一种很好的享受!

足球与世界大战
阿 城

炎热的夏天就要来了。这话有毛病。夏天当然是炎热的,所以"夏天就要来了"足矣,不必啰唆炎热。

不过人是感情动物,常常顾不上语法逻辑,变得语无伦次。记得我小时候有个邻居,骂起她的儿子,真是恨铁不成钢,出口就是"王八羔子""小杂种"。她这个儿子是我的同学,有一次忍不住问他,"你要是王八羔子,你爸你妈就是王八了"?结果是我被"王八羔子"追得满街跑。"必也正名乎"是要付出代价的。

今年,一九九八年,又到了四年一次的世界杯足球赛,照例会有二十多亿人进入疯狂,这个夏天会非常非常炎热。所以,炎热的夏天就要来了。

世界杯足球赛煽动起来的攻击性热情,几乎是四年一次的世界大战,奥林匹克运动会无疑是逊了一筹。一九三〇年之所以要办这么个世界杯足球赛,就是因为觉得奥林匹克运动会中的足球赛,实在不足以满足足球运动的疯狂。

我们不妨随便看看我们在过去将近七十年里的疯狂。

一九二八年，国际足球总会主席雷米在阿姆斯特丹开会的时候，建议办四年一次的国际足球大赛，提案通过。法国工匠做出一个重一公斤半，也就是我们的三斤重的镀金奖杯，样子是胜利女神直立展翅，命名为 RIMET 世界杯，也就是"雷米"世界杯。

一九三〇年，首届世界杯国际足球赛开始，乌拉圭捧走了金杯。之后，意大利保持了奖杯八年，巴西保持了八年。所谓八年，就是连续夺得两届冠军。

一九七〇年，巴西再次夺得冠军。依照规则，巴西永久拥有这个三斤重的金杯。一九七四年开始，世界杯改称 FIFA 世界杯，FIFA 是国际足球总会的缩写。这个奖杯，是由意大利米兰的工匠制造。

这个杯，属于 FIFA 的永久财产，意大利和当年的西德虽然各得了三届冠军，却不能永久拥有，只能保存复制品。

这样一来，巴西岂不是占了便宜？没有。巴西永久拥有的那个"雷米"奖杯，被人偷走了，大家也就摆平了。

一九六六年全世界最轰动的大事不是中国的无产阶级文化大革命，而是那个世界杯"雷米"失窃。后来英格兰的一只狗在一个菜园子里找到它，狗的主人柯伯特于是得到一大笔奖金。柯伯特决定奖励狗吃一个星期的鱼子酱，一个狗食公司马上跟进，免费供给一年的狗食。我的经验是，狗吃过高级食品后，普通食品就很难下咽了。

不过"雷米"金杯在一九八三年再次失窃，一般认为它已被熔毁。巴西足总永久拥有的那一座，是复制品。

也是和食品有关，一九七四年足球世界杯前，扎伊尔队到埃及踢热身赛，带去调理好的猴儿肉，结果埃及厨子与他们大吵，大骂他们残忍。经过协调，决定由扎伊尔队自己煮，而且只能在自己的房间里吃。

美国有三大球,棒球、篮球、美式橄榄球,但是没有足球。美国人觉得长时间不进球的运动有点莫名其妙,起码没有效率,因此美国从小学到大学,都没有足球课。一个美国孩子,从小学就熟悉三大球的玩法,想想我们对乒乓球的熟悉程度吧。三大球的术语,尽人皆知。赛林格的著名小说的题目被中译成《麦田守望者》,其实它是棒球里外野捕手的意思,也就是我们常看到的那些跑到最远处接球的人。

一九五○年,美国队在世界杯足球赛中以一比○击败英格兰队。可能吗?要知道足球这个游戏是英国人发明的,美国人发明的篮球,因此英国报纸将记者发回去的比数改成英格兰以十比一胜美国队,次日见报,举世哗然。不过美国人也认为赢得侥幸,美国队盖耶特金飞身接应队友巴尔的长射,顺势将球顶入,场上的另一个队友柯夫认为"盖耶特金肯定不知道球是怎么进的"。

一九七四年荷兰邮政局局长认为荷兰队铁定赢,于是开机印了荷兰队成为冠军的邮票,结果是只能悄悄销毁。当然这件事还是传出来了,否则我也不会写在这里。

一九八六年世界杯足球赛时,意大利一个修道院特准修士们熬夜看电视转播。按规定,修道院晚上十点半必须就寝。如此一来,修士们就可以在十六世纪的小房间里畅饮啤酒,大呼小叫。

并非足球强国的人才对足球疯狂。孟加拉一位三十岁的妇女是喀麦隆球迷,一九九○年八强大战时喀麦隆输给英格兰,她竟自杀了,遗书上写道,"喀麦隆离开了世界杯,就是我该离开世界的时候了"。

孟加拉如同我国,从未踢出过亚洲分区,不过一九九四年为了看转播,孟加拉的大学生发动游行,要求当局推迟期末考试。

足球甚至有关人格。苏格兰一家医院的厨子坎普对苏格兰在一九七八年世界杯赛中的表现甚为不满,登报声明从此不做苏格兰人,要做英格兰人。为此，坎普请了老师补习正统英语，改掉自己的苏格兰腔。

一九七八年，阿根廷主办世界杯赛，游击队刺杀了主事的退休将军，不过游击队马上宣布停火，支持筹办世界杯。

巴西球王贝利说过，"在巴西，只要赢了世界杯，政府怎么胡来都行，人民一点不在乎"。

赚人发疯的钱，是一笔大买卖。一九九四年，二十亿人通过电视转播看世界杯比赛，电视公司得到的广告收益是上百亿美元。

哪个国家主办世界杯足球赛，哪个国家就赚钱。一九六二年，智利大地震，但坚持不让出世界杯的主办权。一九七八年，阿根廷通货膨胀严重，因为主办世界杯而解除了危机。

可惜，今年的世界杯主办国与亚洲无缘，否则亚洲的金融危机也许会转化，而不会像专家们预言的那样需要三年。

不过，据美国一家研究机构做的调查，一届世界杯下来，全世界会损失四千亿美元。一九八二年，当时的西德对当年在西班牙举办的世界杯赛做了研究，发现德国工人旷工在家看电视转播，损失了六亿工时，等于政府损失了四十多亿美元。

足球近似规则化的暴力，攻击性非常强，当然比拳击还差了一截。

一九三○年首届世界杯足球赛，阿根廷队对墨西哥队时，阿根廷吃了五次十二码罚球；对智利时又大打出手，裁判只好召警察入场；决赛时对乌拉圭，大批阿根廷球迷持械入场，我估计阿根廷队若输了的话，大批棍棒是打本国队员的。

一九三四年意大利队与西班牙踢成平局，大批队员受伤。隔日再战时，两队只好换上新的队员。

一九五四年巴西对匈牙利，踢球加踢人，从场上一路混战到休息室。

贝利在一九六二年一开赛就被弄伤,一九六六年被恶整之后宣布不再涉足世界杯足球赛。

球迷暴动还用我说吗?

除了暴力,巫术也不缺席。一九八二年秘鲁对喀麦隆,秘鲁的巫师沙马尼哥说他感应到喀麦隆的巫师对秘鲁队施法术,于是召集了十二名巫师,各持大刀、棍棒和桦木条,在首都利马郊外集合。沙马尼哥念咒,其他巫师则挥舞法器,之后沙马尼哥宣布已经制伏了喀麦隆巫师招来的恶灵。秘鲁队与喀麦隆队比赛的结果是,0:0,两队后来都没能打入复赛。

喀麦隆的巫师检讨之后,在一九九〇年再度作法,他们要足球队员穿特定颜色的衣服,请球迷将老鼠和鸡放进球场。做这些事情时都要小心,一九八九年十一月,一名津巴布韦的选手遵巫师嘱,赛前公然在球场撒尿,结果被罚终身禁赛。

阿根廷的一位家庭主妇说,"比赛开始前,我绕着椅子按顺时针方向转两圈,再按逆时针转两圈,阿根廷就会赢"。

阿根廷的总统梅南也一样。他一九九〇年说,"我总是在这儿(总统府)看转播,每次都穿同样的衣服,打同一条领带"。他认为这样会给阿根廷队带来运气。我觉得看球赛还戴领带实在是严肃了,不过总统先生可能认为足球是严肃的事情。

意大利前总统帕廷尼常请意大利国家队到总统府吃饭。一九八二年的那次世界杯赛前,已经八十五岁的他,还特别嘱咐意大利国家队的主力队员罗西说"记住射门!还有,躲开铲球"!铲球躲不躲得开,专业球员不一定能处理好,但专业球员如果记不得射门,也就别踢了。意大利队夺了冠军回来,罗西将自己的球衣赠给老总统,报答他的赤子之心。

邓小平则是每天深夜准时收看转播，而且还要录下反复看重要段落，是专业球迷。顺便说一下的是，我看报道说中国国家足球队到韩国比赛，回国后教练的感言是原来韩国队每天吃牛肉，所以体力强。体力是由高质量的饮食保证的，这是常识，国家队不会连常识都不知道吧？所以我怀疑报道有误。记得初中时参加游泳训练，教练说"家里供不起每天二两牛肉的，以后就不要来了"，我以后就没有再去了，只到玉渊潭去游浑水。

世界杯足球赛期间，性似乎是关闭的，所以才有"足球寡妇"的说法。一九九四年世界杯期间，一对瑞典夫妇去朋友家看现场转播，之后，太太没兴趣，先睡了。到瑞典射入一球的时候，先生摇醒太太，太太不想听，于是夫妇吵将起来，结果是太太大怒，抄起剪刀就是一下，然后愤愤睡去。客厅里主人还在电视机前狂喜，谁都不知道有一个人倒在血泊中死去。

爱尔兰是个穷地方，但是到了世界杯期间，砸锅卖铁也要飞到主办国去看球赛，或者在酒吧里看转播一醉方休。球赛终于全部赛完，足球寡妇们递给足球先生的是离婚书。

泰国卫生部副部长一九九四年说："泰国妇女希望世界杯永远不结束。"因为时差的关系，泰国男球迷看现场转播是在夜里，声色场所当然是不去了。

我觉得足球赛中最惨的是裁判。

裁判足球赛，很多判断是主观的，哲学上称"自由心证"，俗话说就是"随你怎么吹了"。

一九七四年世界杯赛，扎伊尔对南斯拉夫，扎伊尔队的二号踢了裁判的屁股，裁判转回头来却将扎伊尔队的十三号罚出场。这是二十亿人都眼睁睁地看到的自由心证。

在攻击性这样强烈的运动中做裁判，裁判员挣的是性命钱。一九八九年哥伦比亚的一位巡边员，刚下计程车，就被几个人持乌兹冲锋枪扫射身亡。

阿尔及利亚的一位裁判掏红牌罚一个队员出场时，反而是自己被当场殴打致死。

裁判也需检点自己，不要火上浇油。第一届世界杯时，离赛时结束还有六分钟，巴西裁判就吹哨鸣金止战。忙什么呢？

一九六二年智利对意大利，被裁判罚出场的队员竟能赖在场上十分钟不出去。智利的球员放了一拳在对手脸上，裁判视若无睹。这位裁判大概是早已雇好保镖了。

最危险的是一九七八年，阿根廷队必须踢进四球，而且要赢三个球以上才能出线，于是买通秘鲁队和裁判。结果这一场对阿根廷队大放水，两个越位进球，裁判硬是"有看没有见"，巴西队赢得好端端的竟落了个出局。

有人说，国际争端，不如以足球赛的方式解决。我以前也不知好歹地附议过，可是细想想，原来危险很大。足球不能解决国际争端，它只能煽起不可遏制的攻击冲动，只能使国际争端中仅有的理性丧失。让足球只是一种游戏就好了，就好像让文学只是文学就好了，不要给它加码。任何事都是这样，按常识去做，常常在于智慧和决心吧。

一九九六年十一月，中国足协国家队管理部主任在全国足球工作会议上说："与其窝窝囊囊地输，不如悲悲壮壮地死。"

一九七四年世界杯赛前，扎伊尔总统对即将出发的扎伊尔球队说："不赢球，就是死。"结果胆战心惊的扎伊尔队连一场都没有赢过。总统先生何苦来？

中国如果想赢得世界杯冠军，还是要老老实实从常识做起，第一就是饮食要改变，老老实实吃牛肉，猪肉再香，也不能吃了。老老实实吃奶皮子、乳酪，"起司"，难吃也要吃，这样才能满场飞。

我喜欢看英国人、德国人的足球，他们跑起来像弹弓射出去的弹丸，脚下不花巧，老老实实地传，老老实实地飞奔，这才是体育运动。

写到这里，突然想到好像还没有看过有关足球的小说。想了想，想不太通，算了，不想了，还是准备看转播吧。

一九九八年三月美国洛杉矶

（选自《收获》杂志，1998年第3期）

想想做做

整篇文章充满着一种夏日热烈而又慵懒的气息，阿城唠嗑似的和读者交流着关于足球的点滴。文章标题的"世界大战"该如何理解？那句"炎热的夏天就要来了"在文中出现两次有什么作用？两者有什么区别？

作者在谈到足球时多次用到"攻击性"是什么原因？写足球为什么却历数了七十年的足球杯历史？文中所涉及的趣谈对作者的论述有何益处？

第十一单元　精彩演讲

每一次历史车轮的前进，都离不开无数先贤的身先士卒，每一次真理的取得，都离不开万千智者的苦心经营。智慧在笔纸间流淌，也在口耳间传播，需要细细品味，方可传之于世。

阅读指引

这是著名华裔数学家丘成桐在北京师范大学附属中学发表的一次演讲，演讲中他比较详细地和中学生们分享了自己的成长经历、治学思想，以及对数学的看法，给了学生们不少中肯的建议。下面是演讲的文稿。

学问、文化与美
——在北京师范大学附属中学的演讲
[美国] 丘成桐

今天非常高兴能来到北京师范大学附属中学。北京师范大学附属中学是一所历史非常悠久的学校,到今年已经成立一百一十周年了。历史上培养了很多人才,我在这表示钦佩。中学是培养人才非常重要的阶段,所以非常愿意和中学生交流。由于中学生数学奖的评选,我也了解了国内中学的一些情况,总的来说很不错,但是也有一些需要改进的地方。其实我没有受过教师的训练,也没有在中学教过书,我今天来到这里,主要想结合我自己的亲身经历来谈谈我对中学教育尤其是中学数学教育的看法。

启蒙教育往往奠定一生事业的基础

一位中学生首先受到的教育是家庭教育,所以我结合个人的成长经验先谈谈家庭教育。

我在 1960 年通过考试到香港培正中学读书。培正中学是一所非常有名的学校,而我的小学教育是在香港的乡村完成的,连最基本的英文和算术都不够水平,所以念中学一年级需要比较用功才能追上培正的课程。但是在乡下的学校闲散惯了,始终提不起很大的兴趣念书。当时的班主任是一位叫叶息机的女老师,培正当时每学期有三段考试,每段结束时,老师会写评语。第一期叶老师说我多言多动,第二期说我仍多言多动,最后一期结语说略有进步,可见我当时读书的光景。

所幸先父母对我管教甚严。先父丘镇英,1935 年厦门大学政治经济学专业毕业,翌年进入日本早稻田大学大学院深造,专攻政治制度与政治思想史。先父当学院的教授时，学生常到家中论学，使我感受良多。我十岁时，父亲要求我和我的大哥练习柳公权的书法，念唐诗、宋词，背诵古文。这些文章到现在我还可以背下来，做学问和做人的态度，在文章中都体现出来。

我们爱看武侠小说，父亲觉得这些小说素质不高，便买了很多章回小说，还要求孩子们背诵里面的诗词，比如《红楼梦》里的诗词。后来，父亲还让我读鲁迅、王国维、冯友兰等人的著作，以及西方的书籍如歌德的《浮士德》等。这些书看起来与我后来研究的数学没有什么关系，但是这些著作中所蕴含的思想对我后来的研究产生了深刻的影响。

我小时候家里很穷，虽然父亲是大学教师，但薪水很低，家里入不敷出。我至今非常感激父母从来没有鼓励我为了追求物质生活而读书，总是希望我们有一个崇高的志愿。他在哲学上的看法，尤其讲述希腊哲学家的操守和寻求大自然的真和美，使我觉得数学是一个高尚而雅致的学科。父亲在所著《西洋哲学史》的引言中引用了《文心雕龙·诸子》篇的一段："嗟夫，身与时舛，志共道申，标心于万古之上，而送怀于千载之下。"这一段话激励我，使我立志清高，也希望有所创作，能够传诸后世。我父亲一直关心着国家大事，常常教育子女，做人立志必须以国家为前提。我也很喜欢读司马迁的诗词。司马迁的"究天人之际"正可以来描述一个读书人应有的志向。

一个学者的成长就像鱼在水中游泳，鸟在空中飞翔，树在林中长大一样，受到周边环境的影响。历史上未曾出现过一个大科学家在没有文化的背景里，能够创造伟大发明的。比如爱因斯坦年轻时受到的都是一流的教育。

一个成功的学者需要吸收历史上累积下来的成果，并且与当代的学者切磋产生共鸣。人生很短，无论一个人多聪明，多有天分，也不可能漠视几千年来伟大学者共同努力得来的成果。这是人类了解大自然、了解人生、了解人际关系累积下来的经验，不是一朝一夕所能够成就的，所以一个人小的时候博览群书是非常重要的。有人自认为天赋很高，不读书就可以做出重要的题目，在我看来是没有意义的。四十多年来，我所接触的世界上知名的数学家、物理学家、社会学家还没有这样的天才。

最近有一位日本八〇后作家加藤嘉一在新书《中国的逻辑》中谈道，在中国知识非常廉价。中国的物价、房价都在涨，独书价不涨。书价便宜的原因是买书的人少。中国的文化是很深厚的，如果你们年轻人不读书，几千年的文化不能传承。不论经济怎么发展，但是文化不发展，中国都不可能成为大国。所以我希望大家多看书，看有意义的书，这是一件有意义的事情。

在小学学习的数学不能引起我的兴趣，除了简单的四则运算外，就是鸡兔同笼等问题，因此大部分时间花在看书和到山间田野去玩耍，也背诵先父教导的古文和诗词，反而有益身心。

在中学一年级开始学习线性方程，使我觉得兴奋。因为从前用公式解答鸡兔同笼问题，现在可以用线性方程来解答，不用记公式而是做一些有挑战性的事情，让我觉得很兴奋，成绩也比小学的时候好。我父亲在我读九年级（初中三年级）的时候就去世了。先父的去世使我们一家陷入困境。但母亲坚持认为孩子们应该继续学业。尽管当时我有政府的奖学金，但仍不够支付我所有的费用。因此我利用业余时间给小孩子做家教挣钱。

我参考了历史上著名学者的生平，发现大部分成名的学者都有良好的家庭背景。人的成长规律很多，原因也很多，相关的学术观点也莫衷一是。但是良好的家教，无论如何都是非常重要的。童年的教育对一个孩子的影响是重要的，启蒙教育是不可替代的，它往往奠定一生事业的基础。虽然一位家长可能受教育的程度不高，但是他在孩子很小的时候仍然能够培养孩子的学习习惯和学习乐趣。对孩子们来说，学到多少知识并不是最重要的，兴趣的培养，才是决定其终身事业的关键。

我小学的成绩并不理想，但我父亲培养了我学习的兴趣，成为我一生中永不枯竭的动力，可以学任何想学的东西。相比之下，中国式的教育往往注重知识的灌输，而忽略了孩子们兴趣的培养，甚至有的人终其一生也没有领略到做学问的兴趣。

无论如何，学生回家以后，一定要有温习的空间和时间。遇到挫折的时候，需要家长的安慰和鼓励。这是很重要的事情。

另外，家长和老师需要有一个良好的交流渠道，才会知道孩子遇到的问题。现在有些家长都在做事，没有时间教导小孩，听任小孩放纵，反而要求学校负责孩子的一切，这是不负责任的。反过来说，由于只有一个小孩的缘故，父母很宠爱小孩，望子成龙。很多家长对小孩期望太高，往往要求他们读一些超乎他们能力的课程。略有成就，就说他们的孩子是天才，却不知是害了孩子。每个人应该努力了解自己的能力，努力学习。

平面几何提供了中学期间唯一的逻辑训练

平面几何的学习是我个人数学生涯的开始。在中学二年级学习平面几何，第一次接触到简洁优雅的几何定理，使我赞叹几何的美丽。欧氏《几何原本》流传两千多年，是一本流传之广仅次于《圣经》的著作。这是有它的理由的。它影响了整个西方科学的发展。十七世纪，牛顿的名著《力学原理》的想法，就是由欧氏几何的推理方法来构想的。用三个力学原理推导星体的运行，开近代科学的先河。到近代，爱因斯坦的统一场论的基本想法是用欧氏几何的想法构想的。

平面几何所提供的不单是漂亮而重要的几何定理，更重要的是它提供了在中学期间唯一的逻辑训练，是每一个年轻人所必需的知识。平面几何也提供了欣赏数学美的机会。一个很有名的例子，江泽民主席在澳门濠江中学提出的五点共圆的问题。我第一次听说觉得非常有意思，很多读者对江主席这个问题都很感兴趣，都想从基本定理出发推导这个定理。最近我很惊讶地听说，很多数学教育家们坚持不教证明，原因是学生们不容易接受这种思考。诚然，从一个没有逻辑思想训练的学生，到接受这种训练是有代价的，怎么样训练逻辑思考是比中学学习其他学科更为重要的。将来无论你是做科学家，是做政治家，还是做一个成功的商人，都需要有系统的逻辑训练，我希望我们中学把这种逻辑训练继续下去。中国科学的发展都与这个有关。

明朝利玛窦与徐光启翻译了《几何原本》这本书，徐光启认为这本书的伟大在于一环扣一环，能够将数学的真理解释清楚明了，是了不起的著作。开始时中国数学家不能接受这种证明的方法，甚至到了清朝康熙年间，几何只讲定理的内容不讲证明，影响了中国近代科学的发展。

几何学影响近代科学的发展，包括工程学、物理学等，其中一个极为重要的概念就是对称。希腊人喜爱柏拉图多面体，就是因为它们具有极好的对称性。他们甚至把它们与宇宙的五个元素联系起来：

- 火——正四面体
- 土——正六面体
- 气——正八面体
- 水——正二十面体

● 正十二面体代表第五元素，乃是宇宙的基本要素。

这种解释大自然的方法虽然并不成功，但是对称的观念却自始至终地左右了科学的发展，并终于演化成群的观念。到二十世纪时，它提供了高能物理的计算以及基本观点的形成，这个概念今天已经贯穿到现代数学与物理及其他自然科学和工程应用等许多领域。

我个人认为，即便在目前应试教育的非理想框架下，有条件的、好的学生也应该在中学时期就学习并掌握微积分及群的基本概念，并将它们运用到对中学数学和物理等的学习和理解中去。牛顿等人因为物理学的需要而发现了微积分。而我们中学物理课为什么难教难学，恐怕主因就是要避免用到微积分和群论，并为此而绞尽脑汁，千方百计。这等于是背离了物理学发展的自然的和历史的规律。

至于三角代数方程、概率论和简单的微积分都是重要的学科，这对于以后想学理工科或经济金融的学生都极为重要。

音乐、美术、体能对学问和人格训练都至为重要

我还想谈谈体育、音乐、美术以及这些课程与数学的关系。柏拉图于《理想国》中以体育和音乐为教育之基，体能的训练让我们能够集中精神，音乐和美术则能陶冶性情。古代希腊人和儒家教育都注重这两方面的训练，它们对学问和人格训练至为重要。

从表面上看，音乐的美是用耳朵来感受的，美术的美是用眼睛来感觉的，但是对美的感觉都是一种身心感受，数学本身就是追求美的过程。二十世纪伟大的法国几何学家 E.Cartan 也说："在听数学大师演说数学时，我感觉到一片的平静和有着纯真的喜悦。这种感觉大概就如贝多芬（Beethoven）在作曲时让音乐在他灵魂深处表现出来一样。"

美术，是以一定的物质材料，塑造可视的平面或立体形象，来反映客观世界和表达对客观世界的感受的一种艺术形式。而几何也是描述我们看到的、心里感受到的形象。而数学家也极为注重美的追求，也注意到美的表现。伟大的数学家、物理学家 Herman Weyl 就说过：假如我要在大自然的真和数学里面的美做一个选择的话，我宁愿选择美。很幸运的是：自然界的真往往是极为美妙的。真的要做点学问的话，就要懂得什么叫美，如何在各种现象中找到美的感觉。数学的定理有几千万，如何选择，完全凭个人的训练感受。

普林斯顿高等研究所的徽章就体现了真和美，左手面是裸体的女神，右手面是穿着衣服的女神。无论文学家、美术家、音乐家和数学家都在不断地发掘美，表达他们由大自然中感受到的美。一个画家要画山水画，到三峡到泰山到喜马拉雅山看到的风景是不同的，你没有去过，一切都是空谈。我们看某个风景的图片和亲自去感受是不同的，所以做学问也是同样的道理，只有身临其境才知道什么是真的好，是真的美。

现在来谈谈体育。无论希腊哲学也好，儒家哲学也好，都注重体魄的训练。亚里士多德认为希腊人有超卓的意志（High-mindedness），意指希腊人昂昂然若千里之驹，自视甚尊，怜人而不为人怜，奴人而不为人奴。正如孟子所谓"富贵不能淫，贫贱不能移，威武不能屈"。做学问的人也要有这样的气概。纵观古今，大部分数学家主要贡献都在年轻时代，这点与青年人有良好的体魄有关。有了良好的体魄，在解决问题时，才能集中精神。重要的问题往往要经过多年持久地集中精力才能够解决。正如《荷马史诗》里面描述的英雄，不怕艰苦，勇往直前，又或如玄奘西行，有好的体魄才能成功。

学习的过程不见得都是渐进，有时也容许突进

现在有很多教育家反对学生记熟一些公式，凡事都需由基本原理来推导，我想这是一个很错误的想法。有些事情推导比结论更重要，但是有些时候是不可能这样做的。做学问往往在前人的基础上向前发展。我们不可能什么都懂，必须基于前人做过的学问来向前发展，通过反复思考前人的学问才能理解整个学问的宏观看法。跳着向前发展，再反思前人的成果。当年我们都背乘数表，而事实上任何一个科学家都懂得如何去推导乘数表，物理学家或工程学家大量利用数学家推导的数学公式而不发生疑问，然而科学还是不停地进步。可见学习的过程不见得都是渐进，有时也容许突进。我讲这个例子不是让大家偷懒，不会就算了，而是希望大家不要因为有些不懂就放弃，就停滞不前。

举一个有名的例子，就是 $\exp(i\theta) = \cos\theta + i\sin\theta$，三角函数中比较重要的定理都可以由这个公式推导。我们不难推导它，但是有些学者坚持中学生要找到它的直观意义，但是可能你找不到直观意义，却可以一步一步推导，推导以后就可以向前研究了。

很多中学都不教微积分，其实中世纪科学革命的基础在于微积分的建立，而我们的孩子不懂得微积分，等于是回复到中世纪以前的黑暗时代，实在可惜。

我听说很多小学或是中学的老师希望学生用规定的方法学习，得到老师规定的答案才给满分，我觉得这是错误的。数学题的解法是有很多的，比如勾股定理的证明方法至少有几十种，不同的证明方法帮助我们理解定理的内容。十九世纪的数学家高斯，用不同的方法构造正十七边形，不同的方法来自不同的想法，不同的想法导致不同方向的发展。所

以数学题的每种解法有其深厚的意义，你会领会不同的思想，所以我们要允许学生用不同的方法来解决。

实际上，很多工程师甚至物理学家有时并不严格地理解他们用来解决问题的方法，但是他们知道如何去用这个方法。对于那些关心如何严格推导数学方法的数学家来说，很多时候也是知道结果然后去推导，所以我们要明白学习的方法有时候需要倒过来考虑问题，先知道做什么，再知道为什么这样做。要灵活处理这些关系。

我们需要有新的能量使它跳跃

物理学的基本定律说物体总是寻找最低能量的状态，在这种状态下才是最稳定的。你们的学习态度包括我自己基本也有同样的状况。人总是希望找到各种理由，使得有时间去做他喜欢的事。就如电子在一定轨道上运行，因为这是它的能量所容许的，但有其他能量激发这些电子后，它可以跳跃。对孩子的学习，我们也需要有新的能量激发使它跳跃。

这种激发除了考试的分数，也来自老师的课堂教学，例如一些有趣的问题，或者非常有名的数学家的故事，都会引起学生的兴趣，学生都喜欢听故事，历史上有趣的故事很多，值得学生们学习。

美国的中学注重通才教育，数学以外的学科，例如文学、物理学、哲学，都会刺激学生的思考能力，值得鼓励。

中小学要特别注重对学生独立人格和品性的培养

假如学生在学校里不能学习与人相处，并享受到它的好处，就不如在家里请一位家庭教师来教导。但现代社会乃是一个合群的社会，学生必须学习与同学相处，并尊重有能力有学问的老师和同学。学生必须懂得如何尊重同学的长处，帮助有需要的同学。学生要培养与他人沟通合作的能力、独立思考的能力、团队协作的精神，对周围人和对社会的责任感，等等，并在这种环境中去训练自己。

美国的教学体系，有很多地方值得我们学习，虽然这也不见得是一个理想的体系。比如美国的高中和大学对成绩就不给出分数，只给出 A，B，C，D。这不是件坏事情，可以削弱学生之间不必要的竞争。为分数而斤斤计较以及争夺班里的第一名，会破坏学生之间的合作，集体的力量得不到尊重。中小学教育里要特别注重对学生独立人格和品性的培养，学生的个性和个人特点也受到充分的尊重和肯定。不少学校把对个人品德的要求按头一个字母缩写成"PRIDE"（荣誉），即 Perseverance（坚持），Respect（尊重），Integrity（正直），Diligence（勤奋），Excellence（优秀），作为学生自我要求的基本要点。这种美德的评价要尊重人的本性。对于学生本人，要形成自己独立的价值观。

对中学生来说，永保一颗纯真的童心，保持人与生俱来的求知欲和创造能力，展示自己的个性，这对今后的学习和工作是至关重要的。衷心地希望在座的各位可爱的孩子们快快乐乐、健康地成长。

（作者注：感谢季理真教授、郑方阳教授、曹怀东夫妇及王丽萍编辑对本文提出的建议及所做的工作。本文由北京师大附中刘春艳依据丘成桐 2011 年 10 月 21 日在该校的演讲录音整理而成。全文经作者本人审订。标题为编者所加。）

（选自《人民教育》，2011 年第 24 期）

> **想想做做**

　　丘成桐，著名华裔数学家、哈佛大学终身教授、美国科学院院士、中国科学院外籍院士。是数学界最高荣誉"菲尔兹奖"得主、"克拉福德奖"得主，并获得有数学家终身成就奖之称的"沃尔夫数学奖"。被公认为是近四分之一世纪里世界上最有影响的数学家之一。

　　丘成桐教授关注中国教育，曾多次发表演讲，对中国教育提出自己的看法，他在一些演讲里反复强调："对于中小学生来说，语言、数学、写作是三门最重要的功课。"他指出："中国很多小孩经过小学和中学沉重的考试冲击以后，丧失了追求学问的兴趣和热情，这是很可惜的。"你能结合本篇演讲，找到对应的观点么？

> 阅读指引

诺贝尔文学奖得主莫言的这一篇演讲,谈古今,说贫富,剖析贪欲给世界带来的危害,提出:"人类面临着的最大危险,就是日益先进的科技与日益膨胀的人类贪欲的结合。""在这样的时代,我们的文学其实担当着重大责任,这就是拯救地球拯救人类的责任。"可谓振聋发聩。

悠着点,慢着点
——莫言在东亚文学论坛上的演讲

莫　言

富贵,文学中考验君子的试金石

感谢而且佩服日本朋友们,为论坛选择了这么一个丰满的议题。人类社会闹闹哄哄,乱七八糟,灯红酒绿,声色犬马,看上去无比的复杂,但认真一想,也不过是贫困者追求富贵,富贵者追求享乐和刺激——基本上就是这么一点事儿。

中国古代有个大贤人司马迁说过:"天下熙熙,皆为利来;天下攘攘,皆为利往。"中国的圣人孔夫子说过:"富与贵,人之所欲也;贫与贱,人之所恶也。"中国的老百姓说:"穷在大街无人问,富在深山有远亲。"无论是圣人还是百姓,无论是知识分子还是文盲,都对贫困和富贵的关系有清醒的认识。

为什么人们厌恶贫困?因为贫困者不能尽情地满足自己的欲望。无论是食欲还是性欲,无论是虚荣心还是爱美之心,无论是去医院看病不排队，还是坐飞机头等舱，都必须用金钱来满足，用金钱来实现，当然，如果出生在皇室，或者担任了高官，要满足上述欲望，大概也不需要金钱。富是因为有钱，贵是因为出身、门第和权力。当然，有了钱，也就不愁贵，而有了权力以后似乎也不愁没钱。因为富与贵是密不可分的，可以合并为一个范畴。

贫困者羡慕并希望得到富贵，这是人之常情，也是正当的欲望，这一点孔夫子也给予肯定，但孔夫子说：尽管希望富贵是人的正当欲望，但不用正当的方法得到的富贵是不应该享受的。贫困是人人厌恶的，但不用正当的手段摆脱贫困是不可取的。时至今日，圣人二千多年前的教导，早已变成了老百姓的常识，但现实生活中，用不正当的方式脱贫致富的人比比皆是，用不正当的方式脱贫致富但没受到惩罚的人比比皆是，虽然痛骂着那些用不正当的方式脱贫致富了的人，但只要自己有了机会也会那样做的人更是比比皆是，这就是所谓的世风日下，人心不古。

古之仁人君子，多有不羡钱财，不慕富贵者。像孔夫子的首席弟子颜回："一箪食，一瓢饮，在陋巷，人不堪其忧，回也不改其乐。"三国时高人管宁，锄地见金，挥锄不顾。同锄者华歆，捡而视之，复掷于地，虽心生欲望，但能因为面子而掷之，已属不易。庄子垂钓于濮水，楚王派两个使臣请他去做官，他对两个使臣说：楚国有神龟，死后被楚王取其甲，用锦缎包裹，供于庙堂之下，对神龟来说，是被供在庙堂之上好呢？还是活着在烂泥塘中摇尾巴好呢？使臣说，那当然还是活着在烂泥塘中摇尾巴好。庄子的这则寓言，包含着退让避祸的机心。

尽管古人为我们树立了清心寡欲、安贫乐道的道德榜样，但却收效甚微。人们追名逐利、如蚊嗜血、如蝇逐臭，从古至今，酿成了无量悲剧，当然也演出了无数喜剧。文学作为反映社会生活的艺术形式，当然会把这个问题作为自己研究和描写的最重要的素材。文学家大多也是爱财富逐名利的，但文学却是批判富人、歌颂穷人的。当然文学中批判的富人是为富不仁或通过不正当手段致富的富人，文学中歌颂的穷人也是虽然穷但不失人格尊严的穷人。

我们只要稍加回忆，便能想出许许多多的文学中的典型人物，作家在塑造他们的性格时，除了给予生死的考验和爱恨情仇的考验之外，经常使用的手段，那就是把富贵当成试金石，对人物进行考验，经过了富贵诱惑的自然是真君子，经不住富贵诱惑的便堕落成小人、奴才、叛徒或是帮凶。当然，也有许多的文学作品，让他的主人公，借着金钱的力量，复了仇，雪了恨，达到了自己的目的。也有的文学作品，让自己善良的主人公，有了一个富且贵的大团圆结局，这就又从正面肯定了富贵的价值。

人要有"放下"的智慧

人类的欲望是填不满的黑洞，穷人有穷人的欲望，富人有富人的欲望。渔夫的老婆起初的欲望只是想要一只新木盆，但得到了新木盆后，她马上就要木房子，有了木房子，她要当贵妇人，当了贵妇人，她又要当女皇，当上了女皇，她又要当海上的女霸王，让那条能满足她欲望的金鱼做她的奴仆，这就越过了界限，如同吹肥皂泡，吹得过大，必然爆破。凡事总有限度，一旦过度，必受惩罚，这是朴素的人生哲学，也是自然界诸多事物的规律。

民间流传的许多具有劝诫意义的故事都在提醒人们克制自己的欲望。据说印度人为捕捉猴子,制作一种木笼,笼中放着食物。猴子伸进手去,抓住食物,手就拿不出来。要想拿出手来,必须放下食物,但猴子绝对不肯放下食物。猴子没有"放下"的智慧。人有"放下"的智慧吗?有的人有,有的人没有。有的人有的时候有,有的人有的时候没有。有的人能抵挡金钱的诱惑但未必能抵挡美女的诱惑,有的人能抵挡金钱美女的诱惑,但未必能抵挡权力的诱惑,人总是会有一些舍不得放下的东西,这就是人的弱点,也是人的丰富性所在。

中国的哲学里,其实一直不缺少这样的理性和智慧,但人们总是"身后多余忘缩手,眼前无路想回头。"贪婪是人的本性,或者说是人性的阴暗面。依靠道德劝诫和文学的说教能使人清醒一些,但不能从根本上解决问题。于是,佛教就用"万事皆空,万物皆无"来试图扼制人的贪欲,因为贪欲是万恶之源,也是人生诸般痛苦的根源。于是,就有了《红楼梦》里的《好了歌》:

世人都晓神仙好,惟有功名忘不了!古今将相在何方?荒冢一堆草没了!

世人都晓神仙好,只有金银忘不了!终朝只恨聚无多,及到多时眼闭了!

世人都晓神仙好,只有娇妻忘不了!君生日日说恩情,君死又随人去了!

世人都晓神仙好,只有儿孙忘不了!痴心父母古来多,孝顺儿孙谁见了?

欲望，人类痛苦和快乐的根源

要控制人类的贪欲，最直接最有效的手段还是法律，法律如同笼子，欲望如同猛兽。人类社会千百年来所做的事，也就是法律、宗教、道德、文学与人的贪欲的搏斗。尽管不时有猛兽冲出牢笼伤人的事件，但基本上还是保持了一种相对的平衡。人与人之间的友好关系，需要克制欲望才能实现；国与国之间的和平关系，也只有克制欲望才能实现。一个人的欲望失控，可能酿成凶杀；一个国家的欲望失控，那就会酿成战争。由此可见，国家控制自己的欲望，比每个人控制自己的欲望还要重要。

在人类社会中，除了金钱、名利、权势对人的诱惑之外，另有一最大的也是致命的诱惑就是美色的诱惑。这问题似乎与女性无关，但其实也有关。历史上曾经爆发过因为争夺一个美女而发生的战争，也曾经因为美女，而让某些统治者丢掉了江山社稷。绝对地否定色欲当然不对，因为没了这欲望，人类社会也就无法延续。

中国历朝历代的统治者，对人的性欲基本上是持否定态度的，但他们多半是口是心非，尽管深宫中妻妾成群，但民间却要存天理灭人欲，男女之情，被视为洪水猛兽。这样的观念，体现在封建王朝的法律和道德中。对于人类贪婪的财富欲望和权势欲望，文学与法律、道德是基本保持一致的，但对于性欲，尤其是升华为爱情的性欲，文学作品却经常地另唱别调，有时甚至扮演吹鼓手的角色。中国有《牡丹亭》《西厢记》《红楼梦》，外国有《查泰莱夫人的情人》。这也是一个文学的永恒的主题，没有男女之间的欲望，没有情与爱，似乎也就没有了文学。

毫无疑问，贫富与欲望，依然是当今世界的主要矛盾，是人类痛苦或者欢乐的根源。中国人近年来的物质生活有了巨大的改善，个人的自由度较之以前也有了大幅度的宽松，但人们的幸福感却没有多大的提高。因为财富分配不公，少数人利用不正当的手段致富导致的贫富悬殊已成为影响社会安定的主要原因。而那些非法致富的暴发户们的骄奢淫逸、张牙舞爪又引起了下层百姓的仇视，以至于形成了一种强烈的仇富心理，而富豪与权势的勾结又制造出种种的恶政和冤案，这就使老百姓在仇富心理之外又加上一种仇官心理。仇富与仇官的心理借助网络这一现代化的传播方式，掀起一波又一波的滔天巨浪，即使某些人物和阶层谈网色变，恶行有所收敛，但网络自身也成为藏污纳垢的场所。

一百多年前，中国的先进知识分子曾提出科技救国的口号，三十多年前，中国的政治家提出科技兴国的口号。但时至今日，我感到人类面临着的最大危险，就是日益先进的科技与日益膨胀的人类贪欲的结合。在人类贪婪欲望的刺激下，科技的发展已经背离了为人的健康需求服务的正常轨道，而是在利润的驱动下疯狂发展以满足人类的——其实是少数富贵者的病态需求。

人类正在疯狂地向地球索取。我们把地球钻得千疮百孔，我们污染了河流、海洋和空气，我们拥挤在一起，用钢筋和水泥筑起稀奇古怪的建筑，将这样的场所美其名曰城市，我们在这样的城市里放纵着自己的欲望，制造着永难消解的垃圾。与乡下人比起来，城里人是有罪的；与穷人比起来，富人是有罪的；与老百姓比起来，官员是有罪的，从某种意义上来说，官越大罪越大，因为官越大排场越大欲望越大耗费的资源就越多。与不发达国家比起来，发达国家是有罪的，因为发达国家的欲望更大，发达国家不仅在自己的国土上胡折腾，而且还到别的国家里，到公海上，到北极和南极，到月球上，到太空里去瞎折腾。地球四处冒烟，浑身颤抖，大海咆哮，沙尘飞扬，旱涝不均等等。

尽管结论是悲观的,但我们不能放弃努力

在这样的时代,我们的文学其实担当着重大责任,这就是拯救地球拯救人类的责任。

我们要用我们的作品告诉人们,尤其是那些用不正当手段获得了财富和权势的富贵者们,他们是罪人,神灵是不会保佑他们的。

我们要用我们的作品告诉那些虚伪的政治家们,所谓的国家利益并不是至高无上的,真正至高无上的是人类的长远利益。

我们要用我们的作品告诉那些有一千条裙子,一万双鞋子的女人们,她们是有罪的;我们要用我们的作品告诉那些有十几辆豪华轿车的男人们,他们是有罪的;我们要告诉那些置买了私人飞机私人游艇的人,他们是有罪的,尽管在这个世界上有了钱就可以为所欲为,但他们的为所欲为是对人类的犯罪,即便他们的钱是用合法的手段挣来的。

我们要用我们的文学作品告诉那些暴发户们、投机者们、掠夺者们、骗子们、小丑们、贪官们、污吏们,大家都在一条船上,如果船沉了,无论你身穿名牌、遍体珠宝,还是衣衫褴褛不名一文,结局都是一样的。

我们应该用我们的文学作品向人们传达许多最基本的道理:譬如房子是盖了住的,不是用来炒的;如果房子盖了不住,那房子就不是房子。我们要让人们记起来,在人类没有发明空调之前,热死的人并不比现在多。在人类没有发明电灯前,近视眼远比现在少。在没有电视前,人们的业余时间照样很丰富。有了网络后,人们的头脑里并没有比从前储存更多的有用信息;没有网络前,傻瓜似乎比现在少。

我们要通过文学作品让人们知道,交通的便捷使人们失去了旅游的快乐,通讯的快捷使人们失去了通信的幸福,食物的过剩使人们失去了

吃的滋味，性的易得使人们失去恋爱的能力。

我们要通过文学作品告诉人们，没有必要用那么快的速度发展，没有必要让动物和植物长得那么快，因为动物和植物长得快了就不好吃，就没有营养，就含有激素和其他毒药。

我们要通过文学作品告诉人们，在资本、贪欲、权势刺激下的科学的病态发展，已经使人类生活丧失了许多情趣且充满了危机。

我们要通过文学作品告诉人们，悠着点，慢着点，十分聪明用五分，留下五分给子孙。

我们要用我们的文学作品告诉人们，维持人类生命的最基本的物质是空气、阳光、食物和水，其他的都是奢侈品。人类的好日子已经不多了。当人们在沙漠中时，就会明白水和食物比黄金和钻石更珍贵，当地震和海啸发生时，人们才会明白，无论多么豪华的别墅和公馆，在大自然的巨掌里都是一团泥巴；当人类把地球折腾得不适合居住时，那时什么国家、民族、政党、股票，都变得毫无意义，当然，文学也毫无意义。

我们的文学真能使人类的贪欲，尤其是国家的贪欲有所收敛吗？结论是悲观的。尽管结论是悲观的，但我们不能放弃努力。

因为，这不仅仅是救他人，同时也是救自己。

（选自《中国青年》，2011年第4期）

想想做做

演讲又叫讲演或演说，是指在公众场所，以有声语言为主要手段，以体态语言为辅助手段，针对某个具体问题，鲜明、完整地发表自己的见解和主张，阐明事理或抒发情感，进行宣传鼓动的一种语言交际活动。建议在阅读基础上，朗读这篇演讲文稿，体会一下演讲的感觉。

结合各个部分的小标题：富贵，文学中考验君子的试金石；人要有"放下"的智慧；欲望，人类痛苦和快乐的根源；尽管结论是悲观的，但我们不能放弃努力，谈谈你对莫言所说"悠着点，慢着点"的理解。

作家认为，要控制人类的贪欲，最直接最有效的手段还是法律。同时又指出：文学其实担当着重大责任，这就是拯救地球拯救人类的责任。你认为矛盾么？为什么？

> 阅读指引

安徽卫视推出中国首档原创新锐语言竞技真人秀节目《超级演说家》后，受到观众欢迎，收视率节节攀升。第二季开赛后，来自北大的才女刘媛媛一路闯关，最后以《寒门贵子》夺得冠军。这个演讲从现实出发，以真情动人，语言富有感染力，打动人心，激人奋进。

寒门贵子
刘媛媛

在这个演讲开始之前，我先问问现场的大家一个问题，你们当中有谁觉得自己是家境普通，甚至出身贫寒，将来想要出人头地只能靠自己？你们当中又有谁觉得自己是有钱人家的小孩儿，起码在奋斗的时候可以从父母那里得到一点助力？

前些日子有一个在银行工作了十年的资深人力资源管理师，他在网络上发了一篇帖子，叫作《寒门再难出贵子》，意思是说在当下我们这个社会里面，寒门的小孩，他想要出人头地，想要成功，比我们父辈的那一代更难了。

这个帖子引起了特别广泛的讨论，你们觉得这句话有道理吗？

先拿我自己说，我们家就是出身寒门的。我们家都不算寒门，我们家都没有门。我现在想想我都不知道当初，我爸跟我妈，那么普通的一对农村夫妇，他们是怎么样把三个孩子，我跟我两个哥，从农村供出来上大学，上研究生。

我一直觉得自己特别幸运，我爸跟我妈都没怎么读过书，我妈连小学一年级都没上过，她居然觉得读书很重要，她吃再多的苦也要让我们三个孩子上大学。我一直也不会拿自己跟那些比如说家庭富裕的小孩去作比较，说我们之间会有什么不同，或者有什么不平等。但是我们必须要承认，这个世界是有一些不平等的。他们有很多优越的条件，我们都没有，他们有很多的捷径，我们也没有。但是我们不能抱怨，每一个人的人生都是不尽相同的。有些人出生就含着金钥匙，有些人出生连爸妈都没有，人生跟人生是没有可比性的，我们的人生怎么样，完全决定于自己的感受。你一辈子都在感受抱怨，那你的一生就是抱怨的一生；你一辈子都在感受感动，那你的一生就是感动的一生；你一辈子都立志于改变这个社会，那你的一生就是斗士的一生。

英国有一部纪录片，叫作《人生七年》。片中访问了十二个来自不同阶层的七岁小孩，每七年再回去重新访问这些小孩。到了影片的最后就发现，富人的孩子还是富人，穷人的孩子还是穷人，但是里面有一个叫尼克的贫穷的小孩，他到最后通过自己的奋斗，变成了一名大学教授，可见命运的手掌里面是有漏网之鱼的。而且现实生活中，寒门子弟逆袭的例子更是数不胜数。所以当我们遭遇失败的时候，我们不能把所有的原因都归结到出身上去，更不能抱怨自己的父母为什么不如别人的父母。因为家境不好并没有斩断一个人成功的所有可能。

当我在人生中遇到很大困难的时候，我就会在北京的大街上走一走，看着人来人往。而那时候我就想，刘媛媛，你在这个城市里面，真的是依无所依，你有的只是你自己，你什么都没有，你现在能做的就是单枪匹马地在这个社会上杀出一条路来。

这段演讲到现在，已经是最后一段了，其实我刚刚在问的时候发现了，我们大部分人都不是出身豪门的，我们都要靠自己。所以你要相信，命运给你一个比别人低的起点，是想告诉你，让你用你的一生去奋斗出一个绝地反击的故事,这个故事关于独立,关于梦想,关于勇气,关于坚忍,它不是一个水到渠成的童话,没有一点点人间疾苦。这个故事是"有志者事竟成,破釜沉舟,百二秦关终属楚",这个故事是"苦心人天不负,卧薪尝胆,三千越甲可吞吴"!

(2014年7月11日安徽卫视"超级演说家"第二季"冠军争夺战"终极演讲)

想想做做

刘媛媛,女,1991年出生。以北京大学法学院在读研究生的身份走上"超级演说家"的舞台,在不被导师们看好的情况下,一路过关斩将,在最终的总决赛上,一举荣获超演总冠军。她的演讲被广为传播,被称为"诚意演说,个性表达"。

可以找到《寒门贵子》的演讲视频,看一看,听一听。假设你是评委,请你从演讲的语言、结构的安排、感情的调动等方面准备一份三百字左右的评论性发言,对她的演讲进行点评。

> 阅读指引

布鲁诺是众所周知的伟大的思想家和科学家,他的伟大不仅在于为自然科学所做的贡献,更在于他不畏强权、捍卫真理的勇气。与其说这是一篇鼓舞挚友的演说,不如说这是一份向愚昧、无知和妥协宣战的宣战书,是一份与所有坚持真理、向往光明之人共勉的励志书。

真理面前半步也不后退
[意大利]布鲁诺

前进,我亲爱的菲洛泰奥,愿任何东西也不能迫使你放弃你宣传你那美妙的学说,无论是无知之徒的粗野咒骂,无论是苟安庸碌之辈的愤慨,无论是教条主义者和达官贵人的愤怒,无论是群氓的胡闹,无论是社会舆论的令人震惊,无论是撒谎者和心怀嫉妒者的诽谤,这些都损害不了你在我心目中的崇高形象,决不会使我离开你。

顽强地坚持下去,我的菲洛泰奥,坚持到底!不要灰心丧气,不要退却,哪怕那笨拙无知、拥有重权的高级法庭用种种阴谋来陷害你,哪怕它妄图使用一切可能的手段来抵制那美好的意图、你那种种著作的胜利。

你放心吧,这样的一天总是会到来的。那时所有的人都会明白我所明白的东西,那时所有的人都会承认:对于每一个人来说,同意你的见解并颂扬你是那么容易做到,就像要比得上你却那么难于做到那样,所有的人,凡不是从头坏到脚的人,终有一天会在良心驱使之下给予你应得的赞扬。要知道,打开理性的眼睛的,归根到底是内在的教师,因为我们理解思想上的财富并不是从外部，而是从内部，从自身的精神得到。在所有人的心灵中都有健全理智的颗粒，都有天赋的良心，它耸立于庄严的理性法庭之上，对善与恶、光明与黑暗进行评判并做出公正的判决。你那良好事业的最忠诚最卓越的捍卫者之所以能从每一个人意识的深处终于点燃起起义之火，要归功于这样的判决。

而那不敢与你交朋友的人，那些胆怯地顽固维护自己的卑鄙无知的人，那些坚持充当赤裸裸的诡辩派和真理不共戴天的敌人的人，他们将在自己的良心中发现审判官和刽子手，发现为你复仇的人，这位复仇者将能更加无情地在他们自己的思想深处惩罚他们，使他们再也无法向自己隐藏这些观点。当敌人给予你的打击被击退的时候，让一大群奇怪而凶恶的爱夫门尼德（希腊神话中的复仇女神，专在地狱中折磨人的灵魂）把他包围起来，让其狂怒倾泻在……敌人的内心动机上，并用自己的牙齿将他折磨致死。

前进！继续教导我们去认识关于天空、关于行星与恒星的真理，给我们讲解在无限多的天体中一个与另一个究竟有什么不同，在无限的空间中无限的原因与无限的作用为什么不仅是可能的，而且也是必然的。教导我们什么是真正的实体、物质和运动，谁是整个世界的创造者，为什么任何有感觉的事物都由同一要素和本原组成。给我们宣讲关于无限宇宙的学说。彻底推翻这些假想的天穹和天域——它们似乎应把这么多的天空和自然领域划分开来。教导我们讥笑这些有限的天域以及贴在其上的众星。让你那些所向披靡的论据万箭齐发，摧毁群氓所相信的、第一推动者的铁墙和天壳。打倒庸俗的信仰和所谓的第五本质。赐给我们关于地球规律在一切天体上的普遍性以及关于宇宙中心的学说。彻底粉碎外在的推动者和所谓各层天域的界限。给我们敞开门户，以便我们能够通过它一览广漠无垠的统一的星球世界。告诉我们其他世界是如何像我们这个世界那样在大的海洋里疾驰的。给我们讲解所有世界的运动如何由它们自身内部灵魂的力量来支配。并教导我们，在以这些观点为指导去认识自然的道路上，坚定不移地阔步前进。

（选自《布鲁诺传》，[苏]B.C.罗日金著，汤侠生译，北京大学出版社，1986年）

想想做做

想一想，演说的第一段连用六个"无论"有什么样的表达效果？为什么设置这样的开头？该如何理解"打开理性的眼睛的，归根到底是内在的教师"一句？在演说中，布鲁诺指出坚持真理所面临的"敌人"有哪些？是什么支撑他坚定不移地阔步前进呢？

现在想一下，会不会有可能根本没有菲洛泰奥这么个人？如果有可能的话，这篇演讲有什么样的目的？

阅读指引

作为演讲者,雨果用激情澎湃的文辞吸引了每一位听众。作为时代的革命者,他继承了所赞扬的先贤伏尔泰的战斗精神。让我们跟随两位文豪,穿越历史的尘埃,感受思想折射的光芒。

纪念伏尔泰的讲话
[法国]雨 果

一百年前的今天,一颗巨星陨落了。但他是永生的。他离开人世时已年登耄耋,他著述极富。肩负着最荣耀也最艰巨的责任,那就是:培育良知,教化人类。他在咒骂与祝福声中溘然长逝:被旧时代所诅咒,又受到未来的祝福。这二者都是至高无上的光荣。在他弥留之际,一方面,他受到同时代人和后世子孙的欢呼赞美,另一方面,像其他曾经和旧时代搏斗过的人一样,那对他怀有深仇大恨的旧时代也得意洋洋地发出了叫骂声。他不仅是一个人,他是整整一个时代。他曾尽己任,完成了一项使命。他已完成的工作显然是天意选派他去完成的,这天意同样明白地体现在命运的法则和自然的法则之中。

这位伟人所生活的八十四个年头,经历了达到极点的专制时期和刚刚露出一线晨曦的革命年代。他诞生时,路易十四尚在王位,他去世时,路易十六已经戴上了王冠。他的襁褓映照着王朝盛世的余晖,他的灵柩则投射着从大深渊里透出的最初光芒。

在这轻薄无聊、凄惨忧郁的时势下,伏尔泰独自一人,面对宫廷、贵族和资本的联合力量,面对那股毫无意识的强力——群盲;面对那些

无恶不作的官吏，他们专门媚上欺下，俯伏于国王之前，凌驾于人民之上；面对那些教士，他们是伪善与宗教狂的邪恶混合体。让我再说一遍，伏尔泰独自一人，同社会上一切邪恶的联合力量宣战，向这茫茫的恐怖世界宣战，并与之搏斗。他的武器是什么呢？是那轻若微风、重如霹雳的——一支笔。

他用这武器进行战斗，用这武器赢得胜利。

让我们向伏尔泰的英灵致敬吧。

伏尔泰胜利了。他发动了一场非同寻常的战争，一场以一敌众的战争，一场气壮山河的战争。这是思想向物质作战，理性向偏见作战，正义向不义作战，被压迫者向压迫者作战；这是善之战，仁爱之战。伏尔泰具有女性的温柔和英雄的震怒，他具有伟大的头脑和浩瀚无际的心胸。

他战胜了陈旧的秩序和陈旧的教条，他战胜了封建君主、中古时代的法官和罗马的教士。他把黎民百姓提高到尊严的地位。他教化、他慰抚、他播种文明。他为西尔旺和蒙贝利而战，也为卡拉斯和拉·巴尔而战。他承受了一切威胁、辱骂、迫害、毁谤。他还遭到了流放。但是他不屈不挠，坚如磐石。他以微笑战胜暴力，以讽刺战胜专横，以嘲弄战胜宗教的自命一贯正确，以坚韧战胜顽固偏执，以真理战胜愚昧无知。

我刚才说到微笑，我要在这里停一停。微笑！这就是伏尔泰。

只有希腊、意大利和法兰西这三个民族曾经用人的名字来总结和命名时代，使这些时代具有某种人的品格。我们说，伯里克利时代，奥古斯都时代，利奥十世时代，路易十四时代，伏尔泰时代。这些称号有重大的意义。只有希腊、意大利和法兰西民族享有以人物来命名时代的特权，这正是文明的最高标志。在伏尔泰之前，只有以某国元首来命名时代的先例。伏尔泰比国家元首更高，他是各派思想的元首，一个新的纪元以伏尔泰开始。从此我们感到，最高的统治力量应被理性所考察。文明曾服从于武力，以后，文明将服从于思想。王杖和宝剑折断了，光明取而代之。这就是说，权威已经变换为自由。自此以往，对于人民，高于一切的是法律，对于个人，高于一切的是良心。作为一个人，我们要行使权利；作为一个公民，我们要恪尽职责。对于我们每一个人来说，这两方面的进步是明确分开的。

……我们要面向伏尔泰那伟大的生、伟大的死和伟大的精神。让我们在他神圣的墓前鞠躬致敬。他在一百年前与世长辞，但他曾造福人类因而永垂不朽，让我们向他请教吧。让我们也向其他伟大的思想家请教，向让·雅克，狄德罗和孟德斯鸠请教吧，他们是光荣的伏尔泰的辅翼者。让我们与这些伟大的声音共鸣。让我们在人类所流的血上再加上我们自己的血吧。够了！够了！暴君们。既然野蛮不肯退让。好吧，让文明拍案而起，让十八世纪来帮助十九世纪吧。我们的先驱哲人都是真理的倡导者。让我们唤起那些光辉的亡灵，请他们在策划战争的君主们面前公开宣布人类有生存的权利和良知，有争取自由的权利；请他们宣布理性支配一切；宣布劳动神圣；宣布和平应受到祝福。既然黑暗来自帝王的宝座，让坟墓中放出光明吧！

（选自《名人讲演》，斯人编，江苏文艺出版社，1990年）

想想做做

为什么说伏尔泰是"永生"的?从"微笑"一词可以看出伏尔泰的什么特点?伏尔泰的使命是什么?而他所斗争的武器为什么是"笔"?

文中处处展现着雨果对伏尔泰的溢美之词。他为什么把伏尔泰生活的时代看作"一个新的纪元"的开始?文末为何还要请教那些思想家们,有什么目的?"既然黑暗来自帝王的宝座,让坟墓中放出光明吧"该如何理解?伏尔泰的贡献与作者之间有何关系,作者仅仅只是仰慕伏尔泰吗?

第十二单元　思想菁华

赫拉克利特曾说"智慧只在于一件事，就是认识那善于驾驭一切的思想"，风格迥异的作家，绽放着独特的自我，而他们思想的智慧则属于全人类。

阅读指引

时间从风中溜走，在匆忙的岁月中，我们慢慢长大，变老。也许你也迷茫过人生的意义究竟是什么，而时间久了那些问号慢慢变小，直至消失，终究没有找到答案。冯友兰这样深谙哲学的人会如何看待这个问题呢？

人生的意义及人生的境界
冯友兰

何谓"意义"？意义发生于自觉及了解；任何事物，如果我们对它能够了解，便有意义，否则便无意义；了解越多，越有意义，了解得少，便没有多大的意义。何谓"自觉"？我们知道自己在做一种事情，便是自觉。人类与禽兽所不同的地方，就是人类能够了解，能够自觉，而禽兽则否。譬如喝水吧，我们晓得自己在喝水，并且知道喝水是怎么一回事；可是兽类喝水的时候，它却不晓得它在喝水，而且不明白喝水是一回什么事，兽类的喝水，常常是出于一种冲动。

对于任何事物，每个人了解的程度不一定，人生的境界，大体上可分为四类：（一）自然境界——最低级的，了解的程度最少，这一类人，大半是"顺才"或"顺习"。（二）功利境界——较高级的，需要进一层的了解。（三）道德境界——更高级的，需要更高深的理解。（四）天地境界——最高的境界，需要最彻底的了解。在自然境界中的人，不论干什么事情，不是依照社会习惯，便是依照其本性去做，他们从来未曾了解做某种事情的意义。往好处说，这就是"天真烂漫"，往差处说便是"糊里糊涂"。他们既不懂得为什么要这样做，又不明白做某种事情有什么意义，所以他们可说没有自觉。有时他们纵然是整天笑嘻嘻，可是却不自觉快乐。这，有如天真的婴孩，他虽然笑逐颜开，可是却一点都不觉得自己快乐，两种情况，完全相同。这一类人，对于"生""死"皆不了解，而且亦没有"我"的观念。功利境界中的人，对于人生的了解，比较进了一步，他们有"我"的观念，不论做什么事，都是为着功利，为着自己的利益打算。这一批人，大抵贪生怕死。有时他们亦会为社会服务，为国家做点事，可是他们做事的动机，是想换取更高的代价，表面上，他们虽在服务，但其最后的目的还是为着小我。在道德境界中的人，不论所做何事，皆以服务社会为目的。这一类人既不贪生，又不怕死；他们晓得除"我"以外，外面还有一个社会，一个全体。他们了解个人是社会的一部分，个人与社会是部分与全体的关系。就普通常识来说，部分的存在似乎先于全体，可是从哲学来说，应该先有全体，然后始有个体。例如房子中的支"柱"，是有了房子以后，始有所谓"柱"，假使没有房子，则柱不成为柱，它只是一件大木料而已。同样，人类在有了人伦的关系以后，始有所谓"人"，如没有人伦关系，则人便不成为人，只是一团血肉。不错，在没有社会组织以前，每个人确已先具有一团肉，可是我们之成为人，却因为是有了社会组织的缘故。道德境界中的人，很清楚地了解这一点。天地境界中的人，一切皆以服务宇宙为目的。他们对生死的见解，既无所谓生，复无所谓死；他们认为在社会之上，尚有一个更高的全体——宇宙。科学家的所谓宇宙，系指天体、太阳系及天河等，哲学家的所谓宇宙，系指一切，所以宇宙之外，不会有其他的东西，我人绝对不能离开宇宙而存在。天地境界的人能够彻底了解这些道理，所以他们所做的事，便是为宇宙服务。

中国的所谓"圣贤"，应该有一个分别，"贤"是指道德境界的人，"圣"是指天地境界的人。至于一般的芸芸众生，不是属于自然境界，便是属于功利境界。要达到自然境界或功利境界非常容易，要想进入道德境界或天地境界却需要努力，只有努力，才能了解。究竟要怎样做，才算是为宇宙服务呢？为宇宙服务所做的事，绝对不是什么离奇特别的事，与为社会服务而做的事，并无二致。不过所做的事虽然一样，了解的程度不同，其境界就不同了。我曾经看见一个文字学的教授，在指责一个粗识文字的老百姓，说他写了一个别字。那一个别字，本来可以当作古字的假借，所以当时我便代那写字的人辩护。结果，那位文字学教授这样地回答我："这一个字如果是我写的，就是假借，出自一个粗识文字的人的手笔，便是别字。"这一段话很值得寻味，这就是说，做同样的事情，因为了解程度互异，可以有不同的境界。再举一例：同样是大学教授，因为了解不同，亦有几种不同的境界：属于自然境界的，他们留学回来以后，有人请他教课，他便莫名其妙地当起教授来，什么叫作教育，他毫不理会；有些教授则属于功利境界，他们所以跑去当教授，是为着提高声望，以便将来做官，可以获取较高的职位；另外有些教授则属于道德境界，因为他们具有"得天下英才而教育之"的怀抱；有些教授则系天地境界，他们执教的目的，是为欲"得宇宙大才而教育之"。在客观上，这四种教授所做的事情是一样的，可是因为了解的程度不同，其境界自有差别。

《中庸》有两句话："圣人可以赞大地之化育，可以与天地参矣。"所谓"赞大地之化育"并不是帮助天地刮风或下雨，"化育"是什么？能够在天地间生长的都是化育，能够了解这一点，则我们的生活行动，都可以说是"赞大地之化育"，如果不明白这一点，那么我们的生活行动，只能说是"为天地所化育"。所谓圣人，他能够了解天地的化育，所以始能顶天立地，与天地参。草木无知不懂化育的原理，所以草木只能为天地所化育。

由此看来，做圣人可以说很容易，亦可以说很难。圣人固然可以干出特别的事来，但并不是干出特别的事，始能成为圣人。所谓"迷则为凡，悟则为圣"，就是指做圣人的容易，人人可为圣贤，其原因亦在于此。

总而言之，所谓人生的意义，全凭我们对于人生的了解。

（选自《中国哲学简史》，冯友兰著，北京大学出版社，1985年）

> **想想做做**

　　"意义"和"自觉"二者之间有什么关联？作者为何从这讲起？从作者角度看来人们是否贪生怕死是由什么决定的？文中所举关于文字学的例子有何意图？怎么理解"所谓人生的意义，全凭我们对于人生的了解"？

　　读罢此文，你希望自己做哪一境界的人呢？

> **阅读指引**

快乐像风，摇枝晃叶再无影踪；而痛苦是雨，点点滴滴渗入土中。快乐和痛苦总是此消彼长，非此即彼，他们之间天秤的倾斜是由什么决定的，有怎样的纠葛？听智慧幽默大师钱钟书讲一讲什么是快乐，如何才能快乐。

论快乐
钱钟书

在旧书铺里买回来维尼（Vigny）的《诗人日记》(Journal d'un poète)，信手翻开，就看见有趣的一条。他说，在法语里，喜乐（bonheur）一个名词是"好"和"钟点"两字拼成，可见好事多磨，只是个把钟头的玩意儿（Si le bonheur n'ètait qu'une bonne denie！）。我们联想到我们本国话的说法，也同样的意味深永，譬如快活或快乐的快字，就把人生一切乐事的飘瞥难留，极清楚地指示出来。所以我们又慨叹说："欢娱嫌夜短！"因为人在高兴的时候，活得太快，一到困苦无聊，愈觉得日脚像跛了似的，走得特别慢。德语的沉闷（langeweile）一词，据字面上直译，就是"长时间"的意思。《西游记》里小猴子对孙行者说："天上一日，下界一年。"这种神话，确反映着人类的心理。天上比人间舒服欢乐，所以神仙活得快，人间一年在天上只当一日过。以此类推，地狱里比人间更痛苦，日子一定愈加难度；段成式《酉阳杂俎》就说："鬼言三年，人间三日。"嫌人生短促的人，真是最快活的人；反过来说，真快活的人，不管活到多少岁死，只能算是短命夭折。

所以，做神仙也并不值得，在凡间已经三十年做了一世的人，在天上还是个未满月的小孩。但是这种"天算"，也有占便宜的地方：譬如戴君孚《广异记》载崔参军捉狐妖，"以桃枝决五下"，长孙无忌说罚得太轻，崔答："五下是人间五百下，殊非小刑。"可见卖老祝寿等等，在地上最为相宜，而刑罚呢，应该到天上去受。

"永远快乐"这句话，不但渺茫得不能实现，并且荒谬得不能成立。快乐的决不会永久；我们说永远快乐，正好像说四方的圆形，静止的动作同样地自相矛盾。在高兴的时候，我们空对瞬息即逝的时间喊着说："逗留一会儿罢！你太美了！"那有什么用？你要永久，你该向痛苦里去找。不讲别的，只要一个失眠的晚上，或者有约不来的下午，或者一课沉闷的听讲——这许多，比一切宗教信仰更有效力，能使你尝到什么叫作"永生"的滋味。人生的刺，就在这里，留恋着不肯快走的，偏是你所不留恋的东西。

快乐在人生里，好比引诱小孩子吃药的方糖，更像跑狗场里引诱狗赛跑的电兔子。几分钟或者几天的快乐赚我们活了一世，忍受着许多痛苦。我们希望它来，希望它留，希望它再来——这三句话概括了整个人类努力的历史。在我们追求和等候的时候，生命又不知不觉地偷度过去。也许我们只是时间消费的筹码，活了一世不过是为那一世的岁月充当殉葬品，根本不会想到快乐。但是我们到死也不明白是上了当，我们还理想死后有个天堂，也有这一天！我们终于享受到永远的快乐。你看，快乐的引诱，不仅像电兔子和方糖，使我们忍受了人生，而且仿佛钓钩上的鱼饵，竟使我们甘心去死。这样说来，人生虽痛苦，却不悲观，因为它终抱着快乐的希望；现在的账，我们预支了将来去付。为了快活，我们甚至于愿意慢死。

穆勒曾把"痛苦的苏格拉底"和"快乐的猪"比较。假使猪真知道快活，那么猪和苏格拉底也相去无几了。猪是否能快乐得像人，我们不知道；但是人会容易满足得像猪，我们是常看见的。把快乐分肉体的和精神的两种，这是最糊涂的分析。一切快乐的享受都属于精神的，尽管快乐的原因是肉体上的物质刺激。小孩子初生了下来，吃饱了奶就乖乖地睡，并不知道什么是快活，虽然它身体感觉舒服。缘故是小孩子时的精神和肉体还没有分化，只是混沌的星云状态。洗一个澡，看一朵花，吃一顿饭，假使你觉得快活，并非全因为澡洗得干净，花开得好，或者菜合你口味，主要因为你心上没有挂碍，轻松的灵魂可以专注肉体的感觉，来欣赏，来审定。要是你精神不痛快，像将离别时的宴席，随它怎样烹调得好，吃来只是土气息，泥滋味。那时刻的灵魂，仿佛害病的眼怕见阳光，撕去皮的伤口怕接触空气，虽然空气和阳光都是好东西。快乐时的你一定心无愧怍。假如你犯罪而真觉快乐，你那时候一定和有道德、有修养的人同样心安理得。有最洁白的良心，跟全没有良心或有最漆黑的良心，效果是相等的。

发现了快乐由精神来决定，人类文化又进一步。发现这个道理，和发现是非善恶取决于公理而不取决于暴力，一样重要。公理发现以后，从此世界上没有可被武力完全屈服的人。发现了精神是一切快乐的根据，从此痛苦失掉它们的可怕，肉体减少了专制。精神的炼金术能使肉体痛苦都变成快乐的资料。于是，烧了房子，有庆贺的人；一箪食，一瓢饮，有不改其乐的人；千灾百毒，有谈笑自若的人。所以我们前面说，人生虽不快乐，而仍能乐观。譬如从写《先知书》的所罗门直到做《海风》诗的马拉梅（Mallarmé），都觉得文明人的痛苦，是身体困倦。但是偏有人能苦中作乐，从病痛里滤出快活来，使健康的消失有种赔偿。苏东坡诗就说："因病得闲殊不恶，安心是药更无方。"王丹麓《今世说》也记毛稚黄善病，人以为忧，毛曰："病味亦佳，第不堪为燥热人道耳！"在着重体育的西洋，我们也可以找着同样达观的人。工愁善病的诺凡利斯（Novalis）在《碎金集》里建立一种病的哲学，说病是"教人学会休息的女教师"。罗登巴煦（Rodenbach）的诗集《禁锢的生活》(Les Vies Encloses)里有专咏病味的一卷，说病是"灵魂的洗涤（èpuration）"。身体结实、喜欢活动的人采用了这个观点，就对病痛也感到另有风味。顽健粗壮的十八世纪德国诗人白洛柯斯（B. H. Brockes）第一次害病，得是一个"可惊异的大发现（Eine bewanderungsurdige Erfindung）"。对于这种人，人生还有什么威胁？这种快乐，把忍受变为享受，是精神对于物质的最大胜利。灵魂可以自主——同时也许是自欺。能一贯抱这种态度的人，当然是大哲学家，但是谁知道他不也是个大傻子？

是的，这有点矛盾。矛盾是智慧的代价。这是人生对于人生观开的玩笑。

（选自《写在人生边上》，钱钟书著，福建人民出版社，1983年）

想想做做

文章从哪些方面论述了快乐？如何理解"我们希望它来，希望它留，希望它再来"？作者为什么认为"发现了快乐由精神来决定，人类文化又进一步"？钱钟书对"快乐"的理解是怎样的？

在论证快乐是希望的泡影部分，作者运用了哪些论证方法？有什么效果？结合你所了解的钱钟书背景知识，想一想，本文哪些地方带有钱钟书特点？

阅读指引

苏格拉底曾经说过："谁也无权命令别人信仰什么，或剥夺随心所欲思考的权利，人们拥有讨论所有问题的自由。""文化大革命"的时代正是与这样的宣言背道而驰的时代，而对于王小波这样的思想者，思想的禁锢形同谋杀，于是他对抗整个规则，对抗整个时代。这样一位特立独行的思想家也成为一道独特的文学风景。

思维的乐趣
王小波

一

二十五年前，我到农村去插队时，带了几本书，其中一本是奥维德的《变形记》，我们队里的人把它翻了又翻，看了又看，以致它像一卷海带的样子。后来别队的人把它借走了，以后我又在几个不同的地方见到了它，它的样子越来越糟。我相信这本书最后是被人看没了的。现在我还忘不了那本书的惨状。插队的生活是艰苦的，吃不饱，水土不服，很多人得了病，但是最大的痛苦是没有书看，倘若可看的书很多的话，《变形记》也不会这样悲惨地消失了。除此之外，还得不到思想的乐趣。我相信这不是我一个人的经历：傍晚时分，你坐在屋檐下，看着天慢慢地黑下去，心里寂寞而凄凉，感到自己的生命被剥夺了。当时我是个年轻人，但我害怕这样生活下去，衰老下去。在我看来，这是比死亡更可怕的事。

我插队的地方有军代表管着我们，现在我认为，他们是一批单纯的好人，但我还认为，在我这一生里，再没有谁比他们使我更加痛苦过了。他们认为，所谓思想的乐趣，就是一天二十四小时都用毛泽东思想来占领，早上早请示，晚上晚汇报，假如有闲暇，就去看看说他们自己"亚古都"的歌舞。我对那些歌舞本身并无意见，但是看过二十遍以后就厌倦了。假如我们看书被他们看到了，就是一场灾难，甚至"著迅鲁"的书也不成——小红书当然例外。顺便说一句，还真有人因为带了旧版的鲁迅著作给自己带来了麻烦。有一个知识可能将来还有用处，就是把有趣的书换上无趣的皮。我不认为自己能够在一些宗教仪式中得到思想的乐趣，所以一直郁郁寡欢。像这样的故事有些作者也写到过，比方说，茨威格写过一部以此为题材的小说《象棋》，可称是现代经典，但我不认为他把这痛苦描写得十全十美了。这种痛苦的顶点不是被拘押在旅馆里没有书看、没有合格的谈话伙伴，而是被放在外面，感到天地之间同样寂寞，面对和你一样痛苦的同伴。在我们之前，生活过无数的大智者，比方说，罗素、牛顿、莎士比亚，他们的思想和著述可以使我们免于这种痛苦，但我们和他们的思想、著述，已经被隔绝了。一个人倘若需要从思想中得到快乐，那么他的第一个欲望就是学习。我承认，我在抵御这种痛苦方面的确是不够坚强，但我绝不是最差的一个。举例言之，罗素先生在五岁时，感到寂寞而凄凉，就想道：假如我能活到七十岁，那么我这不幸的一生才度过了十四分之一！但是等他稍大一点，接触到智者的思想的火花，就改变了想法。假设他被派去插队，很可能就要自杀了。

谈到思想的乐趣，我就想到了我父亲的遭遇。我父亲是一位哲学教授，在五六十年代从事思维史的研究。在老年时，他告诉我自己一生的学术经历，就如一部恐怖电影。每当他企图立论时，总要在大一统的官方思想体系里找自己的位置，就如一只老母鸡要在一个大搬家的宅院里找地方孵蛋一样。结果他虽然热爱科学而且很努力，在一生中却没有得到思维的乐趣，只收获了无数的恐慌。他一生的探索，只剩下了一些断壁残垣，收到一本名为《逻辑探索》的书里，在他身后出版。众所周知，他那一辈的学人，一辈子能留下一本书就不错。这正是因为在那些年代，有人想把中国人的思想搞得彻底无味。我们这个国家里，只有很少的人觉得思想会有乐趣，却有很多的人感受过思想带来的恐慌，所以现在还有很多人以为，思想的味道就该是这样的。

二

"文化大革命"之后，我读到了徐迟先生写哥德巴赫猜想的报告文学，那篇文章写得很浪漫。一个人写自己不懂得的事就容易这样浪漫。我个人认为，对于一个学者来说，能够和同行交流，是一种起码的乐趣。陈景润先生一个人在小房子里证数学题时，很需要有些国外的数学期刊可看，还需要有机会和数学界的同仁谈谈。但他没有，所以他未必是幸福的，当然他比没定理可证的人要快活。把一个定理证了十几年，就算证出时有绝大的乐趣，也不能平衡。但是在寂寞里枯坐就更加难熬。假如插队时，我懂得数论，必然会有陈先生的举动，而且就是最后什么都证不出也不后悔；但那个故事肯定比徐先生作品里描写的悲惨。然而，某个人被剥夺了学习、交流、建树这三种快乐，仍然不能得到我最大的同情。这种同情我为那些被剥夺了"有趣"的人保留着。

"文化大革命"以后，我还读到了阿城先生写知青下棋的小说，这篇小说写得也很浪漫。我这辈子下过的棋有五分之四是在插队时下的，同时我也从一个相当不错的棋手变成了一个无可救药的庸手。现在把下棋和插队两个词拉到一起，就能引起我生理上的反感。因为没事干而下棋，性质和手淫差不太多。我决不肯把这样无聊的事写进小说里。

假如一个人每天吃一样的饭，干一样的活，再加上把八个样板戏翻过来倒过去地看，看到听了上句知道下句的程度，就值得我最大的同情。我最赞成罗素先生的一句话："须知参差多态，乃是幸福的本源。"大多数的参差多态都是敏于思索的人创造出来的。当然，我知道有些人不赞成我们的意见。他们必然认为，单一机械，乃是幸福的本源。老子说，要让大家"虚其心而实其腹"，我听了就不是很喜欢；汉儒废黜百家，独尊儒术，在我看来是个很卑鄙的行为。摩尔爵士设想了一个细节完备的乌托邦，但我像罗素先生一样，决不肯到其中去生活。在这个名单的末尾是一些善良的军代表，他们想把一切从我头脑中驱除出去，只剩一本二百七十页的小红书。在生活的其他方面，某种程度的单调、机械是必须忍受的，但是思想决不能包括在内。胡思乱想并不有趣，有趣是有道理而且新奇。在我们生活的这个世界上，最大的不幸就是有些人完全拒绝新奇。

我认为自己体验到最大快乐的时期是初进大学时，因为科学对我来说是新奇的，而且它总是逻辑完备，无懈可击，这是这个平凡的尘世上罕见的东西。与此同时，也得以了解先辈科学家的杰出智力。这就如和一位高明的棋手下棋，虽然自己总被击败，但也有机会领略妙招。在我的同学里，凡和我同等年龄、有同等经历的人，也和我有同样的体验。某些单调机械的行为，比如吃、排泄、性交，也能带来快感，但因为过于简单，不能和这样的快乐相比。艺术也能带来这样的快乐，但是必须产生于真正的大师，像牛顿、莱布尼兹、爱因斯坦那样级别的人物，时下中国的艺术家，尚没有一位达到这样的级别。恕我直言，能够带来思想快乐的东西，只能是人类智慧至高的产物。比这再低一档的东西，只会给人带来痛苦；而这种低档货，就是出于功利的种种想法。

三

有必要对人类思维的器官（头脑）进行"灌输"的想法，时下正方兴未艾。我认为脑子是感知至高幸福的器官，把功利的想法施加在它上面，是可疑之举。有一些人说它是进行竞争的工具，所以人就该在出世之前学会说话，在三岁之前背诵唐诗。假如这样来使用它，那么它还能获得什么幸福，实在堪虞。知识虽然可以带来幸福，但假如把它压缩成药丸子灌下去，就丧失了乐趣。当然，如果有人乐意这样来对待自己的孩子，那不是我能管的事，我只是对孩子表示同情而已。还有人认为，头脑是表示自己是个好人的工具，为此必须学会背诵一批格言、教条——事实上，这是希望使自己看上去比实际上要好，十足虚伪。这使我感到了某种程度的痛苦，但还不是不能忍受的。最大的痛苦莫过于总有人想要用种种理由消灭幸福所需要的参差多态。这些人想要这样做，最重要的理由是道德；说得更确切些，是出于功利方面的考虑。因此他们就把思想分门别类，分出好的和坏的，但所用的标准很是可疑。他们认为，假如人们脑子里灌满了好的东西，天下就会太平。因此他们准备用当年军代表对待我们的态度，来对待年轻人。假如说，思想是人类生活的主要方面，那么，出于功利的动机去改变人的思想，正如为了某个人的幸福把他杀掉一样，言之不能成理。

有些人认为，人应该充满境界高尚的思想，去掉格调低下的思想。这种说法听上去美妙，却使我感到莫大的恐慌。因为高尚的思想和低下的思想的总和就是我自己；倘若去掉一部分，我是谁就成了问题。假设有某君思想高尚，我是十分敬佩的；可是如果你因此想把我的脑子挖出来扔掉，换上他的，我绝不肯，除非你能够证明我罪大恶极，死有余辜。人既然活着，就有权保证他思想的连续性，到死方休。更何况那些高尚和低下完全是以他们自己的立场来度量的,假如我全盘接受,无异于请那些善良的思想母鸡到我脑子里下蛋,而我总不肯相信,自己的脖子上方,原来是长了一座鸡窝。想当年,我在军代表眼里,也是很低下的人,他们要把自己的思想方法、生活方式强加给我,也是一种脑移植。菲尔丁曾说,既善良又伟大的人很少,甚至是绝无仅有的,所以这种脑移植带给我的不光是善良,还有愚蠢。在此我要很不情愿地用一句功利的说法:在现实世界上,蠢人办不成什么事情。我自己当然希望变得更善良,但这种善良应该是我变得更聪明造成的,而不是相反。更何况赫拉克利特早就说过,善与恶为一,正如上坡和下坡是同一条路。不知道何为恶,焉知何为善?所以他们要求的,不过是人云亦云罢了。

四

假如要我举出一生最善良的时刻,那我就要举出刚当知青时,当时我一心想要解放全人类,丝毫也没有想到自己。同时我也要承认,当时我愚蠢得很,所以不仅没干成什么事情,反而染上了一身病,丢盔卸甲地逃回城里。现在我认为,愚蠢是一种极大的痛苦;降低人类的智能,乃是一种最大的罪孽。所以,以愚蠢教人,那是善良的人所能犯下的最严重的罪孽。从这个意义上说,我们决不可对善人放松警惕。假设我被大奸大恶之徒所骗,心理还能平衡;而被善良的低智人所骗,我就不能原谅自己。

假如让我举出自己最不善良的时刻,那就是现在了。可能是因为受了一些教育,也可能是因为已经成年,反正你要让我去解放什么人的话,我肯定要先问问,这些人是谁,为什么需要帮助;其次要问问,帮助他们是不是我能力所及;最后我还要想想,自己直奔云南去挖坑,是否于事有补。这样想来想去,我肯定不愿去插队。领导上硬要我去,我还得去，但是这以后挖坏了青山、造成了水土流失等等，就罪不在我。一般人认为，善良而低智的人是无辜的。假如这种低智是先天造成的，我同意。但是人可以发展自己的智力，所以后天的低智算不了无辜——再说，没有比装傻更便当的了。当然，这结论绝不是说当年那些军代表是些装傻的奸邪之辈——我至今相信他们是好人。我的结论是：假设善恶是可以判断的，那么明辨是非的前提就是发展智力，增广知识。然而，你劝一位自以为已经明辨是非的人发展智力，增广见识，他总会觉得你让他舍近求远，不仅不肯，还会心生怨恨。我不愿为这样的小事去得罪人。

我现在当然有自己的善恶标准，而且我现在并不比别人表现得坏。我认为低智、偏执、思想贫乏是最大的邪恶。按这个标准，别人说我最善良，就是我最邪恶时；别人说我最邪恶，就是我最善良时。当然我不想把这个标准推荐给别人，但我认为，聪明、达观、多知的人，比之别样的人更堪信任。基于这种信念，我认为我们国家在"废黜百家，独尊儒术"之后，就丧失了很多机会。

我们这个民族总是有很多的理由封锁知识、钳制思想、灌输善良，因此有很多才智之士在其一生中丧失了学习、交流、建树的机会，没有得到思想的乐趣就死掉了。想到我父亲就是其中的一个，我就心中黯然；想到此类人士的总和有恒河沙数之多，我就趋向于悲观。此种悲剧的起因，当然是现实世界里存在的种种问题。伟大的人物总认为，假设这世界上所有的人都像他期望的那样善良——更确切地说，都像他期望的那样思想，"思无邪"，或者"狠斗私字一闪念"，世界就可以得救。提出这些说法的人本身就是无邪或者无私的，他们当然不知邪和私是什么，故此这些要求就是：我没有的东西，你也不要有。无数人的才智就此被扼杀了。考虑到那恒河沙数才智之士的总和是一种难以想象的庞大资源，这种想法就是打算把整个大海装入一个瓶子之中。我所看到的事实是，这种想法一直在实行中，也就是说，对于现实世界的问题，从愚蠢的方面找办法。据此我认为，我们国家自汉代以后，一直在进行思想上的大屠杀；而我能够这样想，只说明我是幸存者之一。除了对此表示悲伤之外，我想不到别的了。

五

我虽然已活到了不惑之年，但还常常为一件事感到疑惑：为什么有很多人总是这样的仇恨新奇，仇恨有趣。古人曾说：天不生仲尼，万古长如夜。但我有相反的想法。假设历史上曾有一位大智者，一下发现了一切新奇、一切有趣，发现了终极真理，根绝了一切发现的可能性，我就情愿到该智者以前的年代去生活，这是因为，假如这种终极真理已经被发现，人类所能做的事就只剩下了依据这种真理来做价值判断。从汉代以后到近代，中国人就是这么生活的。我对这样的生活一点都不喜欢。

我认为，在人类的一切智能活动里，没有比做价值判断更简单的事了。假如你是只公兔子，就有做出价值判断的能力——大灰狼坏，母兔子好；然而兔子就不知道九九表。此种事实说明，一些缺乏其他能力的人，为什么特别热爱价值的领域。倘若对自己做价值判断，还要付出一些代价；对别人做价值判断，那就太简单、太舒服了。讲出这样粗暴的话来，我的确感到羞愧，但我并不感到抱歉。因为这种人士带给我们的痛苦实在太多了。

在一切价值判断之中，最坏的一种是：想得太多、太深奥、超过了某些人的理解程度是一种罪恶。我们在体验思想的快乐时，并没有伤害到任何人；不幸的是，总有人觉得自己受了伤害。诚然，这种快乐不是每一个人都能体验到的，但我们不该对此负责任。我看不出有什么理由要取消这种快乐，除非把卑鄙的嫉妒计算在内——这世界上有人喜欢丰富，有人喜欢单纯；我未见过喜欢丰富的人妒恨、伤害喜欢单纯的人，我见到的情形总是相反。假如我对科学和艺术稍有所知的话，它们是源于思想乐趣的浩浩江河，虽然惠及一切人，但这江河绝不是如某些人所想象的那样，为他们而流，正如以思想为乐趣的人不是为他们而生一样。

对于一位知识分子来说，成为思维的精英，比成为道德精英更为重要。人当然有不思索、把自己变得愚笨的自由；对于这一点，我是一点意见都没有的。问题在于思索和把自己变聪明的自由到底该不该有。喜欢前一种自由的人认为，过于复杂的思想会使人头脑昏乱，这听上去似乎有些道理。假如你把深山里一位质朴的农民请到城市的化工厂里，他也会因复杂的管道感到头晕，然而这不能成为取消化学工业的理由。所以，质朴的人们假如能把自己理解不了的事情看作是与己无关的事，那就好了。

假如现在我周围的世界又充满了"文革"时的军代表和道德教师，只能使我惊，不能使我惧。因为我已经活到了四十二岁。我在大学里遇到了把知识当作幸福来传播的数学教师，他使学习数学变成了一种乐趣。我遇到了启迪我智慧的人。我有幸读到了我想看的书——这个书单很是庞杂，从罗素的《西方哲学史》，一直到英国维多利亚时期的地下小说。这最后一批书实在是很不堪的，但我总算是把不堪的东西也看到了。当然，我最感谢的是那些写了好书的人，比方说，萧伯纳、马克·吐温、卡尔维诺、杜拉斯等等，但对那些写了坏书的人也不怨恨。我自己也写了几本书，虽然还没来得及与大陆读者见面，但总算获得了一点创作的快乐。这些微不足道的幸福就能使我感到在一生中稍有所得，比我父亲幸福，比那些将在思想真空里煎熬一世的年轻人幸福。作为一个有过幸福和痛苦两种经历的人，我期望下一代人能在思想方面有些空间来感到幸福，而且这种空间比给我的大得多。而这些呼吁当然是对那些立志要当军代表和道德教师的人而发的。

（选自《沉默的大多数——王小波杂文随笔全编》，王小波著，中国青年出版社，1999年）

想想做做

你知道文中"插队"的意思么？可以问问家里的长辈，了解关于插队的一些历史。

插队地方的军代表所认为的思想的乐趣与作者的观点有什么区别？为什么要插写关于父亲的遭遇？为什么作者认为徐迟先生写哥德巴赫猜想的报告文学写得很"浪漫"？文章为什么要论述"善良""不善良"的部分？作者看来，插队地方与大学时代的区别是什么？为什么中国没有爱因斯坦那样的大师？

> **阅读指引**

庄子说"吾生也有涯,而知也无涯",社会发展越迅速,分工越细致,我们不了解的事物就越多,慢慢趋于无知。怎样才能跟上这日新月异的变化呢?这完全是由你的态度决定,从这无知中探索获取知识,获得乐趣。

无知的乐趣
[英国]罗伯特·林德

同一个普通城里人在乡下散步——也许,特别是在四月份或五月份——而不对他的无知的领域像海洋那样宽阔感到惊讶是不可能的。成千上万的男女活着然后死去,一辈子也不知道山毛榉和榆树之间有什么区别,不知道乌鸦和画眉的啼鸣有什么不同。很可能,在一座现代化的城市里,能够辨别乌鸦和画眉的啼鸣的人是例外。这并不是因为我们没有见过这些鸟,而仅仅是因为我们没有注意到它们。我们整整一生都有鸟生活在我们的周围,然而我们的观察力是如此微弱,以致我们中间许多人弄不清楚苍头燕雀是否会唱歌,说不出布谷鸟是什么颜色。我们像孩子似的争论布谷鸟是否飞的时候总是唱歌还是仅仅有时

候在树枝上唱歌,争论查普曼的下面两行诗是根据他的想象呢还是根据他对大自然的认识写的:

当布谷鸟在翠绿的橡树怀中歌唱,
初次使人们在明媚春天心花怒放。

然而,这种无知并不完全是可悲的。从这种无知我们可以得到有所发现的乐趣,这种乐趣是经常的。只要我们是足够无知的,那么每年春天,大自然的每一个事实就会来到我们面前;而每个事实的上面还带着露水。如果我们活了半辈子还从来没有见过布谷鸟,而且只知道它是一个流浪者的声音,那么当我们看到它因为深知自己的罪过而从一座树林匆匆忙忙地飞逃到另一座树林时,我们是特别地高兴的;我们对布谷鸟在敢于降落到枞树山坡上(那里可能有复仇者潜伏着)之前,像鹰那样在风中停住,长长的尾巴颤抖着的样子,也特别地高兴。假装说博物学家在观察鸟类生活中并无乐趣将是荒谬的,但他的乐趣是稳定的,同生平第一次看见布谷鸟的人的最初兴奋心情相比,几乎是一种理智的、缓慢沉重的消遣;而且瞧吧,世界给变成新的啦。

而至于这点,甚至是博物学家的幸福在某种程度上也依靠他的无知,无知给他留下这类新天地让他去征服。他可能在书本上已经达到了知识的顶峰本身,但,在他用自己的眼睛证实每一个光辉的细节之前,他仍然感到是半无知的。他希望亲眼看见雌布谷鸟一种罕见的情景!——在地上下蛋然后用嘴把蛋叼到窝里(在这窝里注定要发生杀害幼鸟的事件)去。他将一天又一天地坐在那里,望远镜紧贴着眼睛,为的是亲自确认或驳斥这样的说法,说布谷鸟确实是在地上而不是在窝里下蛋的。而,如果他是十分有幸竟然发现了这种最遮遮掩掩的鸟在下蛋，那么也仍然有其他领域在等待他去征服，有一大堆有争论的问题等待他去解答，例如布谷鸟的那只蛋的颜色是否同窝里（布谷鸟把它的那只蛋遗弃在这窝里）的其他蛋的颜色总是相同的。无疑，科学家们迄今没有理由为他们错过的无知而哭泣。要是他们似乎什么都懂，那么这仅仅是因为你我几乎什么都不懂。在他们发掘出的每一个事实下面总是有一笔无知的财富在等待着他们。他们将永远不会比托马斯·布朗爵士更多知道塞壬唱给尤利塞斯听的是什么歌。

我把布谷鸟请了进来作为例子来说明普通人的无知，这并不是因为我可以就这种鸟作权威性的发言。理由仅仅是因为我曾经在一个似乎受到过非洲所有布谷鸟的侵袭的教区里度过春天，我从而认识到，对它们，或者任何一个我遇见过的人，是了解得十分十分少的。但我的无知并不局限于布谷鸟。它涉及从太阳和月亮一直到花卉的名字。我曾经有一次听到一位聪明的太太问，新月是否总是在相同的星期几出现。她补充说也许最好是不知道，因为，如果人们事先不知道什么时候、在天上的哪个地方能够看见新月，那么它的出现总会给人带来意外的愉快。然而，我想，即使对那些熟悉新月的活动时间表的人们，新月也总是出乎意料地来到的。我们并不会因为我们对一年四季的职司有足够的知识，知道要在三月或四月，而不是在十月里，去找报春花，而在发现一株早开的报春花时就不那么高兴。我们也知道苹果树是在结果子之前而不是在结果子之后开花的，但当五月份我们到一家果园去度假日时，这并不会减少我们对假日之美妙所感到的惊讶。

也许，与此同时，每年春天重新温习许多花卉的名字会有一种特殊的愉快。这就像重读一本人们几乎已经忘记了的书一样。蒙田告诉我们说，他的记忆力非常糟糕，糟糕到每次读一本旧书就好像以前从来没有读过这本书一样。我自己就有一个不可捉摸的、有漏洞的记忆力。我甚至能够读起《哈姆雷特》和《匹克威克外传》来好像是在读新作家油墨未干的作品一样，因为在一次阅读和另一次阅读的间隔中间，那些书的内容有那么多都消失了。有些时候，这样一种记忆力是一种苦恼，特别是如果你热爱准确性的话。但这种情况只会发生在当生活（除娱乐之外）另有其目的的时候。就纯粹给人以享受这方面来说，坏的记忆力值得提一提的地方也并不见得比好的记忆力少。一个记忆力坏的人可以一辈子继续不断地阅读普鲁塔克的作品和《天方夜谭》。就像一群羊一个接一个地从树篱的缺口跳过去不可能不在荆棘上留下几撮毛一样，很可能，即使在记忆力最坏的脑子里也会留下零星片断的东西。但是羊本身逃出去了，那些大作家也以同样的方式从一个懒惰的脑子跳出去了，留下来的东西真够少的。

而，如果我们能够把书忘掉的话，那么当一年十二个月一旦过去之后，要把这些月份和它们向我们说明的问题忘掉是同样容易的。仅仅在一刹那间我告诉自己，我熟悉五月就像熟悉乘法表一样，并且我能够通过一场关于五月的花卉、这些花卉的样子和它们的顺序的考试。今天我能够满怀信心地断言：金凤花有五个花瓣（或许是六个？上个星期我是知道得很肯定的）。但明年我将很可能忘记了我的算术，并且可能得再学习一次以免把金凤花同白屈菜混淆起来。再一次我将通过一个陌生人的眼睛把世界看作是一个花园，美丽如画的田野将出乎意料地使我大吃一惊。我将发现自己在问自己，宣称雨燕（那只黑色的被夸大了的燕子；然而，可又是蜂鸟的亲属）永远不落下来栖息，哪怕是在一个鸟窝上也不落下，而是在夜间消逝在高空的是科学呢还是无知。我将带着新的惊讶了解到唱歌的布谷鸟是雄的而不是雌的。我也许要再学习一遍以免把狗筋蔓叫作野天竺葵，也许要再学习一遍去重新发现榛皮树在树木的成规中是来得早的还是来得晚的。一位当代的英国小说家曾经有一次被外国人问到，在英国，最重要的庄稼是什么。他毫不犹豫地回答："黑麦。"像这样的完全的无知，在我看来似乎带有豪言壮语的味道；但是，即使是不识字的人的无知也是巨大的。使用电话机的普通人解释不了电话机是怎样工作的。他把电话、火车、铸造排字机、飞机视为理所当然的东西，正像我们的祖先把福音书中的奇迹视作理所当然的东西一样。对这些东西，他既不怀疑也不理解。我们每一个人好像只是调查了一个小圈子里面的事实并把这些事实变成了自己的。日常工作以外的知识被大多数人看作是华而不实的东西。然而我们还是经常对我们的无知做出反应，加以反对的。我们不时地唤起自己并思考。我们喜欢对什么事情都思考——思考死后的生活或思考那些像据说曾经使亚里士多德感到困惑的问题——"为什么从中午到子夜打喷嚏是好的，但从半夜到中午打喷嚏则是不吉利的？"——人类感受过的最大欢乐之一是：迅速逃到无知中去追求知识。无知的巨大乐趣，归根结底，是提问题的乐趣。已经失去了这种乐趣的人或已经用这种乐趣去换取教条的乐趣（这就是回答问题的乐趣）的人，已经在开始僵化；人们羡慕像乔伊特那样爱一问到底的人，他在六十岁之后还坐下来学习生理学。我们中间的大多数人在到达他这个年龄以前很久就已经失去了无知感。我们甚至对我们像松鼠那样积攒的一点知识感到自负，并把不断增长的年龄本身看作是无所不知的源泉。我们忘记了苏格拉底之所以以智慧闻名于世并不是因为他无所不知，而是因为他七十岁的时候认识到他还什么都不知道。

（选自《世界文艺》，刘新舜译，暨南大学出版社，1983年第1期）

想想做做

　　文章写"无知的乐趣"为什么从"惊讶"开始写起?文中那位聪明的太太与作者的观点有何区别?为什么说"这种无知并不完全是可悲的"?

　　结合文中所涉及的名人案例总结一下,无知的乐趣是什么?无知能够带来什么意外收获?生活中我们怎样才能保持这样的乐趣?

> **阅读指引**
>
> 生命是宝贵的，它对于每个人都只有一次。可以顺其自然，但不能随波逐流，即使充满坎坷，仍然要抱有一种乐观豁达、积极向上的精神，"忠实于自己，为自己的生活得活下去"。

忠实于自己
[日本]池田大作

据说当代是"饱食时代"和"空闲时代"，又是"颓废的时代"和"欺诈的时代"，同时又是"自私与不负责任的时代"。现实的确如此，到处弥漫着放纵的时髦风气。

每个人的生活态度自有所不同，我想这也未尝不可。但是，一想到要无所作为地度过这漫长人生，就使人感到无比的空虚无聊。

《涅经》说："人命之不息，过于山水。今日虽存而明日难知。"

这就是说，人类生命流逝的速度，比滔滔而下的山溪更为迅速，转眼之间就消逝了。今天虽然平安，可谁也无法保证明日的安定。《摩耶经》中有一节谈到，人生的旅程就是"步步近死地"。一天一天、一步一步接近死亡，这就是人生的真相。

《法华经》中也有一段名言："三界无安，犹如火宅，充满众苦，甚可畏怖。"简单地说，所谓"三界"便是凡夫所居之现实世界，它就像失了火的房子，烦恼在里面熊熊燃烧，充满了各种苦难。正如经文所说，人生的确离不开烦恼。子女、家庭、工作等等，仔细想来，可说一切都充满了烦恼。

人生被这种无常而痛苦的烦恼所束缚、所玷污，如何使人转向不变的"常乐我净"的幸福状态呢？也就是说，怎样才能从人生的悲观主义中解脱出来呢？怎样才能确立正确的法则和人生观，依靠坚韧的乐观主义生活下去呢？

这个"弃暗投明"的转变正是人生的头等大事。我之所以立足于悠久的生命观，走上信奉佛法的道路，理由也就在此。从无常的世界向永恒世界的转换，正是有史以来人类所孜孜研究的课题。

小林秀雄先生在《莫扎特》一书中写道：

"对强韧的精神而言，恶劣的环境也是实在的环境，既不缺什么，也不少什么。""生命力中有一种能力，能将外在的偶然看做内在的必然。这种思想是宗教式的，但它并不是空想。"

这便是和环境搏斗，并战而胜之的人类能力；是精神的力量，能将外在的偶然性看做内在的必然性。这种无限的力量就蕴藏在自己生命之中，本人能切实感受并加以发挥，而真正的人生之路就在其中。

这样努力下去，不为任何环境所屈，总是忠实于自己，发展自己，于是便奏响了人生的凯歌。

佛法中有所谓"梅樱桃李"的命题。

比如梅花，于春光初见之时，首先开出高雅的花朵；然后是樱花盛开的季节，它也尽显风姿；桃花、李花也都各领风骚。同样，人也应当让自己的生命开出美丽的花朵，不，生命内部本身就有催开绚丽鲜花的神力。

那么，带来这种神力的东西是什么呢？这便是对自身"使命"与"责任"的深刻觉悟。某些人以根本的"法则"为基准，始终坚持一定的生活道路，即将使命和责任视为非我莫属的。这样的人就会不断开拓自己的生命，就和梅、樱一样，迟早会开出灿烂的鲜花，散发出阵阵清香。他就可以最大限度地发挥生命的作用，并为此感到骄傲、满足和充实。

不管是哪种人，都是带着某种使命而生于世上的极其宝贵的人。这种使命并不体现于外部相对立的世界中，而体现在与自己搏斗、战胜自己、贯彻自己信念之时。人生的一切，都是自己生命现象的表象，是自己生命的反映，人决不为外界而活着。我的那个恩师户田先生经常教导我们说："要为自己的生命而活下去。"这句话具有深刻的内涵和千钧的分量，指出人生终极目的之所在。

（选自《我的人学》，池田大作著，北京大学出版社，2010年）

想想做做

文中大量运用的是什么论证方法，有什么效果？从"和环境搏斗"到认识到自己的"使命"与"责任"，是什么论证方法？作者为什么会选择这种方式论证？

文章开头为何用大量笔墨描写人生的烦恼和不顺？这些内容与后文阐述观点有什么关系？与直接写明自己的观点相比，这样写有什么好处？